私たちを
分断する
バイアス

マイサイド思考の
科学と政治

THE SCIENCE AND POLITICS OF MYSIDE THINKING

キース・E・スタノヴィッチ 著

北村 英哉・小林 知博・鳥山 理恵 訳

THE BIAS
THAT
KEITH E. STANOVICH
DIVIDES US

JN114207

誠信書房

私のこれまでの全ての歩みにおいて
共にあった愛するポーラへ

序　文

　2016 年の大統領選挙をきっかけとして，争点や候補者について有権者が入手できる情報の正確性に対して懸念が広まった。いわゆるフェイクニュースが選挙にどれだけ影響を与えたのかという議論が起こり，ソーシャルメディアの有力者たちによって行われた偏った報道や検閲に対して懸念が広まった。思想の両極端にいる人々はそれぞれ，メディアは偏りなく情報を提供できていないと考えていた。二極化した有権者らは，正反対の視点から世界を眺めているようだった。2017 年 4 月 3 日号のタイム誌の表紙には，「真実は死んだのか？」というタイトルが掲げられた。当時はさまざまな媒体に，オックスフォード英語辞典の編集者が 2016 年の「今年の流行語」に挙げた言葉である「ポスト真実」社会〔訳注：客観的な事実や真実が重視されない社会〕になったことを嘆いたエッセイや論説が数多く掲載されていた。

　こうした話題性にもかかわらず，私は本書で「ポスト真実」という言葉を使っていない。なぜならこの言葉は，現代社会が真実を**重視**していないことを意味する言葉として認識されることが多いからだ。しかし，現在見られる社会のジレンマの核心は，人々が真実を軽視するようになったことでも，軽んじるようになったことでもなく，人々がポスト真実の傾向を表明することに**慎重である**，ということである。政治的な議論の際は，どちら側の党派も，社会のすべてがポスト真実であるとは考えていない。人々が信じているのは，自分とは対極にいる人がポスト真実であるということである。私たち人間は，メディアで目にするすべての情報がフェイクニュースであるとは考えていない——政治的に**敵対する者**から発信される情報のみをそう捉えるのだ。私たちは**自分たちにとっての真実**と，**自分たちの情報**は信じている。そう，私たちは，真実も事実も大切にしている——ただし，それが自分たちの

見解を支持するものであれば，という条件つきで。

　私たち人間の社会が本当に苦慮しているのは，**マイサイドバイアス**である。人々は，自分自身が持つ信念・意見・態度に合致するような偏った方法でエビデンスを評価し，エビデンスを生み出し，仮説を検証している。私たちはポスト真実社会に生きているのではなく，マイサイド社会に生きているのである。現在の政治的な危機は，一般的に受け入れられている事実や真実に**合意する**ことができないことから生じているのであって，事実や真実に価値を見いだし，尊重することができないことから生じているのではない。科学的な実践の場では，公的に合意された運用上の定義のような，真実に対する合意形成のためのメカニズムがある。しかし実際の生活では，人々はマイサイドバイアスを使って概念を定義する傾向があり，この傾向は，科学で見られるようにはエビデンスが合意につながらないことを意味している。

　私たち人間が直面しているのはマイサイドバイアスの問題であって，社会的に真実の概念が放棄されるという悲惨な事態ではないというのは，ある意味で朗報かもしれない。なぜならマイサイドバイアスの現象は，認知科学の領域で広く研究されているからだ。この現象を理解することにより，現在の政治的な分裂という問題を軽減できるかもしれない。

　第1章では，マイサイドバイアスを研究するためのパラダイムをいくつか紹介する。さまざまな分野の行動科学者が，研究室でどのようにマイサイドバイアスを研究してきたかを示していく。そしてマイサイドバイアスがありふれたもので，これまで研究されてきたバイアスのなかでも最も普遍的なものの1つであることを明らかにする。第2章では，マイサイドバイアスがもたらすと思われるあらゆる悪影響について，本当に推論エラーと見なすべきなのか，それとも何らかの合理的な正当性があるのか，という厄介な問題を取り上げる。

　心理学者はこれまでかなりの数の思考バイアスを研究してきたが，マイサイドバイアスはいくつかの点で特異なものである。第3章では，これまで研究されてきたほとんどのバイアスが，さまざまな認知能力（例えば知能や実行機能の測定値）や合理性に関連する思考特性から予測可能であることを論じる。これに対してマイサイドバイアスは，認知機能や実行機能の標準的な尺度から予測することはでき**ない**。さらに言うと，このバイアスは領域の一般性が

ほとんどないバイアスである。つまり，ある領域でのマイサイドバイアスの
強さは，別の領域で示されるバイアスの強さの予測にはあまり役立たないの
である。マイサイドバイアスは，個人差という意味で最も予測が困難なバイ
アスの1つで，またこのように例外的なバイアスであり，さらに社会的，政
治的，心理的に重要な影響をもたらすものなのだ。

　マイサイドバイアスは例外的なバイアスであるため，心理学者が研究してい
る伝統的なタイプの認知能力やパーソナリティ特性とは関連のない，別の
種類のモデルが必要である。第4章では，認知プロセスではなく，後天的に
獲得した信念の特性に焦点を当てたモデルのほうが，マイサイドバイアスの
研究にとってよりよい枠組みとなることを説明する。

　第5章では，マイサイドバイアスは従来の心理尺度からは予測不可能であ
り，認知エリートたちの間に真の盲点を生み出すバイアスであることを説明
する。認知エリート（知能や実行機能，またその他の重要視される心理的特性が高い人）
たちは，よく知られた他の心理的バイアス（自信過剰バイアス，不作為バイアス，
後知恵バイアス，アンカリングバイアスなど）について質問されると，自分は他者よ
りもバイアスが少ないと予測する。認知的洗練度は，これまで研究されてき
たほとんどの認知バイアスを回避する能力と中程度の相関関係があるので，
この予測は多くの場合正しいと言える。しかし，マイサイドバイアスは例外
的なバイアスであるため，認知エリートたちが，実際には他者と同じように
バイアスを持っているのに自分はバイアスを持っていないと思い込んでいる
ことが最も多いバイアスである。

　第6章では，このバイアスの盲点が，現在の政治の思想的な二極化と厄介
な新しい傾向（差し迫った社会問題に対して無関心な立場から行われる大学の研究に対する
信頼の低下）にどのように影響するのかを探っていく。そして，このような有
害な政治を引き起こし，国家としての団結を妨げるような種類のマイサイド
バイアスの影響を食い止めるために，何ができるかについて議論する。

謝　辞

今世紀の最初の 10 年間，私の研究グループはマイサイドバイアスに関する一連の論文（Macpherson & Stanovich, 2007; Stanovich & West, 2007, 2008a; Toplak & Stanovich, 2003）を発表したが，それらはどれも驚くべき結果を含んでいた——それは，マイサイドバイアスは認知能力の高さによって軽減しない，ということだった。私たちは，「マイサイドバイアス，合理的思考，知能」（Stanovich, West, & Toplak, 2013）にこれまでの成果をまとめて，個人差についての異例の結果に焦点を当てた。信念バイアス課題のような，マイサイド推論パラダイムに似ているものも含め，多くのヒューリスティックやバイアス課題では，能力の高い参加者ほどバイアスを回避することができる。私たちの2013 年の論文では，マイサイドバイアスに関する興味深い結果を理解するための予備的な理論的背景を提供した。本書では，マイサイドバイアスが，ヒューリスティックやバイアス研究で報告される他のバイアスとはなぜ異なる現れ方をするのか，特にその個人差について，私たちの理論的理解をかなり詳細に説明している。

私たちの 2013 年の論文では，認知的洗練性とは無関係に現れるバイアスについて，なぜそうなるのかという社会的な意味については未解明だった。本書の第 5 章で詳しく述べたように，私たちが自らのマイサイドバイアスに対して盲目であることの政治的な意味について，私は『合理性指数』（Stanovich, West, & Toplak, 2016）の発表後に初めて気づくこととなった。この社会政治的な意味については，本書の後半の章で詳細に説明している。

本書は研究費の助成を受けずに執筆されたが，私の研究室で行ったマイサイドバイアスについての初期の実証的研究は，ジョン・テンプルトン財団からキース・E・スタノヴィッチとリチャード・F・ウェストへ，カナダ社会

科学・人文科学研究評議会およびカナダ研究委員会プログラムよりキース・E・スタノヴィッチへ，そして，カナダ社会科学・人文科学研究評議会からマギー・E・トプラックへの研究助成金を得て行われたことを記しておきたい。

　本書と前著でお世話になった MIT プレスの編集者フィル・ラフリンは，その援助の大きさから私の研究室の科学的成果の重要な貢献者となったが，特に今回のプロジェクトについては最初から熱心に支援してくれたことに感謝している。そして，アレックス・フープスとエリザベス・アグレスタには，本書の制作過程でさまざまに助言をしてくれたことに感謝する。ジェフリー・ロックリッジには，非常に丁寧で，誠実で，洞察に満ちた校正をしてもらった。さらにフィルが推薦してくれた 3 人の匿名査読者には，本書の概要と構成案に対して広範囲にわたる鋭い指摘をしていただいた。そして，原稿全体に対する率直なフィードバックをくれたマギー・トプラックとジョナサン・エヴァンス，初期の原稿にかなりの時間を費やしてくれたリチャード・ウェストとアン・カニンガムにも感謝したい。

　しかし，本書の真のマックスウェル・パーキンス〔訳注：20 世紀前半に活躍した米国の著名な書籍編集者〕は，その初期から立ち会い，すべての章と節を校正してくれた妻ポーラである。本書の原稿作成の半分以上が終わった 2019 年の初秋，ポーラは多重性の深刻な心臓病と診断された。その後，彼女は大規模な開胸手術を受けたが，そのストレスは，手術前後数日間のトム・ハーゲンとワンダ・オーガーのサポート，またポーラが病院から帰宅した当日のアン・カニンガムのサポート，というスタノヴィッチ・サポートチームのサポートによって大きく軽減された。スタノヴィッチ・サポートチームには，他にマリリン・ケルトイとテリー・ニーダム，スー・バートとジャック・ブッディーク，ディ・ローゼンブルムとマーク・ミックンという大切なメンバーがいたことも記しておきたい。また，ゲイリーとマイク・カーソンのサポートにも感謝している。手術後，ポーラと私は一緒に身体を癒やし，一緒に執筆と編集活動を続けた。中国から非常に悪いウイルスが出てきたというニュースを耳にしたのは，ポーラが病院で心臓リハビリテーションのプログラムを始めたばかりの頃だった。数週間のうちに，私たちは自宅で孤立状態となった。ロックダウンのなかでも，私はポーラの有能な助力を得て本の執

筆に取りかかることができ，そのおかげで本書はようやく完成した。本書を，私の人生と同様に，彼女に捧げたい。

目　次

角括弧：本文中で［　］で囲まれた上付きの数字は原書の注番号を示し，注は巻末に掲載している。
亀甲括弧：本文中で〔　〕で囲まれた部分は訳者による注記を示す。

第1章

||||||||||||||||||||||||||||||||||||||||||||||||||||||||||||||||||||||||||

マイサイドバイアスの多様な顔

　マイサイドバイアスは多様な判断場面で起こる。どんな種類の集団でも見られるし，高学歴で，高度に知的である合理的推論を行う専門家にさえ見られる。さまざまな学域の専門的研究にもマイサイドバイアスは現れるし，認知心理学（Edwards & Smith, 1996; Toplak & Stanovich, 2003），社会心理学（Ditto et al., 2019a），政治科学（Taber & Lodge, 2006），行動経済学（Babcock et al., 1995），法学研究（Kahan, Hoffman et al., 2012），認知神経科学（Westen et al., 2006），そして日常推論の文献（Kuhn & Modrek, 2018）にもだ。マイサイドバイアスは，情報処理のすべての段階で生じる。すなわち，実証的エビデンスを探索する段階でのバイアスから，バイアスのあるエビデンスの評価，エビデンスへのバイアスある同化，成果についてのバイアスのある記憶，エビデンス生産にもバイアスがある（Bolsen & Palm, 2020; Clark et al., 2019; Ditto et al., 2019a; Epley & Gilovich, 2016; Hart et al., 2009; Mercier & Sperber, 2017; Taber & Lodge, 2006）。

　表1.1には，代表的な引用に沿って，さまざまなパラダイムを用いたマイサイドバイアスのサンプルを示している。全体を通じて，多様なパラダイムによってマイサイドバイアスが見られることが分かる。この第1章では，最も理解のしやすいパラダイム，例示しやすいものをいくつか示すことから始めて，その後，より専門的に洗練された研究を紹介する。

　マイサイドバイアスで最も取り上げられる例の1つは，最も古い研究でもある。その古典的研究において，アルバート・ハストーフとハドリー・キャントリル（Hastorf & Cantril, 1954）は，1951年に行われたプリンストン大学とダートマス大学とのフットボールの悪名高い一戦のフィルムを刺激として用いた。それはその年の最終試合だった。プリンストン大学は不敗で，タイム

表1.1　さまざまなマイサイドバイアスのパラダイムとその代表的研究

マイサイドバイアスのパラダイム	代表的研究
支持する集団の場合により好意的に行為を評価する	Claassen & Ensley, 2016; Kahan, Hoffman et al., 2012; Kopko et al., 2011
仮想的実験の質を評価する	Lord, Ross, & Lepper, 1979; Munro & Ditto, 1997; Drummond & Fischhoff, 2019
議論についての情報を評価する	Baron, 1995; Edwards & Smith, 1996; Stanovich & West, 1997, 2008a; Taber & Lodge, 2006
自身が強く信じる論理的帰結である場合，論理規則をより適用する	Feather, 1964; Gampa et al., 2019
自身の立場を支持しそうな情報源を探し，選ぼうとする	Hart et al., 2009; Taber & Lodge, 2006
議論の産出	Macpherson & Stanovich, 2007; Perkins, 1985; Toplak & Stanovich, 2003
共変の検出	Kahan et al., 2017; Stanovich & West, 1998b; Washburn & Skitka, 2017
矛盾の検出	Westen et al., 2006
自身の道徳的関与についてコストを強調しない	Liu & Ditto, 2013
自身の選好に沿って，リスクや報酬の知覚が歪む	Finucane et al., 2000; Stanovich & West, 2008b
道徳原理の選択的使用	Uhlmann et al., 2009; Voelkel & Brandt, 2019
エッセイの評価	Miller et al., 1993
記された議論	Wolfe & Britt, 2008
政治的是認の評定	Lebo & Cassino, 2007
自身の政党への有利な事実の選択的学習	Jerit & Barabas, 2012
条件つき確率の評価	Van Boven et al., 2019
公正判断	Babcock et al., 1995; Messick & Sentis, 1979
望まない社会変化に結びつくエビデンスへの抵抗	Campbell & Kay, 2014
自分の所属集団に有利なように事実を解釈する	Stanovich & West, 2007, 2008a
エビデンスの科学的根拠について選択的に疑問視する	Munro, 2010
4枚カード問題	Dawson, Gilovich, & Regan, 2002
矛盾した政治的判断	Crawford, Kay, & Duke, 2015
メディアの報告へのバイアスのある知覚	Vallone, Ross, & Lepper, 1985

誌の表紙も飾った全米選手が人気を博していた。試合は，多数の反則と数件の骨折が生じる乱暴なものとなった。プリンストン大学のスター選手は鼻の骨折のため，ハーフタイム前に試合から離脱した。試合は論争の的となり，互いの大学の学生新聞は相手チームの欠落したスポーツマンシップを嘆いた。

　ハストーフとキャントリル（Hastorf & Cantril, 1954）は，ダートマスとプリンストンの大学生それぞれに試合の同じフィルムを見せて，反則行為を見るごとに用紙にマークをしていくように依頼した。ダートマスの大学生は，双方が同じ数の反則を行ったと報告した（実際の試合ではダートマスのほうが反則数は多かった）。一方，プリンストン大学生は反則全体の70%がダートマスによってなされたものだと評価していた。もちろん，この古典的研究では，現在の心理学研究では当然とされている注意深く設定された統制群を欠いている。それにもかかわらず，人々がその状況と自分との関係次第で（つまり，どちらの「側」に自分が立っているのかにより），同じ刺激から異なる解釈をなしうるかを示した古典となっている。ハストーフとキャントリル（Hastorf & Cantril, 1954）自身，この研究の皮肉なタイトルである「彼らは試合を見た」によってこの点を示していた。2つの対立するチームへの関係性によって実際には参加者たちはいわば**異なる**試合を「目撃した」のだという事実に注意が向けられる。

　ハストーフとキャントリル（Hastorf & Cantril, 1954）の研究では，現在ではこうした研究に期待される方法論的厳密さを欠いているけれども，半世紀後，ダン・カハンとデイビッド・ホフマンら（Kahan, Hoffman et al., 2012）による再現がなされた。それは2009年にマサチューセッツ州ケンブリッジで行われた抗議行動の映像を現代的な条件統制によって参加者に提示したものである。映像だけからでは，抗議者が誰であるのか，何についての抗議なのかは分からないものであり，特定できないビルの外で行われていた。実際に分かるのは，あるビルの前で抗議者と警官隊との衝突が見られるということだけであった。抗議集団は警官によって解散するよう命じられ，抗議者はそのことについて警察に抗議しているのだと参加者には説明された。ハストーフとキャントリル（Hastorf & Cantril, 1954）と異なり，カハンとホフマンら（Kahan, Hoffman et al., 2012）では，実験操作を含み，半数の参加者にはデモ抗議者は，

出産ヘルスケアセンターでの中絶利用への抗議だと告げられ，半数には，ゲイの人たちに兵役を禁止する当時あった法律に反対する抗議を募兵センターの外で行っていると説明された。

　カハンとホフマンら（Kahan, Hoffman et al., 2012）はさまざまな多元的な政治的態度を測定して，参加者が保守的な社会的態度[1]を持っているか，リベラルな社会的態度を持っているかによって，抗議のターゲット次第で同じ抗議の模様を異なって評価するかどうか調べることができるようになっていた。実際，警官隊とデモ隊の衝突を2種類の参加者たちがどのように解釈するかには，抗議をどうラベルづけするかによる非常に大きな差異が見られた。中絶クリニック条件では，保守的な参加者の70％は警官隊は抗議者の権利を侵害していたと考えたが，社会的にリベラルな参加者では28％しかそのようには見ていなかった。ゲイの人の兵役での制限に抗議するとされた条件では，反応パターンは完全に逆転し，社会的に保守的な参加者のうち16％しか，抗議者の権利が侵害されたと見なさなかったのに対して，社会的にリベラルな参加者では76％が権利侵害だと考えていた。カハンとホフマンら（Kahan, Hoffman et al., 2012）がハストーフとキャントリル（Hastorf & Cantril, 1954）に呼応して，「彼らは抗議を見た」とのタイトルをつけた理由が，この結果によって示されている。それは，数十年前のフットボールの試合のようにまさに同じ光景を見ながら，観察者がどちら側の立場にあるか次第で異なるように見られた事実を示すものであった。

用語の混乱
「確証バイアス」「信念バイアス」「マイサイドバイアス」

　さらに，マイサイドバイアスのパラダイムや研究の考察に進む前に，この領域で用いられている用語を明確化することが重要である。極めてそれは混乱しているからだ。「確証バイアス」「信念バイアス」「マイサイドバイアス」という3つの用語が科学文献のなかで一貫しない用いられ方がされている。「確証バイアス」は一般的なメディアでも，最もよく知られた用語で，実際，グーグルトレンドでは，「確証バイアス」は他の2つよりも最も普通

に用いられる用語であることが分かる。しかし，これら用語のなかでも最も混乱したものでもあるために，本書における確証バイアスの用法を私は，1つの用心深く定義された意味として用いることに制限する。実際，1983年では，仮説検証プロセスを検討していた著名な2人の心理学者であるバルーク・フィッシュホフとルース・ベイス–マロム（Fischhoff & Beyth-Marom, 1983）は，そのときすでに多くの異なる効果を一緒に包み込んでしまった「確証バイアス」という用語に引退を勧めていたのだ。残念ながら，彼らの提案は採用されず，10年後，別の理論家，ジョシュア・クレイマン（Klayman, 1995）がやはりこの語に対する憤激を表明した。確証バイアスの定義はその研究の数だけあるようだと述べている。

　基本的な問題は，この確証バイアスという言葉に多数の異なる処理傾向が掃き寄せられてきたことで，その多くは，本当のマイサイドバイアスの基盤となる動機づけられた認知の指標にはならないということである（Evans, 1989; Fischhoff & Beyth-Marom, 1983; Hahn & Harris, 2014; Klayman & Ha, 1987; Nickerson, 1998）。クレイマンは確証バイアスの2つの異なる定義について論じた。第一の定義は，正事例検証方略と呼ぶもので，私が確証バイアスの定義としてとっておくものである。正事例検証方略は，推論者に関心の焦点となる仮説があるときに，期待されるエビデンスを探索するというものである。推論者が確証されないエビデンスを適切に扱えば，正事例検証方略に何ら規範から外れたところはない（Baron, 1985; Klayman & Ha, 1987; McKenzie, 2004; Mercier, 2017; Oaksford & Chater, 1994, 2003参照）。クレイマンのいう第二の定義は，現在選好している仮説を心理的に捨てたがらない傾向で，このタイプの確証バイアスは，動機づけられた認知の1つの形と見なすことができる（Bolsen & Palm, 2020; Kunda, 1990）。私は，本書において，クレイマン（Klayman, 1995）の動機づけられた処理のカテゴリーを強調したいので，この2つめの確証バイアスを別の用語「マイサイドバイアス」と呼ぶことにする。

　何度も言うが，焦点となる仮説についてのエビデンスの検証と評価を中心に据えた認知プロセスを示すものとして確証バイアスという語を用いるつもりである[2]。推論者が仮説を確証しないようなエビデンスに出会った際，そのエビデンスの意義を正しく処理する限り，確証バイアスを示すことは，必ずしも不合理で，反規範的なものでもない[3]。これはよく認識されてきた点

である（Baron, 1985; Klayman, 1995; Klayman & Ha, 1987）。すなわち，推論者が不確証なエビデンスに遭遇した際にベイズ的に更新が適切になされるならば[4]，推論者が抱いている仮説の検証を探究することは不適切ではない（McKenzie, 2004）。

　このように定義されることで，確証バイアスは，推論エラーを意味するのではないということで，推論研究で用いる「バイアス」という語の意味と2つの点で異なる。1つめは単に処理傾向を意味する「バイアス」というのは，評価的にニュートラルである。例えば，「私は節約するために，買い物はコストコで行うバイアスがある」という具合だ。私の確証バイアスという語の使い方はこのように評価的にニュートラルなものである[5]。クレイマン（Klayman, 1995）は，この第一の意味の「バイアス」を第二のバイアスと区別した。第二のバイアスはずいぶんと異なるもので，そこでの「バイアス」は基本的に欠陥のある推論過程を意味し，しばしば思考の誤りに直結する。私がここで取り上げるマイサイドバイアスが基本的に欠陥のある思考から生じる推論エラーという意味でのバイアスであるのかどうかは，第2章での問題となる。

　私が狭く定義した確証バイアスと異なり，主に三段論法推論の文献のなかで用いられてきた「信念バイアス」という語は，**まさしく推論エラーを意味する言葉**であった。私たちがこの世界について知っている事柄と齟齬を来すような結論を評価するのが難しいときに信念バイアスは起きる（Evans, 2017）。信じられにくい結論と論理的妥当性が齟齬を来すような三段論法推論課題で，信念バイアスは最もよく検討される。以下の三段論法について考えて，2つの前提から結論が論理的に導かれるかどうか自分に問うてみてほしい。

　　前提1：すべての生物は水が必要である
　　前提2：バラは水が必要である
　　それゆえ，バラは生物である

　結論が論理的に妥当であるか，妥当でないか，次を読む前に判断してみてほしい。

　この三段論法推論課題を与えられた大学生のおよそ70%とあなたが同じならば，結論を妥当と判断したであろう。そして，もしあなたが結論を妥当だと判断したとしたら，70%の大学生と同様，それは間違いである。前提1はすべての生物が水を必要と述べていて，水を必要とするものすべてが生物だとは述べていない。だから，バラが水を必要とすることだけから，バラが生物であると前提から導き出すことはできない。これでまだよく分からないなら，まったく同じ構造を持つ次の三段論法を考えてみれば，おそらく明らかになるだろう。

　前提1：すべての昆虫は酸素を必要とする
　前提2：ネズミは酸素を必要とする
　それゆえ，ネズミは昆虫である

　これで，前提2つからこの結論が導かれないことが明らかになったことだろう。バラの三段論法を難しいものとしているのと同じ構造がネズミの三段論法ではそれを解きやすくしている。
　両方の三段論法で，この世界のあり方についての事前知識（バラは生物であり，ネズミは昆虫ではない）が，論理的妥当性の判断という記述内容とは独立であるような判断に混入してしまうのだ。バラの三段論法では，正答に行き着くのに事前知識が邪魔をしてしまっているのだ。正しく答えられたとしてもきっと違和感が残るだろう。しかし，ネズミの三段論法では事前知識は正解を助ける。信念バイアスは，三段論法の推論や条件推論の分野で最もよく研究されてきたが（Evans, 2017），他のパラダイムでも見られる（Levin, Wasserman, & Kao, 1993; Stanovich & West, 1997, 1998b; Thompson & Evans, 2012）。
　信念バイアスとマイサイドバイアスは異なるものである。実世界の知識が推論の遂行に妨害を与える状況で信念バイアスは登場するが，マイサイドバイアスは，私たちが正しいと**思いたい**仮説を優遇する方向でエビデンスを求めたり，解釈したりするなかで生じる（Mercier, 2017; Stanovich, West, & Toplak, 2013）。何が信念バイアスをマイサイドバイアスに変えるだろうか。マイサイドバイアスは，現在**高く評価されている**意見に有利な処理をすることを指す。ロバート・エイベルソン（Abelson, 1988）によって以前議論された区別を

用いれば，マイサイドバイアスは高い**確信**を持つ信念と関係している。そして他の典型的な信念とは異なり，この確信は情緒的なコミットメントや自我関与を伴っていて，認知的な精緻化を要するものである（Abelson, 1988; Fazio, 2007 参照；現代的な議論には，Howe & Krosnick, 2017）。リンダ・スキトカ，クリストファー・バウマン，エドワード・サルギス（Skitka, Bauman, & Sargis, 2005）は，道徳的指令に根ざした態度は，社会的距離や親切などの従属変数のとりわけ有効な予測因子となる確信が強い傾向がある。

　単純な信念と確信との違いを説明すると，あなたが「ジルカン」と呼ばれる別の惑星に住んでいると想像してほしい。それで他のことはほとんど地球と同じだが，ここではバラは赤くなくて，常に茶色だと誰かから聞いたとしよう。この信念を獲得するのにあなたは何の問題も感じないだろう。差し迫って誰かとバラは赤いこともあるのではないかと議論する必要性を感じないだろう。ジルカン星では，バラは単に赤くはなく，バラが赤いかもしれないという信念を捨てるのに問題はないだろう。一方で，ジルカン星において，左利きの人は右利きの人よりも道徳的に劣ると信じられていると聞いたとしたら，あなたはその信念を受け入れず，実際それに抗して議論しようとするかもしれない。人間の道徳的価値は左利きか右利きかによることはないという信念を守ろうとする。バラが赤であるかもしれないという信念とは異なるあり方で，あなたにとってその信念は確信なのである。

　確信はしばしば他の価値群とトレードオフで対抗する「守られる価値」を生み出すような世界観から引き出されたものである（Baron & Spranca, 1997）。守られる価値（時に「神聖な価値」と称される；Ditto, Liu, & Wojcik, 2012; Tetlock, 2003 参照）は，どの行為が道徳的に要請され，禁止され，許可されるかを決めるルールから生じる道徳的義務と見なされ，それに違反する考えはしばしば怒りを生じさせるものである。参加者は，守ろうとする価値が問題とされるときには，それを金銭的なトレードオフとして用いられることを嫌がる傾向のあることを実験は示している（Baron & Leshner, 2000; Bartels & Medin, 2007）。守るべき価値についての信念は，エビデンスを示すことでは容易に変わらない。

　いくつかの信念は確信に変わるものであるという考えのさらなる先行事例として，ロバート・エイベルソン（Abelson, 1986; Abelson & Prentice, 1989 も参照）は，「検証可能な信念」と「直感信念〔訳注：経験的に検証できない信念〕」との区

別を行った。**検証可能な**信念とは，現実世界と結びついていて，その世界を私たちが記述するのに用いる言葉である（例えば，「バラは赤い」など）。これらは観察によって確認できる。あるときには簡単な個人的な観察による場合もあるし，そうでなければ，他の専門家による場合やもっと洗練された科学的方法に基づく場合もある。これに対して，**直感信念**というのは，直接，経験によっては確認ができず，専門家や科学的合意による確認へと簡単に振り向けることができないものである。例えば，あなたは製薬会社は利益を過度に得すぎていると考えるかもしれないし，あなたの州は，もっとメンタルヘルス問題に支出を増やすべきで，環境保全対策への支出を減らすべきだと考えるかもしれない。確かに，経済統計や政策による実証によってこうした信念（その問題へのこだわりを増やすか減らすか）は**条件づけられる**かもしれないが，検証可能な信念を確認するのと同様の方法で直感信念を**確証する**ことはできないのだ。多くの直感信念は私たちの信念を具体化しているものだ。そのとき，エイベルソン（Abelson, 1988）が論じたように，こうした信念に私たちは情緒的に結びつきを強め，没頭しているので，直感信念は確信となりやすい。直感信念は，しばしば私たちの世界観や政治的態度，イデオロギーなどから引き出されてきている。

　マイサイドバイアスは，直感信念を中心とした話であり，検証可能な信念の問題ではない。それに対して信念バイアスは，検証可能な信念をめぐる問題である。これが信念バイアスのほうがマイサイドバイアスと比べて（後の章でさらに議論するが），教育によってより改善可能であり，認知能力とより相関があることの理由である。健康保険支出が連邦予算の2番目に大きい支出項目であるかどうかの信念は，検証可能な信念であるが，一般に米国人が健康維持に多くのお金を使いすぎているという信念は直感信念である。経済的なエビデンスは確かに私たちの態度を変えうるが，直感信念は同じように**確認する**ことができない。本書で論じられるマイサイドバイアスの研究は，もっぱら直感信念の話であって，確信を持って信じられるようなものである[6]。

　本書で行われる用語の区別を要約すると，「確証バイアス」を仮説が成り立つことの検証を探すものであり，「信念バイアス」は，世界について私たちが知っていることと齟齬があるかどうか結論を評価することが困難なとき

に生じるバイアスとした。推論を否定するような結論が見られる信念バイアスは、検証可能なバイアスである。そして、「マイサイドバイアス」は、事前に私たちが持つ意見や態度に賛同される方向にエビデンスを生成したり、エビデンスを評価したり、仮説検証したりするときに起こるものであり、こうした問題のある態度は確信と言える（つまり、直感信念であり、情緒的な結びつきや没頭を示す世界観である）。そして本書では、マイサイドバイアスについての文献と希望的思考の研究を区別し（Bar-Hillel, Budescu, & Amor, 2008; Ditto & Lopez, 1992; Lench & Ditto, 2008; Weinstein, 1980）、前者のみを扱う[7]。

さまざまなパラダイムと思考タイプでの マイサイドバイアスの例示

　古典的なハストーフとキャントリル（Hastorf & Cantril, 1954）の研究、および、そのフォローアップ研究であるカーンとホフマンら（Kahn, Hoffman et al., 2012）の研究で、マイサイドバイアスの1つのタイプが示されている。人は曖昧な活動に対して、自集団に有利な評価を行うというものである。表1.1に見られるように、マイサイドバイアスは、異なる情報処理段階を評価するさまざまなパラダイムを用いて示されてきた。

　最も簡単な例示の1つは、私たちの研究室で行った1つであろう。数年前、同僚のリチャード・ウェストと私は、参加者の1つの群（米国の大学生）に以下のような思考課題を示した（詳細は、Stanovich & West, 2008b）。第一に、米国運輸省の包括的な調査で示された、特定のドイツ車が典型的なファミリーカーに比べて衝突の際に、相手側の車に乗っている人たちを8倍死亡させてしまうという結果に従い、そのドイツ車の販売禁止を考えていると告げられた。そして、参加者は、このドイツ車に対していずれの措置がとられるべきか尋ねられた。すると、78.4％がこのドイツ車を販売禁止にすべきだと回答した。

　この研究の背後にあるトリックは、実はこの危険な自動車の例というのは実際のものであり、しかしその車は実は、ドイツ車**ではなく**、米国で製造されたフォードのエクスプローラーだったのだ。今示したシナリオでは、参加

者は危険なドイツ車が米国の街路を走らないように販売禁止とするか評価を
した。これをまったく逆にして，危険な米国車をドイツで販売することについて尋ねる群（やはり米国の大学生参加者で）を設けることができる。このシナリオでは，米国運輸省の包括的な調査で示された，フォードのエクスプローラーが典型的なファミリーカーと比べて衝突の際に，相手側の車に乗っている人たちを8倍死亡させてしまうという結果に従い，この車のドイツでの販売禁止をドイツ運輸省が考えていると告げられた。

　同じ質問セットにこちらの群の参加者も回答し，**ドイツ**運輸省の立場から考えるように言われた。しかし，ドイツでフォードのエクスプローラーを販売禁止にすべきと考えたのは，参加者の51.4%であった。私たちの研究は，自身の側を利する観点から同じ害悪をどう厳しく判定するかを，明白かつ直接的に示した。この場合，危険な自動車が，米国におけるドイツ車であった場合のほうが，ドイツにおける米国車である場合よりも販売禁止に値すると見なした。

　他の研究においてもマイサイドバイアスはさらに体系的に研究されてきた。例えば，日常的な議論の論理的妥当性の査定はマイサイドバイアスの影響を受けることが示されてきた。その古典的な研究の1つとして，ノーマン・フェザー（Feather, 1964）では，日常的な議論として示された三段論法を参加者に評価させた。この実験の典型的な施行としてはこうである。まず，人類に対する慈愛的で寛容な態度は，人々を愛と調和のなかに共にあることをもたらす。また，キリスト教精神は常に，人々を愛と調和のなかに共にあることをもたらす。このとき，「それゆえ，キリスト教精神の結果として，人類に対する慈愛的で寛容な態度をもたらす」という結論が正しいか評価するように言われた。この結論は実際，論理的には妥当ではないが，フェザー（Feather, 1964）の参加者では，宗教性が高いと位置づけられた者は，宗教性が高くないと位置づけられた者たちよりも妥当でないという判断を見いだすことがより難しかった。

　アヌプ・ガンパら（Gampa et al., 2019）は，日常的な論理課題を評価して，フェザー（Feather, 1964）での宗教性と同じ役割を政治的イデオロギーが果たすことを見いだした。「それゆえ，マリファナは合法である」という結論が正しいと，リベラルは容易に判断しやすく，保守派にはその判断が難しく，

正答しにくかった。一方,「胎児の命を誰も奪う権利はない」という三段論法の結論では,それが妥当である場合,リベラルには正答が困難で,保守は正答しやすかった。論理的推論を含む別のパラダイムとして,4枚カード問題の遂行においても(Wason, 1966)[8],マイサイドバイアスの影響が見られる。エリカ・ドーソン,トーマス・ギロビッチ,デニス・レーガン(Dawson, Gilovich, & Regan, 2002)は,違反カードを見つけるのに,自分たちについてのネガティブなステレオタイプの記述(女性参加者にとって「すべての女性は運転が下手である」という規則の検証)についてのほうが,ポジティブなステレオタイプの場合(アジア系の参加者にとって「すべてのアジア系米国人は賢い」という規則の検証)よりもずっと容易であることを見いだした。

フェザー(Feather, 1964),ガンパら(Gampa et al., 2019),ドーソンら(Dawson et al., 2002)の研究はすべて,どういった条件が信念バイアスの実験を,マイサイドバイアスを示すものにするのかを示していることに注意したい。例えば,三段論法についての信念バイアスの実験では,結論の信じられやすさが操作されている。結論が信じられる「バラは赤い」と信じられない「ネズミは昆虫である」とを比べるといったものである。これらを比べる信念バイアス実験の場合は,再び,ロバート・エイベルソン(Abelson, 1986)の用語を用いると,検証可能な信念である。一方,今論じてきたマイサイドバイアスの実験で中心となる信念は,マリファナが合法であるべきか,キリスト者が慈愛的であるかなど,直感信念である。私たちが第3章で,これらのバイアスと相関する個人差をレビューする際に,直感信念と検証可能な信念を対比して用いるパラダイムによって,どういう人が正確に推論可能で,どういう人が可能でないかを予測するのに大きな貢献を見いだすことができるだろう。

このようなマイサイドバイアスの研究が示すように,経験的に確認が難しい直感信念を表すイデオロギーや政治的なものはマイサイドバイアスの宝庫である(Ditto et al., 2019a)。例えば,ジャレット・クローフォード,ソフィア・ケイ,クリステン・デューク(Crawford, Kay, & Duke, 2015)の研究では,軍の将官が米国大統領を批判したとリベラルな参加者が聞いた場合,その大統領が,ジョージ・W・ブッシュである場合,それがバラク・オバマである場合よりも将官の行動を許しやすいことが示された。保守的な参加者は逆に,その大統領がオバマであるときのほうが,ブッシュであるときよりも許

しやすかった。

　マイサイドバイアスはさまざまな政治的判断に感染し，交渉や労働環境においても自己奉仕的決定を増大させる。こうして，カイル・コプコら（Kopko et al., 2011）は，選挙での投票不正をめぐる妥当性の裁決が党派バイアスに影響されていることを見いだした。共通の課題を人と行うに際しての適切な対価支払いについて，参加者が何を考えていたかを検討したデイビッド・メシックとキース・センティス（Messick & Sentis, 1979）の実験では，他者よりも課題取り組みにより貢献したと信じる参加者は自分により多く支払われるべきだと考える傾向があった。しかしながら，それに対して，自分が相手よりも**少ししか**働いていないと信じていた参加者は，2人が同じだけ支払われるべきだと考えていた。

　こうしたマイサイド的考えは，現実生活のなかで確かに働いている。マックス・ベイザーマンとドン・ムーア（Bazerman & Moore, 2008）の調査では，誰かを訴えて，訴訟に負けた場合，自分が相手の法的費用を払うべきだと回答したのは44％であったが，それに対して，自分が誰かを訴えて勝った場合は，負けた相手が自分の法的費用を払うべきと回答した者が85％であった。このように参加者の公正さについての判断は，結果のどちら側に自分が立つかということに大きく依存していた。

　リンダ・バブコックら（Babcock et al., 1995）は，自動車事故被害の実際の事例に基づき（テキサスで原告が被告を10万ドルで告訴），模擬的に原告役割，被告役割を対になって課し，裁決を行う実験を実施した。参加者たちは役割に割り振られた後，27ページにわたる証言を読み，判事のところには行かずに賠償金額について結論を出すように試みた。示談の失敗は双方に対してペナルティが科されると教示された。この条件のもと，72％のペアは示談に到達した。しかし，この27ページの資料を，役割を割り振られる**前**に読まされた群では，94％が示談に到達した。前者の条件で有意に示談率が低かったのは，事件のそれぞれの側において，証言を読んでいる間のマイサイド的指向性による確信の強さの結果だと考えられる。

　スタノヴィッチとウェスト（Stanovich & West, 2008a）の議論の評価の実験では，人工妊娠中絶について（他に，飲酒年齢の引き下げについても取り上げ，これも同様の結果であった）の議論の質を参加者に評定してもらった。まず，専門家に

よって中絶賛成の議論と反対の議論の質と説得力が同程度であることが判定された。先行研究と一致して（Baron, 1995），強いマイサイドバイアスが観察された。すなわち，自分の立場と一致した議論を一致しない議論よりもよりよいものと参加者たちは評定した。

　チャールズ・テイバーとミルトン・ロッジ（Taber & Lodge, 2006）では，参加者は，アファーマティブ・アクション，および銃規制について，賛成と反対の議論を評価することになった。これら2つの問題について参加者は，議論の質は同程度であっても，事前の自分の意見と逆の議論よりも合致する議論のほうを好んだ。また，テイバーとロッジは参加者たちは自分の事前の意見と齟齬を来す議論を読む際に，それらに対する反論を生成しなくてはならないため，議論について読み，考えるためにより時間をかけていた（Edwards & Smith, 1996 参照）。

　マイサイド的処理は，科学研究を通して生み出された実証的エビデンスを評価する自分たちの能力を損なってしまう。チャールズ・ロード，リー・ロス，マーク・レッパー（Lord, Ross, & Lepper, 1979）は，死刑の効果についての2つの研究デザインとその結果を参加者に提示した。1つの研究は死刑による犯罪抑止効果を支持するデータを報告していた。そして，もう1つの研究は，効果を支持しないデータを示すものであった。同じ質問項目への回答に基づいて選別された2群の1つは，元来死刑に賛同する者たちであり，死刑に反対する別のもう1群があった。2つの研究の方法的厳格さは同等であるようにされていても，自分たちの事前の意見を支持する研究を，支持しない研究に比べて参加者は好意的に評価した。

　しかし，ロード，ロス，レッパー（Lord, Ross, & Lepper, 1979）の研究において最もよく引用される結果は，実験の最後に現れたものである。一見したところ[9]，ベイズ的観点から見れば，両方の研究を読むことで意見は統合され混合したエビデンスを生み出すのであるから，2つの群は近づいて収斂するように思える。しかしそうではなく，2群ともそれぞれの立場でマイサイド的な方法で提示された研究情報を処理した。つまり，自分の立場を支持するエビデンスは受け入れ，自分の立場を支持しない研究結果の欠点を過大視したのである。その結果，これら2つの対立する研究結果を読んだ後，両群の参加者は態度を極性化させたのであった。

　テイバーとロッジ（Taber & Lodge, 2006）も，同様な極性化を観察したのだ。ただ，それは政治知識が高いとランクされた者においてのみであった。実際，ロード，ロス，レッパー（Lord, Ross, & Lepper, 1979）が見いだした態度の極性化は，マイサイドバイアスの実験で必ずしもいつも見られるとは限らない。観察される際も，すべての論点についてその結果を特徴づけるものとはならない（Gerber & Green, 1998; Hahn & Harris, 2014; Kuhn & Lao, 1996; MacCoun, 1998; Munro & Ditto, 1997）。しかし，実験において極性化が起こるか否かにかかわらず，1つの結果は一貫して見いだされる。それは，エビデンスについて常にマイサイドバイアスを持って評価されてしまうということだ。参加者が，好ましくない研究とその主張をより厳しく批判する現象は，文献のなかで多く示されてきた。例えば，いくつかの実験で，ポール・クラジンスキーら（Klaczynski, 1997; Klaczynski & Lavallee, 2005）は，参加者の事前の意見や信念に一致する，あるいは不一致である結論を導く瑕疵のある実験と議論を提示した。それで参加者は，それらの実験の瑕疵を批判するように依頼された。すると頑健なマイサイドバイアス効果が観察され，自身の意見，信念に一致するより，一致しない実験結果に対して，より多くの瑕疵を見いだした。

　人々は，マイサイドバイアスによって議論を**評価する**だけでなく，同様にバイアスのかかったやり方で議論を**生み出す**こともする（Perkins, 1985）。私たちの研究グループ（Toplak & Stanovich, 2003; Macpherson & Stanovich, 2007）によるいくつかの実験では，参加者はさまざまな公共政策の提案について賛同と反対の両方の議論を探索するように指示された（「人は自分の内臓を売ることを許可されねばならない」「大学教育のコストを十分カバーできるように授業料は値上げされなくてはならない」など）。参加者がその問題に強固な態度を持っていた場合，自分の立場に合うほうの議論を，合わないほうの議論より数多く生成した。これは，自らの推論をバイアスのないようにと顕示的に教示されても同様だった（Macpherson & Stanovich, 2007）。

　マイサイドバイアスは，実生活のなかでも実験室においても，もっと微妙な形でも出現する。現実世界の場合，リスクと報酬は正相関する。リスクの高い活動は，リスクの低い活動に比べてより大きな利益をもたらす傾向がある[10]。この現実世界での関係とは逆に，研究上は，さまざまな活動のリスクと利益の評定は，参加者内におけるさまざまな活動においても，参加者間

1つの活動で見ても，**負の相関を示す**（Finucane et al., 2000; Slovic & Peters, 2006）。何かが高い利益を有していると評定されると，だいたいそれはリスクが低いと見なされやすいし，リスクが高いと評定されると，利益が少ないと見なされるのだ。ポール・スロビックとエレン・ピーターズ（Slovic & Peters, 2006）は，リスク知覚は次の理由で，マイサイドバイアスを示すことを示唆した。すなわち，リスク知覚は感情によって引き起こされていて，何らかの利益を私たちが好むとき，リスクが低いと考えてしまう傾向があるのだ。私たちの研究グループもこの知見を参加者内デザインで確証した（Stanovich & West, 2008b）。飲酒することに利益を見いだす参加者は，そのように利益を見ない人に比べて，飲酒のリスクを低く評定した。また，殺虫剤使用に実質的な利益を感じる参加者は，そのように利益を見ない者よりも殺虫剤使用に際するリスクを低く評定した。

　ブリタニー・リウとピーター・ディット（Liu & Ditto, 2013）は，さまざまな行為の道徳性を判断する際，自己奉仕的なトレードオフが生じることを見いだした。またそれは政治志向の広い幅において，両サイドで生じた。参加者は，以下の4つの行為についての道徳的な受け入れ可能性を尋ねられた。それは，テロ容疑者に対する強制尋問，死刑，性教育におけるコンドームの推奨，胚性幹細胞の研究の4つで，前の2つは，政治的にリベラルよりも保守的な参加者により道徳的に受け入れられやすく，後の2つは，逆に政治的に保守的な参加者よりもリベラルな者たちにおいて受け入れられやすいと見なされるものであった。参加者は，それぞれの行為そのものの道徳性について，それが意図する目的を達成するのに有効**であったとしても**不道徳であるかどうか尋ねられた。それからその行為の結果として得られる利益の知覚された程度も聞かれた（強制尋問が機密情報の聞き出しに有効であるか，コンドーム使用が10代の若者の妊娠や性行為感染病を減らすのに有効かなど）。

　4つの行為について，参加者たちは，それが実際に利益をもたらす結果につながると思わないほど，たとえそれに利益があったとしても不道徳であるとより強く信じるようだった。つまり，コンドーム使用が実際には問題の解決に有効に働かないと信じる者ほど，たとえそういう利益があったとしてもコンドーム使用の性教育での推奨を道徳的に間違ったことと強く信じる傾向にあった。また，強制尋問が諜報上，実際に有効でないと思う者ほど，テロ

容疑者への強制尋問は道徳的に間違っていると考えがちであった。要するに，フィヌケインら（Finucane et al., 2000）の研究で，参加者が，自分が認める活動のリスクは最小化して見てしまいがちだったのとちょうど同じように，参加者たちは，自分たちの道徳的な傾倒に伴うコストを強調しないようになってしまうのだ。

　ミシェル・フーマー（Huemer, 2015）は，自分の信念に合うように，マイサイド的やり方で私たちが事実をいかに用いるかを論じた。死刑についての信念の2×2のマトリクス（死刑が犯罪を防止するかどうかと，多くの無実な人が死刑宣告されないで済むかどうか）で論じ，4つのセルのうち，2つは過大視となり，2つは過小視となる。多くの者は，死刑は犯罪を減らし，無実で死刑となる人はごく少ないだろうと信じているし，一方，死刑は犯罪を減らすことなく，無実の人を多く死刑にしてしまうと信じる者も多いだろうけれども，それに対して，これら信念についてのさらに存在する2種類の組み合わせを信じる者は非常に少ない。死刑は犯罪を減らすが，無実の人をたくさん死刑にしてしまうだろうという考えと，死刑は犯罪予防に有効でないが，無実で死刑宣告を受ける人はほとんどいないだろうという考えの両立であるが，こういうこともあってよい。このように人々の死刑についての信念の評価は，エビデンスの評価と独立に行われているわけではなく，マイサイドバイアスを通して，エビデンスの評価は，死刑制度についての確信と結びついているのだ。

　ここまで考えてきたマイサイドバイアスの例は，議論や実験などの書かれた記述を解釈するものが多かったが，他の研究では，実験の**数量的な**結果の解釈にさえも影響することを示している。実験的成果に関する共変データの解釈が，参加者の事前に持つその関係についての仮説によって歪められる（Stanovich & West, 1998b）。例えば，マイサイドバイアスを査定するのではない純粋な実験の数的共変の検出において，参加者は患者の治療と反応の関係について検討した実験データを見せられた。例えば以下のようなものである。

　200人が治療を受けて改善した。
　75人が治療を受けて改善しなかった。
　50人が治療を受けずに改善した。
　15人が治療を受けずに改善しなかった。

共変を検出する実験では，参加者は，治療が効果的であったか示すように求められた。ここで示した例は，治療が効果的だったと多くの人が間違う難しいものである。参加者はまず，治療によって改善が見られた大きな数字である 200 に焦点を当ててしまう。第二に，改善しない少数に比べて (75)，多くの者が改善を示しているように見える (200)。改善率は高く思えるので (200/275＝.727)，大きい数字に誘導されて参加者は，治療がうまく働いたものと考えるようになる。しかしこれは，合理的思考の誤りである。こうした見方は治療が**なされていない**ときの改善率を無視している。その改善率はより高いので (50/65＝.769)，この実験で検証された特定の治療法は，まったく効果的でないと判断できる。処置のない条件の結果を無視して，治療によって改善のあった群の大きな数に着目する傾向は，多くの人を治療が効果的であるかのように誘導する。

　ダン・カハンら (Kahan et al., 2017) は，ランダムに 4 つの群のうちの 1 つに参加者たちを振り分けて，こうした難問を提示した。2 つの条件は，発疹に対するスキンクリーム治療という仮想状況を含むものであった。この発疹治療条件では，参加者は 2×2 の数値データのマトリクスを与えられ (1 つの条件では列にある名称が逆順になっている)，治療が効果的であるかどうか見極めなければならなかった。これらは統制条件となる(マイサイドバイアスを含まない条件)。

　さらに，2 つのマイサイドバイアスの条件では，2×2 の発疹条件と同じ数値でできたマトリクスを提示され，法では禁じられた私人が公に銃を携帯することを許可するかどうかを決定する市政の立場をとるものであった。この問題に取り組むに際して，複数の市を 2 群に分けて，一方を武器を禁じる法律を最近施行した市なのだと教示を与え，もう一方では，そうした禁止法がないと教示された。マトリクスには，犯罪が増加した市の数と，犯罪が減少した市の数が記されていた。2 つの異なる条件はマトリクスの数値は同一だが，列の名称 (犯罪が増加したか，減少したか) が単に逆になっているものだった。つまり，銃規制が効果的だったという研究データを示したものか，銃規制が効果的でなかったという研究データを示したものである。

　このカハンら (Kahan et al., 2017) の研究では，銃規制についての参加者の事前態度が測定されていた。参加者はランダムに実験条件に配置されたので，ある参加者は事前の自身の態度を数値データは支持しているものと見なし，

ある参加者は銃規制についての自身の事前態度と対立するデータであると見た。2つの発疹条件に割り当てられた参加者は、特に事前態度を持たないでデータを見たのであった。結果として、銃規制についてのデータが自身の事前態度を支持していた場合、対立している場合よりも正確に共変性の判断を行うことができることを示した。そしてそれは、発疹実験条件の1つよりもよく査定ができていて、もう1つよりも査定が悪かった。

　カハンら（Kahan et al., 2017）は、問題となるテーマへの態度両極においてマイサイドバイアスが観察されることも示した。すなわち、銃規制賛成派の参加者においても、反対派の参加者においてもマイサイドバイアスが見られた。この数値データの評価に見られるマイサイドバイアスの例示は、多くの先行研究での複雑な実験デザインによるものよりも波及し、アンソニー・ウォッシュバーンとリンダ・スキトカ（Washburn & Skitka, 2018）やS. グレン・ベイカーら（Baker et al., 2020）によって強い確信を生み出すさまざまな他の問題へと拡張された。例を挙げれば、移民問題、健康問題、同性婚問題、福祉や核問題、炭素排出問題などである。マシュー・ナースとウィル・グラント（Nurse & Grant, 2020）は、気候変動におけるリスク知覚の問題を用いて、これらの研究知見の再現を行った。

マイサイドバイアス
実験室から現実生活へ

　2019年最初から半ばまでの間、リーフ・ファン・ボーヴェンら（Van Boven et al., 2019）によるマイサイドバイアスについての興味深い研究デザインがオンライン上に出現した。そこでは2つの議論のある話題を取り上げており、1つは、トランプ政権下での7カ国の入国禁止法案（そのうちの5カ国は主なムスリム国家：シリア、イラン、リビア、ソマリア、イエメン）で、潜在的にテロリストである可能性のある者たちを米国に入国させないようにするものであった。もう1つは、火器の禁止で、大量殺傷を減らすというものである。これらについての量的確率の情報を参加者に与えた。入国禁止について、参加者は文脈情報として、いくつかの法廷や組織がこれが合法的でないことを問題にして

いて，その差別性を主張しているという事実が示された。その上で参加者は以下のような現在および過去のデータに基づいていると述べられた統計が与えられた（ここでMとはムスリムで，Tとはテロリストのことである）。

p(M)：ムスリムの国から移民が入る確率は，17％である。

p(T)：移民がテロリストである確率は，0.00001％である。

p(T|M)：ムスリムの国から来た移民がテロリストである確率は，0.00004％である。

p(M|T)：テロリストである移民がムスリムの国から来ている確率は，72％である。

そして，参加者は，これらの確率のうち，入国禁止法案に賛成するか，反対するか決めるにあたって，どれが個人的に最も重要であるかを尋ねられた（参加者は別の機会に前もって，入国禁止法案に賛成か，反対か回答していた）。

多くの参加者は，2つの条件つき確率のうちの1つを最も重要なものとして選んでいた。明らかに「ヒット率」であるp(M|T)の72％というのは，「逆の条件つき確率」p(T|M)の0.00004％よりも，禁止法案を支持するように思えるものであった。最初に入国禁止への賛成を表明していた参加者は，圧倒的にp(M|T)が重要な確率であると見なし，反対を表明していた参加者は，圧倒的にp(T|M)が最重要であると選んでいた。観察された大きなマイサイドバイアスは，この問題の場合，どちらの立場でもおよそ同程度のものであった。またそれは数学能力によってバイアスが弱められることがなかった。むしろ実際，高い数学能力を持つ参加者は，より大きなマイサイドバイアスを示していた。これについては，第3章において詳細に検討する。

ファン・ボーヴェンら（Van Boven et al., 2019）の実験の興味深い点は，入国禁止について回答した参加者と同じ参加者が，大量殺傷を減少させるための火器の禁止についての問題に回答していることである。参加者はまず「火器」についての定義を与えられ（セミオートマチックのライフルやスコープ，引き金，擲弾発射器あるいは高容量の火薬室などの付属物を備えたセミオートマチックの武器），議会に多くの火器を包括的に禁止する法案が提出され，現在と歴史的なデータに基づいて以下の統計が示された（他の問題についての実験と合わせるために頻度が示さ

れた）。S は大量殺傷，A は火器を意味する。

p(S)：ここ数年，米国人成人 1 億人のうち，6 人が大量殺傷を行った。

p(A)：ここ数年，米国人成人 1 億人のうち，1200 万人が火器を所有していた。

p(A|S)：大量殺傷を行った 6 人の米国人成人のうち，4 人が火器を所有していた。

p(S|A)：火器を所有している米国人成人 1200 万人のうち，4 人が大量殺傷を行った。

火器禁止法案への賛否を決めるのに，この 4 つのうち個人的に最も重要な統計はどれであるか参加者は尋ねられた。

多くの参加者が 2 つの条件つき確率のうち 1 つを最も重要なものと選んでいた。ヒット率である，6 人中 4 人 (67%) という p(A|S) は，1200 万人のうち 4 人 (0.000003%) という p(S|A) の条件つき確率よりも禁止法案を支持するもののように思える。火器禁止法案を支持していた参加者は圧倒的に p(A|S) を重要なものと選んでおり，火器禁止法案に反対していた参加者は，対照的に圧倒的に p(S|A) を重要だと選んでいた。先の問題と同様，観察された大きなマイサイドバイアスは，両方の立場で同じように見られ，やはり数学能力によって緩和されなかった。

ファン・ボーヴェンら (Van Boven et al., 2019) の実験結果がいかに驚くべきものであるか，みなさん（読者）は，間違いなく直観されているのではなかろうか。入国禁止法案に反対していた参加者は，火器禁止に**賛成する**傾向が見られ（簡易的にそれを「リベラル」と呼ぼう），そして，入国禁止法案に賛成していた参加者は，火器禁止に**反対する**傾向が見られた（簡易的にそれを「保守」と呼ぼう）。ということは，リベラル派も保守派も両方ともが，その扱う問題に応じて，依拠するエビデンスのタイプを変えているということである。リベラル派は入国禁止においては，ヒット率に焦点を当てることを好まず，火器禁止の場合はヒット率に焦点を当てているのだ。逆に，保守派は，入国禁止についてはヒット率に焦点を当てることを好み，火器禁止についてはそうではない。ファン・ボーヴェンら (Van Boven et al., 2019) の実験は，与えられた

問題について，事前の意見と一致しているかどうかに基づいて，人はどの統計を重要なものと取り上げ，選ぶかについて非常によいデモンストレーションを示している。

　ファン・ボーヴェンら（Van Boven et al., 2019）の実験の意味するところについて私が考えているとき，2019年の前半に，米国の南側国境における移民の危機を論じるニューヨーク・タイムズ紙の記事（Ward & Singhvi, 2019）に出会った。その記事の全体の趣旨は，メキシコ国境の状況が非常に問題であるという主張を反駁する統計を示すものであった。記事に示された3つの主要な統計の第一は，メキシコ国境を不法に越えた逮捕者数が2006年以降は減少していること，第二に，南の国境で差し押さえられたドラッグの多くは合法な入国場所であり，それ以外の国境線ではないこと，第三に，統計値は手に入れがたいが，米国の滞在許可のない移民の犯罪の有罪率は，もとから住んでいる市民の有罪率よりも実際に低いだろう[11]と見られることであった。これらの統計値は，南の国境問題について関心のある者の見方を反駁する目的で明らかに表現された提示であった。

　ファン・ボーヴェンら（Van Boven et al., 2019）の研究を読んだことに刺激されて，銃暴力に関心を抱く者たちが，ニューヨーク・タイムズ紙に掲載された不法移民についての統計に比すような統計があったら，どのように反応するかを思案し始めた。AR-15セミオートマチックライフルを禁じる提案をする法案があったとしよう。あなたは，火器による大量殺人について関心を寄せる銃規制論者であり，この法案に賛成だと想像してみよう。それで，銃の権利擁護論者が以下のような統計をあなたに示してきたらどうであろうか。第一に，米国において火器による殺人件数は1990年以来，かなり着実に減少している。第二に，米国における火器による殺人の大多数は，AR-15以外の火器によって行われた。最後に，AR-15による殺人発生率は，他の火器による殺人発生率よりも低い。こうした想像の後，私が自問したのは，もしも誰か銃規制論者がいたとして，こうした統計は，AR-15禁止法案を支持しなくなる理由になるだろうか，という疑問である。私は明らかにこの答えはノーであると考える。

　銃規制論者の思考は，次のようなものであろう。否定的な出来事が起こっている。そして，AR-15禁止法案はそれを食い止めようとするものである。

だから，殺人率を減らそうと欲する銃規制論者にとって，否定的な結果は年々減っているだとか，殺人のうち，AR-15 が関与しているのはほんのわずかな例であるだとかは，ほとんど気にかけるようなことではないだろうと。しかし，不法移民を減らしたいと欲している市民においてもまったく同じことが言える。不法移民という否定的な出来事は，年々減少しているものであり，非合法な薬物密輸という否定的な結果も警察の置かれた国境線から来ているものであり，警察のいないところからではないということもそのような市民にとっては無関連なことである。市民の安全が犯罪の絶対数によって変わるものであり，相対的な犯罪率でないのであれば（地球温暖化の問題が二酸化炭素の 1 人あたり水準の問題ではなく，二酸化炭素の絶対水準の問題であるのとちょうど同じように），犯罪の相対的な比率もまた問題とならない。ニューヨーク・タイムズ紙の記者は，移民について提示した統計が，国境開放論者には気に入るように思える一方，不法移民を撲滅しようと考えている市民たちにはまったく関係のないものに見えるという事実に気づいていないようだ。それらは，本節で提示した銃規制論者にとっての統計と同じように無意味なのだ。ファン・ボーヴェンら（Van Boven et al., 2019）の実験は，マイサイドバイアスの政治的，社会政策上の示唆について論じる後の章での議論にとって有意義なものである。

マイサイド処理は，なぜあらゆるところに見られる傾向なのか

　これまで議論してきた研究の振り返りの意味するところは，表 1.1 に詳細にまとめて示してある。マイサイドバイアスは多くの異なる行動原理や認知的原理を横断して多くのパラダイムで示されてきた。また実際に行われた研究からは，マイサイドバイアスが特定の人口統計学的集団に限定的に見られるものではないことを示している。広い年齢層を通じてマイサイドバイアスは生じる。マイサイドバイアスは知能の低い者においてのみ生じるのではなく，このことは後に第 3 章でより詳細に論じる。マイサイドバイアスは，さまざまな信念や価値，確信を持つ人々において示されている。特定の世界観

を持つ者だけに限られているわけではない。確信を持たれるどんな信念も，ロバート・エイベルソン（Abelson, 1986）の言う直感信念であっても，マイサイド思考を駆り立てる力となりうる。要するに，情報処理傾向として，マイサイド認知は，至るところで見られるのだ（ユビキタス）。

　そうした至るところに見られ，普遍的なものというのは，私たちの認知システムの進化に基づいているのだろうと論じる人もいるだろう（適応の結果あるいは副産物として）。一方，マイサイドバイアスは進化に基づくものでないと論じる者もいるだろう。なぜなら，進化メカニズムは真実の探索にあるはずで，マイサイドバイアスはそうではないからだ。しかし，実際，進化は，認知科学で用いられる最上の意味において（認識論的合理性という真実の信念の最大化であろうと，道具的合理性としての主観的期待効用の最大化であろうとも），完全な合理性を保証はしない。生体は，繁殖的適合性を増す進化を遂げるが，適合性の増加は必ずしも，認識論的合理性，あるいは道具的合理性の増大を伴うものではない。適合の増大のために信念は，必ずしも世界を最大限の正確さでもってなぞるものである必要はない。

　資源（例えば，記憶やエネルギー，注意の面）においてコストがかかるならば，進化は高い正確性での認知メカニズムを選択できないかもしれない。信号検出理論におけるコスト・ベネフィットの論理と同じ論理で進化は働いている。私たちの知覚過程や信念確定のメカニズムは，多くのフォールス・アラームによって深い知性に欠けるものもあるが，知性に欠けることで，処理速度の速さや他の認知活動に妨げられないなど，他の利点を与えてくれているならば，信念固着によるエラーは，そのコストに見合っているとも言えるだろう（Fodor, 1983; Friedrich, 1993; Haselton & Buss, 2000; Haselton, Nettle, & Murray, 2016）。同様に，マイサイドバイアスがある種のエラーを増やしても，他のエラーを減じるならば，進化的観点から見て，こうしたバイアスは何もおかしなことではないだろう（Haselton Nettle, & Murray, 2016; Johnson & Fowler, 2011; Kurzban & Aktipis, 2007; McKay & Dennett, 2009; Stanovich, 2004）。このようなトレードオフ関係の性質はどのようなものであろうか。

　認知科学研究の長年にわたる間に，徐々に人の性質として，自然界を理解したいという欲求によるよりも，むしろ初期人類の**社会的**世界こそを推論の原初の源として見る傾向が強まってきた（Dunbar, 1998, 2016）。実際，ステフェ

ン・レビンソン（Levinson, 1995）は，まさに自然界を理解するよりも相互主観のなかでの協同の交渉に焦点を当てるような進化圧を構想した理論家の一人であった。私たちの推論傾向のいくらかはコミュニケーションの進化に基づくものだという考えは，少なくともニコラス・ハンフリー（Humphrey, 1976）の成果にまでたどることができる。さらにこの観点の多くのバリエーションが存在する。例えば，ロバート・ノジック（Nozick, 1993）は，前史として，世界について何が真実であるかを明らかにする方法がほとんどなかった先史時代には，信頼できる知識を得るための粗いやり方は，同胞による主張の理由を要求することだったのかもしれないと主張している（Dennett, 1996, pp. 126-127 も参照）。キム・スターニー（Sterelny, 2001）は，社会的知性が初期のシミュレーション能力の基礎であったと主張する同様の考えを展開した（Gibbard, 1990; Mithen, 1996, 2000; Nichols & Stich, 2003 も参照）。これらの見解はいずれも，それぞれ微妙な違いはあるものの，同胞との交渉の遺伝子・文化共進化史（Richerson & Boyd, 2005）を素描したものである。

　これらの見解のなかで最も影響力のある統合を示し，そしてマイサイドバイアスに最も関連するのは，ヒューゴ・メルシアとダン・スパーバー（Mercier & Sperber, 2011, 2017）によるもので，それはコミュニケーション進化の論理に基づいた推論の理論である。メルシアとスパーバーの理論は，議論によって他者を説得するという社会的機能によって，推論が進化したと仮定している。もし議論による説得が目的であれば，推論はマイサイドバイアスによって特徴づけられるだろう。私たち人間は議論によって他者を説得しようとするようにプログラムされているのであって，議論を用いて真実を究明しようとするのではない。レビンソン（Levinson, 1995）や上記の他の理論家と同様に，メルシアとスパーバー（Mercier & Sperber, 2011, 2017）は，人間の推論能力は，自然世界における問題解決の必要性からではなく，社会的世界において他者を説得するために生じたものだと考えている。ダニエル・デネット（Dennett, 2017）が言うように，「私たちのスキルは，必ずしも物事を正しく理解するためではなく，議論において味方をし，他者を説得するために磨かれた」のである（p. 220）。

　いくつかのステップを経て，メルシアとスパーバー（Mercier & Sperber, 2011, 2017）の理論は，推論の進化から，マイサイドバイアスを持つ遍在的傾向へ

と私たちを導く。私たちは，メルシアとスパーバーが呼ぶところの「認識論的な警戒」を実行する方法を持たなければならない。信頼できる人と信頼できない人を区別するために，彼らとの交流の履歴を記憶しておくだけという非効率的な戦略を採用することもできるが，そうした戦略は新たに出会う人物に対してうまく働かないだろう。メルシアとスパーバー（Mercier & Sperber, 2011, 2017）は，特定の人物に関する予備知識ではなく，単に内容に基づいてコミュニケーションの真偽を議論することで評価できると指摘する。同様に，私たち自身も，信頼関係が構築されていない相手に対して情報を発信しようとするとき，首尾一貫した説得力のある論証を行うことを学ぶことができる。このような論証を生み出すスキルと論証を評価するスキルに基づいて，社会のメンバーは事前の信頼関係を要せずに他のメンバーと情報を交換することができる。

　しかし，もし私たちの推論能力の起源が，論証による他者の説得を主要な機能として持っていることにあるならば，**あらゆる**領域における私たちの推論能力は，この説得的論証に強く彩られることになるだろう。もし議論生産の機能が，他者を説得することであるならば，生産される議論が問題の両サイドから偏りなく選択されることはありそうにない。それでは相手にとって説得力がない。むしろ，人は自身の意見を支持するような議論を圧倒的に多く産出する傾向を示すだろうと予測される（Mercier, 2016 参照）。

　メルシアとスパーバー（Mercier & Sperber, 2011）は，このマイサイドバイアスが，人が自分自身の意見について推論する状況にも含まれてくることを論じている。そのような状況では，人は他者との対話を**予期**しやすいと考えられる（Kuhn, 2019 を参照）。また，未来の対話を予期することにおいても，マイサイド的な方法で考えるようになる。メルシアとスパーバー（Mercier & Sperber, 2016, 2017）の理論は，人が他者の議論を**評価する**能力について特異的な予測を行う。基本的に，論点が直感信念であるならば，議論の評価においてマイサイドバイアスを示すけれども，取り扱っている問題が検証可能な信念である場合には，マイサイドバイアスは，はるかに少なくなると考える[12]。

　つまり，メルシアとスパーバー（Mercier & Sperber, 2011, 2017）は，推論の進化的基盤にマイサイドバイアスがどのように内在しているかのモデルを提供

しているのである。彼らの進化的起源の話から，論証能力の遺伝子 – 文化共進化の歴史（Richerson & Boyd, 2005 参照）が，私たちの認知のマイサイド的な性質を強化することは想像に難くない（ここで言及できることの多くは，想像的議論の範囲にある問題である）。例えば，ジョシュア・クレイマン（Klayman, 1995）は，マイサイドのコストとベネフィットに関する初期の議論において，遺伝子と文化の共進化のトレードオフが関与している可能性を示唆している。彼は，主流から外れたアイデアを生み出す際の認知コスト（「オープンマインドを保つだけでも精神的コストがかかる」（p. 411））と，くだらない話をする人に対する社会的不評の可能性について指摘している。また，マイサイド的な確信が，疑いや不確実性に基づく長期的な利益よりも，しばしば即時的な利益をもたらすことを論じている。メルシアとスパーバー（Mercier & Sperber, 2011）をある意味で先取りして，クレイマン（Klayman, 1995）は，「ある人の判断の正確さについて，他の人たちがよい情報を持っていない場合，一貫性を正しいことの印と見なすかもしれない」（p. 411）と述べている。彼は，個人や集団の社会的利益を増進するようなマイサイド的議論の多くの特徴（例えば，一貫性，確信など）を指摘している。ダン・カハン（Kahan, 2013, 2015: ほかに Kahan, Jenkins-Smith, & Braman, 2011; Kahan et al., 2017 を参照）のアイデンティティを防衛する認知についての議論も同様に，集団凝集性を促進することによる進化的利益に貢献するマイサイドバイアスのメカニズムを示すものであった。こうした社会的利益について，マイサイド思考の全体的な合理性を評価する際には考慮に入れなければならないだろう。こうした要点（ポイント）は第 2 章において紙幅をとって探究される。

第 2 章

||||||||||||||||||||||||||||||||||||||||||||||||||||||||||||||||||||||||||

マイサイド処理は，非合理なのか

第1章では，マイサイド処理についてのいくつかの基礎的な事柄を確認してきた。それらは実験パラダイムによって示すことができる。マイサイドバイアスはどこにでもあり，特定の認知的特徴のある者だけに限ったわけではなく，少数者のなかだけに存するものではない。そして，現実生活の問題に関わる思考を特徴づけるものであり，人間の基本的な情報処理属性として進化したものであった。しかし，これまで言及してこなかった中心的な問題は，マイサイドバイアスが非合理なのかどうかという点である。マイサイドバイアスは思考のエラーを表しているのか。それとも，認知科学の言葉を用いれば，マイサイドバイアスを示すことは規範的[1] (normative) ではないと考えられるのかという問題である。

第1章で，ジョシュア・クレイマン (Klayman, 1995) の言うところの2つの意味の「バイアス」について考えた。評価的に中立なバイアスと，基本的に瑕疵のある推論プロセスとしてのバイアスである。「マイサイドバイアス」の「バイアス」は，一般的な情報処理**傾向**（正しいとか，間違っているかなど必ずしも意味しない）として描くことのできる中立的な意味で捉えられるべきなのか，体系的に誤りや基準から外れた反応をもたらす本来的に欠陥のある情報処理として理解されるべきであるのか。

まず，マイサイド思考を検討した多くのパラダイムでは（表1.1参照），多くの異なる基準から外れた問題を含み込んでいるため，ここでは最もよく用いられるマイサイド・パラダイムを取り上げて議論することから始めよう。それはエビデンス評価課題である。仮想的実験のなかで，提供されるエビデンスの質を参加者は評価しなくてはならない。

　体系的に基準に従わない推論であるとマイサイドバイアスを見なす場合には，この点は明らかであろう。マイサイドバイアスは明らかにベイズ的信念の更新の厳密さに従わないようである。しかし，そうした結論は，後で見るように，十分なものではない。マイサイドバイアスにまつわる基準的であるかどうかの問題はかなり複雑なものである。その適用にはもっと繊細な検討が必要な多くのマイサイド・パラダイムで，あまりにも思慮不足でベイズの定式を当てはめきたのではないかと，今や研究者たちは気づいている。

　心理学や教育学の批判的思考研究では，事前の信念や意見と，新たなエビデンスや議論を評価することを切り分ける私たちの能力を非常に強調しすぎている（Baron, 2008; Lipman, 1991; Nussbaum & Sinatra, 2003; Perkins, 1995; Sternberg, 2001, 2003）。批判的思考の枠組みからは，マイサイドバイアスは，バランスのある議論やエビデンスの評価を妨げる欠陥のある思考スタイルだと見なすのは自然なことであろう。ベイズ推論の文献（例えば，De Finetti, 1989; Earman, 1992; Fischhoff & Beyth-Marom, 1983; Howson & Urbach, 1993）では，批判的思考においてバイアスのないエビデンスの評価に重点を置くことを正当化している**ように見える**。

　判断や意思決定において，ベイズ理論は格別に強調されている。仮説に関わる新たな結果を受けて，いかにその仮説が更新されるか，この重要な信念の更新課題において，以下のベイズの定理は標準の公式としてしばしば用いられる。公式は，2つの基本的概念を含んでいて，「H」とされる検討される焦点仮説と，「D」とされるその仮説のもとで収集された新たなデータである。

$$P(H|D) = \frac{P(H) * P(D|H)}{P(H) * P(D|H) + P(\sim H) * P(D|\sim H)}$$

　公式のなかにはさらに追加される記号，~H という「H でない」，代替仮説を表す表記があり，もし焦点仮説 H が正しくなければ，必ずこちらが正しいという相互排他的な代替仮説を示す。したがって，~H が成立する確率は，1 から H が成立する確率を引いたものとなる。

　公式のなかの P(H) は，データを集める**前**の仮説が真となる確率推定を表し，P(~H) は，やはりデータを得る**前**の代替仮説が真となる確率推定を示

す。さらに，多くの条件つき確率が働くが，例えば P(H|D) は実際に観測
されたデータを獲得した**後**の焦点仮説が真となる確率を示す（これは時に「**事
後確率**」と呼ばれる）。P(D|H) は，焦点仮説が真であった場合に観測されると
見込まれる特定のデータパタンの確率であり，P(D|~H) は，代替仮説のほ
うが真であった場合の特定のデータパタンが出現する確率である。P(D|H)
と P(D|~H) は相補的**ではない**という（足して1にはならない）ことを意識する
のは大切である。焦点仮説が成立するときに与えられるデータ**と**代替仮説が
成立するときに与えられるデータの確率なのである。あるいは裏を言えば，
焦点仮説が成立するときにそのデータが生じない確率**と**，代替仮説が成立す
るときにそのデータが生じない確率がどれくらいかが分かるものである。

　マイサイドバイアスの基準的な適切さという私たちの議論を前に進めるた
めに，別の形でのベイズの公式を示しておこう。それは簡単な数式の変形に
よって得られる。最初の式では，新たなデータ D が与えられた際の焦点仮
説 H の事後確率，P(H|D) について記述されたものであった。もちろん，
新たなデータ D が与えられた際の代替仮説 ~H の事後確率 P(~H|D) につい
ても記述することができる。その2つの式を割り算することによって，理論
的に最も分かりやすいベイズの公式を以下のような「オッズの形式」で記述
することができる（Fischhoff & Beyth-Marom, 1983 参照）。

$$\frac{P(H|D)}{P(\sim H|D)} = \frac{P(H)}{P(\sim H)} * \frac{P(D|H)}{P(D|\sim H)}$$

　この比率の形で見れば，左から右に3つの比率があり，新たなデータ D
が得られた後の焦点仮説 H が成り立つ事後のオッズ比，焦点仮説が真とな
る事前のオッズ比，焦点仮説が成り立つときの当該データが得られる確率
（尤度）を，代替仮説が成り立ったときの当該データが得られる確率（尤度）で
割った尤度比（LR）となる。つまり，次のようになる。

　　事後オッズ比＝P(H|D)/P(~H/D)
　　事前オッズ比＝P(H)/P(~H)
　　尤度比＝P(D|H)/P(D|~H)

　この公式は，データが得られた後の焦点仮説 H が真とされるオッズ比は，他の2つの乗算──焦点仮説が成立する事前のオッズ比と尤度比（LR）の乗算──によって得られることを示している。すなわち，

　　　仮説の事後オッズ比＝仮説の事前オッズ比×LR

である。

　このようにベイズ理論の基準原理は，実証的エビデンスの評価（エビデンスによって焦点仮説と代替仮説のいずれが正しいかの区分をつけることや尤度比）は仮説が正しい事前オッズ比の査定とは**独立して査定される**ということである。重要な点は，仮説の事前確率が事後確率に影響しないということ**ではない**。実際に影響はする。ベイズ分析は，こうした事前信念を顕在的に要因として見なす手続きだと言える。むしろ重要な点は，事前確率が**二重に**要因として働くことはなく，乗算の式の一方の項だけにのみ関与するようになっている点である。エビデンスの診断は，事前確率，事後確率ともそれぞれ**別に**査定される〔訳注：データに基づく事前の査定と事後の査定とはそれぞれ別のデータによって行われている〕。したがって，エビデンスの評価と事前の信念を切り離して考えたい批判的思考の研究関心からは，ベイズ的方法は合致していて支持されるのである（Fischhoff & Beyth-Marom, 1983 を参照）。

　それにもかかわらず，このようなシンプルな分析によって，ある程度のマイサイドバイアス，焦点仮説への確信が尤度比〔訳注：どちらの仮説から当該のデータが得られたと考えるのがもっともらしいかの比〕の評価に影響することが，おしなべて基準逸脱であると言えるという結論に跳躍してしまってはならない。ここで私たちが行ったシンプルな分析は，参加者が尤度比について正確に数値計算可能となるように数値情報が与えられたタイプのベイズ推論実験に当てはまるものである（例：Beyth-Marom & Fischhoff, 1983; Stanovich & West, 1998b）。

　しかし，第1章で議論した多くのマイサイド・パラダイムや一般のマイサイド研究においては，参加者は尤度比を計算できるような特定の数値情報を与えられていない。その代わりに，参加者は，問題となる仮説に関わるデータを産み出す仮説的実験あるいは非公式な議論について評価せねばならない。この情報は，尤度比の2つの構成要素の実際の数値よりもはるかに曖昧であり，そこから主観的な尤度比を導き出すにはかなりの解釈と推論が必要である。

このような研究では，参加者は数値的な尤度比を推定するのではなく，与えられた情報（非公式な議論あるいは仮想的な実験）を評価するように求められるだけである。マイサイドバイアスは，自分の持つ事前の信念や意見と矛盾する情報よりも確証する情報の質を高く評価するときにもたらされる。ここで通常，ベイズ的厳密さとは，参加者が，その情報が自分の事前信念を確証するか反論するかを問わず，同じ情報に対して同じ尤度比を与えるべきというものであると考えられている。これは1970年代から1980年代の初期のヒューリスティックとバイアスの研究における一般的な仮定であったが，1990年代以降では，この厳密性はこれらのパラダイムには当てはまらないという合意が高まっている。

知識投影論とケーラーの証明B

　マイサイド研究においてよく用いられる実験評価パラダイムの実例をここまで議論してきた。参加者は，自身の事前の立場や意見と合致するか，あるいは矛盾する結論となるような瑕疵を含む仮想的実験を示される。参加者は，自身の事前の立場や意見と矛盾する結論を持つ研究を，合致する結論を持つ研究よりも厳しく評価する。例えば，ジョナサン・ケーラー（Koehler, 1993）は，超感覚的な知覚についての研究を，超心理学者と超心理学に批判的な科学者それぞれに示したところ，自身の立場に合わない研究をより低く評価したことを見いだした。しかし，ケーラー（Koehler, 1993）は，参加者たちがしているように，事前の信念が研究の質の評価に影響することが本当に基準からの逸脱になるのかどうか詳細な分析を続けた。すると，こうした参加者に提供される情報の信頼性が疑問であるようなパラダイムにおいては，ある程度のマイサイドバイアスは基準的として正当化しうることが分析によって示された。

　信念の事前確率が尤度比の評価に影響を与えないというベイズ的厳密さは，その情報源の信頼性を査定しなければならないような情報を参加者に提示するパラダイムではかなり弱まることを私たちは知っている（Hahn &

Harris, 2014 を参照）。これは，ケーラー（Koehler, 1993）が用いたような，参加者に仮想的な実験が提示されるものの，当該研究室の信頼性や実績など，実際の科学で持つような文脈上の知識がないパラダイムで言えることである。このような状況では，仮説に関する事前の信念に照らして結果が妥当と思われるかどうかで，研究の信頼性を部分的に評価するのが自然であると思われる。特に，ケーラーの実験に参加した科学者は，長年にわたって方法論の訓練を受け，行動学的な主張を評価する経験を積んでいたのだから，このことは真実だろう。ケーラーが分析した問題は，研究結果と事前の信念との間の不一致の大きさを研究の質を判断する手がかりとして用いることが正しいかどうかということであった。

　ケーラー（Koehler, 1993）は，このような事前信念の投影がある状況下で正当化されることを示す 2 つの公式証明を付録として提示した。本書で関連性の高いのは付録の証明 B である。証明 B の形式的詳細には立ち入らず，彼の最重要結果を素描するだけにとどめたい。ケーラーの証明 B では，3 つの命題を定義する。A =「この研究は，科学者の仮説あるいは事前信念に一致する結果を与える」，T =「この研究は，自然の真の状態と一致する結果を与える」，G =「これは質のよい研究である」。証明の簡略化のため，ケーラーはこれらを 0/1 の命題と見なしているが，この簡略化によって何ら影響は受けていない。ケーラーの証明 B は，2 つの条件つき確率の相対的な制約を評価するものである。$P(G|A)$ は，その研究が科学者の事前信念と一致する場合に，よい研究である確率，$P(G|{\sim}A)$ は，その研究が科学者の事前信念と一致しない場合に，よい研究である確率である。この証明で扱われる問題は，$P(G|A) > P(G|{\sim}A)$ とすることが正当化されるかどうか，つまり，事前信念と一致する研究は，事前信念と一致しない研究よりもよい研究である可能性が高いと考えることが正当化されるかどうかということである。

　ケーラー（Koehler, 1993）の論文の 51 ページにある式 15 と，この式を説明するその後のコメントから，$P(G|A)$ が常に $P(G|{\sim}A)$ を上回るためには，2 つの条件が満たされる必要があることが分かる。まず，$P(T|G)$ が $P(T|{\sim}G)$ よりも大きくなければならない。これは単純に，よい研究は悪い研究よりも自然の真の状態に一致する結果をもたらす可能性が高いことを意味する。このことは，よほど変則的な科学環境でない限り，すべてに当ては

まるはずであるから，これは成立していると仮定してよいだろう。第二に，焦点仮説であるＨは，相互排他的な代替仮説 ~Ｈ よりも真となる確率が高くなければならない。つまり，Ｐ（Ｈ）＞.50 である。

　したがって，ケーラーの証明Ｂが示すのは，ほとんどすべての場合において，科学者は自分の支持する仮説に合致する研究を，合致しない研究よりも優れた研究であると評価することが正当化されるということである。このように，この証明は，第１章で議論したケーラー（Koehler, 1993）によって行われたタイプの実験評価研究において，ある程度のマイサイドバイアスが正当化されることを示しているのである。

　実際，私の著書『誰が合理的？』（Stanovich, 1999）で指摘したように，ケーラー（Koehler, 1993）の論文は形式的な証明を行った点では異例だったが，事前の信念が新しいエビデンスの評価に影響を与えるという議論は，認知心理学の文献にも，科学哲学の文献にも何度も再登場した（後者の分野の議論としては，Kornblith, 1993, pp. 104-105 を参照）。すでにこの議論はあまりに一般的なので，20 年以上前に私はこれに「知識投影論」という名前をつけた（Stanovich, 1999）[2]。このラベルは，新しい情報を評価する過程で事前の信念を関与させることが適切な場合があるという議論を扱いやすくした。

　知識投影論は，基本的に私たちの事前信念が真であり，新たな情報に対して自身の信念を投影することが，素早い知識の蓄積的利益につながるような自然な環境で成立する。例えば，ローレン・アロイとナオミ・タバチニック（Alloy & Tabachnik, 1984）は，ヒトおよび他の動物における共変関係の検出研究の議論のなかで，知識投影を擁護して，「個人の期待が自然環境で遭遇する随伴性〔訳注：Ａ が起こることと，Ｂ が起こることが共変的に相関が見られる際，随伴していると考える。随伴性が高いという形で概念化される。〕を正確に反映しているとき……事象間の共分散について入ってくる情報をこれらの期待に同化させることは不合理ではない」と述べている（p. 140）。もちろん，アロイとタバチニック（Alloy & Tabachnik, 1984）は，知識投影のメリットを得るためには，ほぼ正確な信念の集合から投影しなければならないことを強調している。

　ジョナサン・エヴァンス，デイヴィッド・オーヴァー，ケン・マンクテロー（Evans, Over, & Manktelow, 1993）は，三段論法の推論における信念バイアスの規範的地位を検討する際に，この議論の一種によっている。信じられな

いような結論に直面したときだけ，参加者は命題について論理的推論を行う。エヴァンスら（Evans, Over, & Manktelow, 1993）は，このような処理方略が推論者の目標達成に役立つという意味で合理的でありうるかどうかを検討し，そうなりうると結論づけている。ここでも，彼らの方略は，関連する領域でほぼ真である信念のサブセットを用いて適用される場合にのみうまく働く（同様の議論については，Edwards & Smith, 1996 を参照）。知識投影は，推論する者の事前信念のほとんどが真である領域でのみ有効である。しかし，推論者が投影している信念のサブセットにかなりの偽情報が含まれている場合，知識投影は正しい情報の同化を遅らせることになる。

　共に領域 X で研究している科学者 A，B の 2 人がいたとして，科学者 A の持つ領域 X における仮説の大部分は真であり，一方，科学者 B の持つ領域 X における仮説の大部分は偽であるとする。そして，2 人は，ケーラー（Koehler, 1993）が示した実験方法によって，同じ新しいエビデンスに自分の事前信念を投影し始めると想像してみよう——それが事前信念と矛盾するとき，エビデンスの評価を弱める傾向が強くなる。科学者 A は，すでに真の信念の数で B を上回っているが，新しいデータが入ってくると，その優位性はさらに高まることは明らかである。異なる事前信念からの知識投影は，第 1 章で取り上げた有名なチャールズ・ロードら（Lord, Ross, & Lepper, 1979）の研究で実証された信念分極化効果を生み出すメカニズムである（Cook & Lewandowsky, 2016; Hahn & Harris, 2014; Jern, Chang, & Kemp, 2014 を参照）。

　知識投影傾向は，多くの推論者の事前信念が真であるような領域では，ある特定の個人を「誤った信念の島」に孤立させ，知識投影傾向のためにそこから逃れることができないようにしてしまう効果があるかもしれない。要するに，投影が特に不適当な状況で使われた場合，一種の「知識孤立効果」が生じる可能性がある。このように知識投影は，多くの推論者の事前信念が正しいときには，新しい真の信念をより迅速に導入することにつながるかもしれないが，一方，少数のケースにおいては，大部分が間違っている信念の袋に人は手を伸ばし続け，これらの信念を用いてエビデンスの評価を構成し，その結果，より迅速に間違った信念を袋に加え，さらなる投影を行うという罠になりうるだろう。誤った信念の島からの知識投影は，そういうことをしなければ知的である人々が，領域特有の虚偽の網にかかってしまい，逃れら

れないといった現象を説明できるかもしれない（例えば，有能な物理学者が創造論を信じているというような）。実際，そのような人は，自分の信念を合理化し，懐疑論者の議論を追い払うために，かなりの計算能力を使うことが多い（Evans, 1996, 2019; Evans & Wason, 1976; Nisbett & Wilson, 1977; Wason, 1969）。

　要約すると，全体的な統計的基盤として，知識投影は真の信念を獲得する率を高めるかもしれない。しかし，このことは，特に不適切な事前信念を持つ特定の個人が，それを投影して，現実との対応性がさらに希薄な信念を身につけていくことを防ぐものではない。とはいえ，ケーラーの証明 B は，尤度比が量的に特定されていない場合，特に情報源の信頼性と信用が問題となっているときには，事前確率も尤度比推定に妥当に使用できることを示す一連の研究を補強している（Druckman & McGrath, 2019; Gentzkow & Shapiro, 2006; Hahn & Harris, 2014; Kim, Park, & Young, 2020; O'Connor & Weatherall, 2018; Tappin & Gadsby, 2019; Tappin, Pennycook, & Rand, 2020）[3]。

マイサイドバイアスの
局所的合理性 対 包括的合理性

　本節では，ケーラーの証明 B によって，どのような推論行動が規範とされたのかについて，もう少し掘り下げてみる。確認すると，相互排他的な 2 つの仮説が存在するとき，ケーラーの証明 B によって事前信念を尤度比の評価に用いることは正当であり，P(G|A) ＞ P(G|~A) と判断するのは正当であることが示された。その際の 2 つの重要な条件のうちの 1 つは，P(H) が .50 より高いということで，代替仮説 ~H よりも事前経験やエビデンスにおいてより真実だと見なされる仮説でなければならないということである。

　「より真実である可能性が高い」という曖昧さは，ケーラーの証明 B が，すべての場合においてマイサイドバイアスが規範的であることを示しているわけではないという事実を覆い隠している。あるいは，非常に局所的な狭い意味で，推論者が同化しようとしている新しいエビデンスの限定的な場合においてのみ規範的であるのかもしれない。ケーラーの証明は，推論者が今まさに投影しようとしている事前信念を決定していたかもしれないマイサイド

バイアスをまったく取り上げていない。現在の事前信念がマイサイドバイアスによって決定されていない場合，私はその状況を「**包括的**合理性」と呼ぶ。つまり，マイサイドバイアスに影響されない手続きで事前確率に到達した場合**のみ**，事前信念を投影することが包括合理的である。事前確率がどのように決定されたかを知らない場合，ケーラーの証明Bは，事前信念を新しいエビデンスに投影することが不合理ではないこと，すなわち，「**局所的**にしか合理的」ではないことを示すだけである。

　包括的合理性を実現するためには，その仮説に対するマイサイド的な好みに基づくだけではなく，新しい結果の信用性を妥当に反映する事前知識が $P(H)$ に含まれていることが必要である。もちろん，包括的合理性は連続体上にあり，ある特定の事例において，自身の事前確率がどれだけ真のエビデンスに基づいていて，どれだけ自分の世界観によるマイサイド的な投影に由来しているかを完全には自覚していないであろう。そして，マイサイドバイアスをメタ認知的にどの程度自覚しているかという個人差は，いくつかの興味深い皮肉を生み出している。例えば，包括的合理性の基準を**まったく**意識していない人に，ケーラーの証明Bによって局所的な事例で事前信念を無頓着に投影してほしくはないだろう。しかし，Hが何であるかの表現を取り巻く曖昧さは，まさにこの証明に対して誤った可能性を招いている。なぜなら，この証明自体には，「より真である可能性が高い」と見なされる仮説であるHに対する推論者の態度についての制約がないからである。

　Hをどう考えるかによって，それはAの定義に重要であるため（エビデンスが焦点仮説とよく合致するように見なすことができるかどうか），ケーラーの証明におけるその後のすべては決まってくる。合致（A）はその研究がよくなされたものであるかの評価（G，つまりケーラーの分析におけるよい研究）を決めるものであり，問題となる研究の最終結論がAであるか~AであるかにGの確率は決定的に依存している。包括的合理性を達成するには，推論者が過去のエビデンスから**正確な**意見を形成し，それに基づいて，仮説Hは考えられたものでなければならない。Hは，推論者が真であって**ほしいと思う**仮説でもなければ，エビデンス評価において過去のマイサイドバイアスの影響に満ちているような仮説でもないし，推論者の世界観に適合した仮説というのでもない。包括的合理性では，Hは「個人的に有利な仮説」ではなく，「エビデン

ス的に有利な仮説」と呼べることが求められる。ケーラーの証明 B の局所的合理性では、このことは必要ではない。

　ここで、例を挙げてみよう。心理学の教授が、知能の遺伝率に関する典型的な研究の質を評価し、人間の知能の遺伝率はゼロであるか、ゼロと等しくないという仮説をめぐって事前確率と事後確率を構成するように求められたとする。教授は知能の実質的な遺伝率に関するエビデンス（Deary, 2013; Plomin et al., 2016; Rindermann, Becker, & Coyle, 2020）を知っているが、人間の本性に関する白紙状態での見方と個人的に親和性があるので、それが真実ではない、実際にはゼロで**あったらいいな**と願っていると仮定しよう。問題は、教授が P(G|A)＞P(G|~A) と考える正当な方略で新たなデータにアプローチするために用いる H は何なのかということである。教授が、データが事前の仮説（A）と一致したのか、仮説（~A）と一致したのかを決定するために、データと照合するべき H は何か。

　ここでは教授を「ケリー」と呼び、メタ意識を持っていて精神的に訓練されていると仮定する。ケリーは、最も真になりそうな仮説（「人間の知能の遺伝率はゼロではない」）が、ケリーの**望む**仮説（「人間の知能の遺伝率はゼロ」）でないことを知っている。そこでケリーは、最も可能性が高いと分かっている仮説「人間の知能の遺伝率はゼロではない」を P(H)＞.50 であるものとして採用する自制心を発揮するのである。ケリーがこの事前仮説を新たなデータに対して投影するとき、局所的にも包括的にも合理性が見られるだろう。

　局所的合理性の評価に限定すれば、こうした自覚のある教授と、人間の知能のばらつきは遺伝的原因によるものではないと考える空白の白板主義（Pinker, 2002 参照）を受け入れる別の心理学教授とを区別する方法がないことに注目すれば、ケーラーの証明 B の限界を理解することができるだろう。この第二の教授を、ここで「デール」と呼ぶと、彼は同僚から実質的な遺伝性についてのエビデンスがあることを聞き及んでいながら、それを避けてしまうのだ。この精神的に鍛錬されていない教授が、焦点となる仮説 H として「人間の知能の遺伝率はゼロである」という命題を選び、なおかつ P(H)＞.50 と仮定したとする。私たちは、デールがエビデンスに対する真の見解の代わりに、マイサイド仮説を代用しているのではないかと疑いを持つだろう。そして、デールが新しいエビデンスの信用性を評価するのに、この事前

信念を投影し始めたら，つまり，新たなデータがＡか~Ａのいずれに適合するかを決定するのに，このＨが使われたら，私たちは受け入れられない気持ちになるだろう。しかし，ケーラーの証明自体には，デールが間違っていることを論証するのに役立つものは何もないのである。

　要するに，ケリーは，最も確率の高い仮説Ｈが，必ずしも自分が真であってほしいと思うものではないことを知っている。ケリーは，エビデンスに有利な仮説と個人的に好まれる仮説は必ずしも同じものではないことを分かっているのだ。それに対してデールは，彼が真で**あってほしい**と思う仮説のほうが真実である**可能性が高い**と考えるのだ。ケーラーの証明Ｂが，ケリーとデールを区別しないため，いずれも事前信念を投影すれば規範的な行動となるが，これによって，この証明の到達点，あるいは成立範囲は非常に限定されることが分かる。この証明は，マイサイドバイアスが**局所的**に規範的であることを証明するだけで，包括的な規範性については何も述べていない。「局所的」という言葉を使ったのは，新しいデータが到着する前に，すべての重い仕事が終わってしまうからだ。新たなエビデンスの評価における事前信念の投影が，包括合理的になるには，少なくとも，新しいエビデンスを受け取る**前に**，事前信念更新において，エビデンスに基づく事前信念が，個人的に好まれる事前信念よりも優位に立つ必要がある。もし人々がこのようなより包括的なタイプの合理性を達成しないならば，ベイズ収束に到達しないであろう。異なる事前分布を持つ人々は，同じエビデンスを十分に見た後でも，最終的に事後信念を収束させることはない（収束自体には多くの知られざる複雑性があるが，Bullock, 2009 を参照されたい）。

　ケーラーの証明Ｂは，ケリーとデールの両者が新しい実験の信用性を評価する際に，現在の事前信念を投影することを許容しているが，両者を異なるＰ（Ｈ）に**導いた**要因について肯定も否定もしていない。具体的には，デールがこの問題に関する過去のエビデンスを無視し，エビデンスに基づく仮説ではなく，希望する仮説を，焦点となる仮説として差し挟むという問題については何も言うところがない。ケーラーの証明Ｂは，局所的な知識投影は（**許容する**という意味で）容認するが，包括的な知識投影は認可しない。ケリーとデールの両者の局所的な知識投影は，規範的であるかもしれないが，包括的なレベルにおいては，デールのほうが合理的ではない[4]。

包括的に正当化されるマイサイド思考
検証可能な信念と直感信念の投影

　包括的合理性では，焦点仮説 H が適切に選択される必要がある[5]。「適切に選択される」ということで意味されるのは，単に世界観に基づくのではなく，これまでのエビデンスに基づいて，P(H)＞.50 が成立しているということである。ケーラーの証明 B の大きな限界は，「連続的乱用」と呼ばれるものに従っていることである。ケーラーの証明 B は，事前信念がどこから来たのか，つまり，事前信念が強いエビデンスに基づいているかどうかを評価しない。デールのような人が，エビデンスから立てられた信念ではなく，単に自分の世界観に基づいたような事前信念を用いることを許すのである。証明 B の乱用者とは，エビデンスに基づいた検証可能な信念ではなく，1 つの世界観によって出発時点の事前信念を選んでしまう人のことである。

　投影されるような問題となる仮説とそうでない仮説に至る状況のタイプについて，いくらか一般化できる可能性がある。ロバート・エイベルソン（Abelson, 1986）の言う検証可能な信念と直感信念の区別を，世界観や確信などと同じ意味であると直感信念を捉えつつ，再び活用してみよう[6]。

　マイサイドバイアスが局所的な合理性を超えて包括的に合理的かどうかを問うには，推論者が，両立しない代替仮説 ～H よりも，焦点仮説 H のほうが真である可能性が高いことをどのように導き出しているのかを問わなければならない。もし，ケリーのように，検証可能な命題を使う前に，認識論的に保証された更新を行うことで H を導いたのであれば，局所的かつ包括的な知識投影と言える。しかし，デールの場合は違う。エビデンスよりもデールの世界観によって事前信念は作られ，人類の知恵を引き継いだものとは言えない（自身の観点からだけでありそうな仮説）。

　もちろん，この状況は連続体の 1 つであり，ほとんどの人の事前信念は，エビデンスに基づく知識によってある程度は，条件づけられ，部分的には，検証されていない確信や世界観との関連によって作られている。ほとんどの人の事前信念は，世界観とエビデンス両方の未知なる結合である。図 2.1 には，3 つの例が示されている。最初の 2 つは，前回取り上げたデールとケ

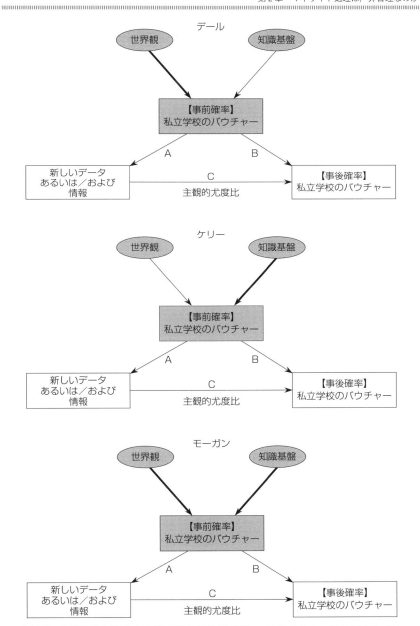

図 2.1　事前確率を決定する世界観と実際の知識についての 3 つの異なる重みづけ

リーという 2 人の教授に対応するものである。具体的には，私立学校バウチャーが教育達成を向上させる効果に関する新しいデータを評価することが問題になっている。デールは，エビデンスの診断性（矢印 C）と一致するように，またケーラーの証明に従ってエビデンスそれ自体の評価（矢印 A）にも使用できるような事前分布を生成しなければならない（矢印 B）。デールは学校教育や教育論議についてほとんど知らないので，事前確率を形成するのに役立つ実際の検証可能な知識はほとんどない。しかし，デールが抱く世界観は，私立学校バウチャーの有効性に関して長年にわたって関連を有していて，デールはそれに大きく依存した形で事前信念を形成する。矢印の太さは，エビデンスと世界観の相対的な重みを反映している。デールが事前信念に対して投影する際には（矢印 A），エビデンスに基づいた知識ではなく，もっぱら世界観を投影している。

　一方，ケリーは，私立学校バウチャーの有効性の問題について，質の高いメディアソースで幅広く読んでいて，教育に関わる問題について多くのことを知っている。ケリーは事前確率を考えるにあたって，これらすべてを活用し，この問題についての特定の立場と結びついた世界観にはほとんど依存しない。ケリーが事前信念に投影を行うとき（矢印 A），ケリーは主にエビデンスに基づいた知識を投影している。ケリーのマイサイドバイアスは，包括的に合理的であり，デールの場合はそうでない。

　モーガンと呼ばれる 3 人目の心理学の教授を考えてみると，世界観と検証可能な知識の間のトレードオフがいかに連続的であるかを示している。私立学校バウチャーの有効性に関する研究を評価する課題に取り組む際，モーガンは事前信念を形成するのに検証可能な知識をデールより多く用いるが，ケリーより少ない。そして，ケリーよりも自分の世界観（直感信念）を評価に用いるが，デールほどではない。

　図 2.1 から，人々が情報に基づいて焦点仮説の事前確率を形成する際に，どのような連続体があるかを想像できる。ケリーのように事前確率を形成する方法をとる程度に応じて，そして，ケーラーが規範的に適切と示す方法によるエビデンスの評価にあたって，その事前確率を投影していく限り，特定のケースで事前確率を投影するのに証明 B が提供する資格を乱用していることにはならないだろう。推論者は，局所的にも包括的にも合理的となる。

信念の分極化は，規範的でありうる

　ケーラー（Koehler, 1993）の証明 B は，第 1 章で議論したロード，ロス，レッパー（Lord, Ross, & Lepper, 1979）の研究で観察された信念分極化効果を説明する（Taber & Lodge, 2006 も参照のこと）。ロード，ロス，レッパー（Lord, Ross, & Lepper, 1979）は，死刑の効果に関する 2 つの研究を参加者に提示したが，研究の結果が正反対であったため，相反するエビデンスを提供していたことを想起してほしい。にもかかわらず，混合したエビデンスを見た後，対立するグループ（死刑賛成派と反対派）は，実験開始時当初よりもさらに考えが離れてしまった。この実験は，信念分極化の効果（2 人の参加者が同じエビデンスを見て，事後確率を収束させるのではなく，むしろ乖離させること）を実証している。

　ケーラーの分析を用いると，知識投影の条件はロードら（Lord, Ross, & Lepper, 1979）の研究での両群の参加者で成立し，$P(G|A) > P(G|\sim A)$ を仮定することが正当であると見なすことができる。したがって，参加者が問題の一方の側に立つ 1 つの研究について，同等に強力であると受け入れたというのは，**機能的には**ありえないことである。実際，各群は，$P(G|A) > P(G|\sim A)$ であると仮定することによって，自身の中心的な信念と一致した結果を示す研究を，そうでない研究よりもいくらかよいものであると見なした。こうして，それぞれの群（死刑賛成派と死刑反対派の両方）が，大きい尤度比を持つのだと見なしていた。この尤度比は，彼らの焦点仮説の確率をより極端な方向へ動かし，分極化を促進させたのである。

　信念分極化が実際に規範的に適切となる条件について，より包括的な分析がアラン・ジャーン，カイーミン・チャン，チャールズ・ケンプ（Jern, Chang, & Kemp, 2014）によって行われた。彼らの分析から得られたメッセージは，焦点仮説と得られたエビデンスとの関連性について，異なる参加者が異なるフレーミングをしている場合，信念の分極化が起こる傾向があり，実際に不合理ではないというものである。

　その要点を描くために，ジャーンら（Jern, Chang, & Kemp, 2014）の論文にあった最も単純な例を用いることにしよう。ボビーとボリスという 2 人のチェス

プレイヤーがゲームの途中に休憩のため，チェスボードから離れて，対面していない状況を思い描いてみる。そして，あなたと私は，その時点で試合序盤を見ずに部屋に入った二人の観戦者であるとしよう。あなたはボビーが圧倒的に優れたプレイヤーだと思い，私はボリスが圧倒的に優れたプレイヤーだと思っている。私たち二人はボードを見て，このゲームでは白がかなり有利であることを見て取った。これらのプレイヤーについての事前の信念を考えると，あなたはボビーが白である可能性が高いと思い，私はボリスが白である可能性が高いと思うだろう。今，私たち二人が，ボビーとボリスのどちらが試合に勝つかの事前確率を更新すると，もし私たちが完全ベイズ主義者であるならば，私たちの事後確率はさらに大きく離れてしまうだろう。私たちはデータ（途中の試合におけるどちらがどちらの駒か）の解釈に異なる仮定を持ち込んだので，どちらも非合理的な行動をしているわけでもないのに，信念の分極化を示すのである。

　しかし，ジャーンら（Jern, Chang, & Kemp, 2014）のその他の例は，これよりもはるかに微妙であり，多くは，この思考実験のより穏当なバージョンが信念分極化を生み出していると思われる実験の実際的な分析である。例えば，ジャーンら3人の共著者は，スコット・プラウス（Plous, 1991）による原子力発電に対する態度に関する実験について議論している。この実験では，原子力発電の支持者と反対者が，1979年にペンシルベニア州のスリーマイル島で起きた原子炉事故について，バランスのとれた公正な記述を読んだ。その結果，原子力の有用性と安全性に関して，賛成派と反対派の意見は大きく分かれた。単純化されたベイズモデルで予想されるように，バランスのとれた記述を読んでも意見が収束することはなかった。

　ジャーンら（Jern, Chang, & Kemp, 2014）は，スリーマイル島事故の記述が中立的である代わりに，賛成派と反対派の2つの異なる世界観を強化した可能性について論じている。スリーマイル島事故では，原子炉が故障したが，事故は収束した。ジャーンら（Jern, Chang, & Kemp, 2014）は，原発推進派の参加者は，故障は必ず起こるが安全に収まる可能性が高いという「過失耐性」の世界観を持っていた可能性を指摘している。プラウス（Plous, 1991）自身も，実験の自由回答部分で，原発推進派の学生は，故障をシステムの安全装置のテストが成功したと捉える傾向があったことに触れている。一方，反対派は

「故障のない」世界観を持っており，いかなる故障も受け入れられないと考えたのかもしれない。このように，どちらのグループも，事故の描写が事前の世界観を補強するものと考え，信念が分極化したのであろう。彼らはまったく同じエビデンスに触れて，そのエビデンスが自身の以前からの世界観に整合するように，異なる含意を持つものとして解釈を行ったのである。

　ケーラー（Koehler, 1993）とジャーンら（Jern, Chang, & Kemp, 2014）の両分析は，尤度比の評価に事前確率を関与させてはならないという単純なベイズ的厳密性が，古典的なブックバッグとポーカーチップの実験（Edwards, 1982）のように，尤度比の確率が規定されている，あるいは直接観測されている場合のみ成り立つことを示している。そこでは，尤度比は確実に計算でき，情報源の信頼性の問題はない。しかし，ケーラー（Koehler, 1993）とジャーンら（Jern, Chang, & Kemp, 2014）の両分析は，ユーリケ・ハーンとアダム・ハリス（Hahn & Harris, 2014）が深く検討しているように，新しい情報源の信頼性なり信用性が疑問となる場合には，ベイズ推論が複雑になることを例証するものである[7]。彼らの繊細で精密な検討からの最も重要な結論の１つは，ベイズ更新のために提示された新しい情報の実際の内容は，新しいエビデンスの**診断性**の評価に影響を与えうるということである。これは，事前確率の大きさと尤度比の大きさ，方向との間の差異に基づいて，情報源の信用性の判断に影響を与えることによって実現される。ギャップが大きいほど，エビデンスはより驚くべきものであり，私たちは情報源の信頼性を疑うようになり，その結果，そのエビデンスの潜在的な診断性を低下させることになる。ハーンとハリス（Hahn & Harris, 2014）は，「証言の内容自体が情報源の信頼性の１つの指標（多くの文脈においては唯一の指標）となりうる」（p. 90）と主張し，メッセージ内容に基づいて情報源の信頼性に関する私たちの信念を条件づけることが適切であることを示す他の分析について議論している（Bovens & Hartmann, 2003; Gentzkow & Shapiro, 2006; Olsson, 2013）。

　ジャーンら（Jern, Chang, & Kemp, 2014; Gershman, 2019; Kahan, 2016 も参照）による，ある特定の場合においては，信念分極化が規範的なものであるとする擁護は，ケーラー（Koehler, 1993）による事前確率を研究の質の評価に用いる規範性の擁護と多くの類似点を持つ。どちらの場合も，弁明は局所的なものであり，包括的なものではない。ケーラーの規範的な分析は，事前確率の形成

段階を批判しているわけではない。しかし，より包括的な観点から言えば，もし事前確率が不合理であれば（つまり，規範的ではない過去のマイサイド処理から導き出されているならば），事前確率を投影すると，包括的に不合理な事後確率が導かれることになる。同様に，ジャーンら（Jern, Chang, & Kemp, 2014）の分析では，エビデンスを解釈するために使用した枠組みの合理性（Andreoni & Mylovanov, 2012; Benoit & Dubra, 2016 参照）やそうした枠組みと結びついた補助仮定の合理性（Gershman, 2019）についても評価されていない。信念分極化実験において当事者の一方が用いた枠組みが深刻に不合理であれば，分極化の少なくとも一方の側の事後確率は包括的に不合理なものとなるだろう。

「よい」マイサイドバイアスと 「悪い」マイサイドバイアスとの区別

1970 年代から 1990 年代までのヒューリスティックとバイアスの古典的研究（Kahneman & Tversky, 1973; Tversky & Kahneman, 1974）が行われた最初の数十年間において，マイサイドバイアス（しばしば確証バイアスとも呼ばれる，Mercier, 2017 参照）は，増え続けるバイアスのリスト（アンカリング・バイアス，後知恵バイアス，利用可能性バイアスなど）の単なる 1 つとして扱われ，規範的ではないことを示そうとデザインされた実験パラダイムでの生起は，多くの論文ではあまり議論されるものではなかった。1990 年代を通じた知識投影論の登場によって（上記ほか，Stanovich, 1999 参照），ヒューリスティックとバイアスの研究者たちは，風呂の水と一緒に赤子を流してしまっていたことに気づいたのである。直感的世界観を用いて，すべてのエビデンスの探索と評価を構成するという，明らかに機能不全だと見なしていた行動を抑制したかったこれらの初期の研究者は，科学者が新しい実験のエビデンスの信頼性を評価するために，極めてよく考え，エビデンスに基づいて事前信念を用いることの有効性を見いだせなかったのである。また，このような形で事前知識を投影することが規範的に適切であるとも考えていなかった。これは，ケーラー（Koehler, 1993）の実証研究において，訓練を受けた科学者が，提示された超感覚的知覚に関するデータと実験に対して実際に行ったことである。ケーラーによれ

ば，懐疑的な科学者が最も大きなマイサイドバイアスを示していたのである。

　以上のように，ケーラーの証明 B は，少なくとも定性的には，科学者の行動が規範的に適切であることを示した。しかし，ケーラーの証明の問題点は，それがエビデンスに裏づけられていない確信のような直感信念に由来する事前確率にも適用されることである。この証明自体には，確信に基づく事前確率と，エビデンスに基づく事前確率を区別する方法がない。ジャーンら (Jern, Chang, & Kemp, 2014) の信念分極化に対する規範的正当化も同様に，正当な科学的エビデンスに基づくフレームワークを，検証されていない直感信念や世界観に基づくフレームワークから区別することができない。

　このように，私たちは 1 つの不満足な状況から別の不満足な状況へと移行しているかのようである。昔のヒューリスティックとバイアスの文献では，マイサイド思考について非合理的と見なしてきたものが多すぎた。尤度比の評価に事前確率を絶対に関係させては**ならない**という規則を厳格に適用することで，非常に合理的な推論行動のいくらかが排除されてしまったのである。そして，昔のヒューリスティックとバイアスの文献では，俗に言う「悪い」マイサイドバイアス（未検証の確信が新しいエビデンスの解釈に影響を与えること）を標的にして，「よい」タイプのマイサイドバイアス（科学者が新しいエビデンスの信頼性を評価するためにエビデンスに基づく事前確率を用いること）までを誤って非難していたのである。しかし，ケーラー (Koehler, 1993) とジャーンら (Jern, Chang, & Kemp, 2014) の洞察によって，この誤りを正すことで，今や反対方向の問題を抱えるに至った[8]。これらの新しい分析は，よいタイプのマイサイドバイアスを規範的に承認しながら，同時に悪いタイプのマイサイドバイアスを排除することができない。

　つまり，私たちは袋小路にいるように見えるかもしれない。マイサイドバイアスの認識論的合理性に関する哲学的な議論を見ても，私たちが直感的に求めているもの，すなわち，よいマイサイドバイアスは規範的に適切であるとし，同時に悪いマイサイドバイアスは不合理であるとする哲学的な分析ができないようだ。認知科学ではよくあることだが，こうした袋小路は，直感を再検討するきっかけになるかもしれない。私たちは，エビデンスの評価に世界観を投影することを規範的に非難するような理論を手に入れることがで

きないので，私たちはおそらく，より広い合理性の概念で，世界観をエビデンスの評価に投影するのは誤りであるという直感が，少なくともある意味においては正しいかどうかを，もっと徹底的に探究すべきであろう。

世界観をエビデンスに投影することは，必ずしも非合理ではない？

　これまで，私たちはマイサイドバイアスをもっぱら認識論的合理性の問題として扱ってきたが，その規範的地位を包括的に論じるには，道具的合理性も考慮する必要がある。この両者の区別は，次のような対比で捉えられる。何が真実か（認識論的合理性の範囲），あるいは，何をなすべきかである（道具的合理性の範囲；Manktelow, 2004 参照）。

　信念が，認識論的に合理的であるには，信念が世界の実際のあり方に対応していなければならない。すなわち，真でなければならない。それに対して，私たちの行動が道具的合理性を持つためには，目標に向かう最良の手段でなければならない，つまり，なすべき最良のことでなければならない。もう少し専門的に言えば，道具的合理性とは，個人の目標達成の最適化ということになる。これは，経済学者や認知科学者が，期待効用という技術的な概念に精錬させてきたものにあたる。

　これまで述べてきた規範的分析——ケーラー（Koehler, 1993）やジャーンら（Jern, Chang, & Kemp, 2014）のような分析——は，もっぱら認識論的合理性の観点だけからマイサイドバイアスを検討する。それは，どのくらい情報処理がうまくいく正しさの確率を，その個人の信念が持っているかということである。しかし，これらの分析では，収益の帳簿の道具的側面の要因を完全に無視しているようなものであり，重大な手抜かりと言える。なぜなら，哲学者のリチャード・フォーリー（Foley, 1991）が言うように，「自分の信念の合理性を，それが自分の非知的目標をどれだけ促進するかという観点から評価することは，原理的に何も間違っていない」（p. 371）からである。ラッセル・ゴールマンら（Golman, Hagmann, & Loewenstein, 2017）は，信念を崩壊させるような情報を**避ける**ことがいかに道具的に合理的であるかを示している。

　特に人間のような複雑な生物では，認識論的合理性と道具的合理性がぶつかり合うことがある。私たちがあまりに熱心に真理を追究すると，目標達成のためのコストが発生する可能性がある。同様に，不正確な信念を採用することで，道具的な利益が得られるかもしれない。例えば，ニック・チェイターとジョージ・ローウェンスタイン（Chater & Loewenstein, 2016）は，信念の変更は多くのコストを伴うため，そのまま変わらないでいようとする可能性がかなりある理由を論じている。新しい情報に対応するためのよりよいモデルの探索は，困難で認知的に負担がかかるかもしれない。チェイターとローウェンスタイン（Chater & Loewenstein, 2016）は，信念ネットワークの変更を必要とする情報に対してよりよい説明を見つける最も簡単な方法は，現在の説明に対して可能な限り少ない局所的な調節を行うことであると指摘している。彼らは，認知科学における多くのコンピュータモデルが，よりよい認知モデルを高度に局所的に探索することによって，新しい情報に対応していると述べている。また，チェイターとローウェンスタイン（Chater & Loewenstein, 2016）は，新しい情報の調節は，しばしばネットワーク内の他の情報の再構築を必要とすることに注意を促している。

　つまり，効率的な認知エージェントは，現存するモデルをできるだけ変更せず，その変更もできるだけ局所的であるべきなのである。このような効率性は，マイサイドバイアスを伴う。すなわち，現存する信念と矛盾する情報については，それを処理して，対応することをしたがらないのである。こうして，信念変化のコストによって，真の信念が明示的に**回避**されてしまう多くの論文に見られる事例が説明されるかもしれない（Golman, Hagmann, & Loewenstein, 2017）。

　このように，道具的合理性を達成するには，時に認識論的合理性を犠牲にする必要があるかもしれない。信念変化のコスト分析を補完するものとして，例えば動機づけの領域で，真実を正確に追跡しない信念を採用することで道具的**利益**があるかどうかの分析がある（Golman, Hagmann, & Loewenstein, 2017; McKay & Dennett, 2009; Sharot, 2011; Sharot & Garrett, 2016）。同様に，個人的な関係の領域でも利点がある可能性がある。例えば，リチャード・フォーリー（Foley, 1991）は，恋人が誠実であると，それに反する相当なエビデンスがあるにもかかわらず信じているケースについて述べている。恋人が誠実である

と信じることは，多くの欲求（関係を継続させたい，家庭の生活環境を壊したくない）を満たすので，そのような状況に置かれた場合，「より高い基準のエビデンスを主張することになり，その結果，不貞行為を確信させるためには，極めて説得的なエビデンスが必要になるかもしれない」(p. 375) のは驚くに当たらない。目標や欲望が絡んでいることを知らない外部から見ている人たちは，信じるための基準が不合理に高すぎると思うかもしれない。しかし，認識論的目標と道具的目標を同時に考慮すれば，ここで高い認識論的基準を設定することは合理的だと考えられる。

　一般に，多くの真実と少数の偽りを含む信念のネットワークを持つことで，私たちの目標が最もよく達成されることになる。真実の信念は，ほとんどの場合，目標の達成を促進するが，フォーリー（Foley, 1991）の例のように，信念を持つための認識論的理由と実際的理由が一致しない場合は，必ずしもそうとは限らない。このような場合，道具的目標を認識論的目標に優先させることは，少なくとも不合理とは言えない。

　社会的な領域というのは，しばしば，認識論的な正確さを道具的合理性に従属させるものである。集団の凝集性を高めるには，集団のメンバーがかなりの同じまま変わらない信念を保持することが必要になることが多い。集団のよいメンバーであるためには，集団の信念に反する考え方に出会ったとき，メンバーがかなりのマイサイドバイアスを示すことが，ほとんど定義上必要とされる。しかし，そのマイサイドバイアスによって特定の人の信念ネットワークにもたらされる不正確さのコストは，グループメンバーによって供される多くの利益のほうが上回るということがほとんどである（Boyer, 2018; Clark et al., 2019; Clark & Winegard, 2020; Dunbar, 2016; Greene, 2013; Haidt, 2012; Kim, Park, & Young, 2020; Sloman & Fernbach, 2017; Van Bavel & Pereira, 2018）。

　政治科学における研究は，集団メンバーがマイサイド思考を進める重要性を支持するように思われる。リリアナ・メイソン（Mason, 2018a）は，政治的な党派間の感情的分極化の程度は，争点に基づいたイデオロギーよりも，集団アイデンティティによって多くもたらされることを見いだした。統計的には，党派に対する同一化は，特定の争点に関する実際の差異よりもはるかに強い予測因子であった（これに一致した知見については，Cohen, 2003，および Iyengar, Sood, & Lelkes, 2012 を参照）。メイソン（Mason, 2018a）は，「『リベラル』や『保守』

というラベルがイデオロギー的に内集団を強く選好することを予測する背後にある力は，ラベルに結びついた態度の仕組みではなく，そのグループとの社会的同一化に大きく基づく」(p. 885) と結論づけている。この点を説明するために，メイソン (Mason, 2018a) は論文に「争点を欠いたイデオロギー」というタイトルをつけた。

　多くの異なる理論家たちが，信念の心理学における動機の対決，すなわち，認識論的な正確さを求める動機と，社会的ないし集団的な目的に役立つ信念を受け入れようとする動機を仮定している (Chen, Duckworth, & Chaiken, 1999; Flynn, Nyhan, & Reifler, 2017; Golman, Hagmann, & Loewenstein, 2017; Haidt, 2001, 2012; Kunda, 1990; Loewenstein & Molnar, 2018; Petty & Wegener, 1998; Taber & Lodge, 2006; Tetlock, 2002; West & Kenny, 2011)。マイサイドバイアスのいくつかの例は，道具的な社会的目標を果たすために認識論的正確さを犠牲にすることから生じるのだろう。このように，人は道具的なレベルで合理性を追求している可能性があるため，認識課題における規範的でない反応を，自動的に非合理的であると見なすのは誤りである。第 1 章で取り上げたドイツの自動車の実験 (Stanovich & West, 2008b) での参加者は，マイサイドバイアスを示していたかもしれないが，その特定の文脈では，そうしたバイアスを非合理と見なすのは間違いである。人が自国に利益をもたらす規制や経済的な決定を好むことについては，本質的に不合理なことは何もない。コリー・クラークら (Clark et al., 2019) が指摘するように，「自分の部族を有利に見るバイアスは必ずしも不合理ではない」(p. 590) のである。このように，集団アイデンティティはマイサイドバイアスの重要な源泉である (Clark & Winegard, 2020; Clark et al., 2019; Haidt, 2012; Tetlock, 2002)。

　ダン・カハン (Kahan, 2013, 2015; Kahan et al., 2017 も参照) は，この集団アイデンティティによるマイサイドバイアス，彼が「アイデンティティ防衛認知」と呼ぶものに特に焦点を当てた研究プログラムを行っている。カハン (Kahan, 2013, 2015) によれば，この種の認知は，個人がある信念を社会的アイデンティティの中心的なものとして保持する親密集団に決定的なコミットメントをしているときに生じる。このような場合，個人が接する情報の潮流には，これらの中心的な信念の 1 つを損なうエビデンスが含まれているかもしれない。このエビデンスに基づいて自分の信念を正確に更新すると，自らのアイ

デンティティを定める集団から制裁を受ける可能性がある。したがって，個人はごく自然に，これらの集団の中心的な信念に対してマイサイドバイアスを持つようになり，信念を確認できないような情報を受け入れるには高い閾値と，確証できる情報に同化するための低い閾値をとるだろう（Johnston, Lavine, & Federico, 2017）。

このように，マイサイドバイアスが非合理的かどうかは，認識論的なコストと集団アイデンティティによる利得を適正に計算しないと分からないのである。その結果，アイデンティティ防衛認知によってもたらされるマイサイドバイアスは，必ずしも非合理的とは言えない。カハン（Kahan, 2012）が指摘するように，「むしろ社会科学は，市民が文化的に分極化しているのは，彼らが実際，自分と仲間の間にくさびを打ち込むような情報を遮断することにおいて，あまりにも合理的であることを示唆している」（p. 255）。カハン（Kahan, 2013, 2015）のアイデンティティ防衛認知は，これまでさまざまな概念的ラベル（象徴的効用，倫理的選好，保護価値など）を用いて議論されてきた象徴行動の仲間に属するが，私はこれまでそれを表現的合理性という総称でくくってきた（Stanovich, 2004 参照）。

表現的合理性とマイサイドバイアス

人間のコミュニケーションの多くは，何が真実であるかという情報を伝達することを目的としていない（Tetlock, 2002）。その代わり，他者へのシグナルであり，時には自分自身へのシグナルでもある。このようなコミュニケーションは，他者に送られる場合には，私たちが価値を置く集団との結びつき，自分自身に送られる場合には，動機づけの機能を果たすので，**機能的な**伝達である。これらのシグナルは，一次的な欲求や目先の消費効用の最大化を目指してはいないことを反映して，時には表現的合理性の例とされる（Abelson, 1996; Akerloff & Kranton, 2010; Anderson, 1993; Golman, Hagmann, & Loewenstein, 2017; Hargreaves Heap, 1992; Stanovich, 2004, 2013 を参照）。

ロバート・ノージック（Nozick, 1993）の別の表現である象徴的効用は，表

現的な効用を他のより具体的な効用と区別するために使用される。ノージック (Nozick, 1993) は，象徴的効用を「ある状況を象徴する行為であり，この象徴された状況の効用は，象徴的な関係を通じて，行為自体に基づいたものである」(p. 27) と定義している。ノージックは，象徴的行為と実際の結果との間に因果的な結びつきがないことが非常に明らかである場合において，その象徴的行為が継続されるとき，象徴的効用への関心が非合理的であると見なされがちであることを指摘している。ノージック (Nozick, 1993) は，このカテゴリーに入る可能性があるものとして，いくつかの麻薬防止策を挙げている。ある薬物対策が実際の薬物使用を減らす効果がないことを示すエビデンスが蓄積されているにもかかわらず，その対策が続けられるのは，薬物使用をやめさせたいという私たちの願いの象徴となったからである。現代では，地球温暖化を懸念する多くの行動が，このような論理（即効性よりも，発信者が発する信号の意味のほうが重要）を持っている。読まないことが分かっている本を買うことも，おそらくその一例であろう。行動経済学では，人々が信念を投資として扱い，それによって，自分のアイデンティティがそのような「認識資産」を包含していることをシグナリングすることで効用を得ている例も示されている (Bénabou & Tirole, 2011; Golman, Hagmann, & Loewenstein, 2017; Sharot & Sunstein, 2020)。

　表現的合理性を伴う行為の多くは，私たちが「あるタイプの人間であること」を気にして行われたり，社会集団に対して「そうである」というシグナルを送るために行われたりする。私たちの多くにとって，投票という行為はそのような象徴的な機能を果たしている。私たちは，自分の一票が政治システムに与える影響から得られる直接的な効用（選挙によっては100万分の1や10万分の1以下の重み）は，投票に要する労力よりも小さいと気づいている (Baron, 1998; Brennan & Hamlin, 1998)。それでもしかし，私たちの多くは決して選挙を見過ごすことはしないだろう。私たちの多くは，自分の効力感が見当違いであることを認識していたとしても，投票するときにある種の温もりを感じるのである。

　しかし，今描いた例においては，投票を行うことで自分自身の**イメージ**を維持することができるかもしれないのだ。このように，表現行為は動機づけ機能を果たすのだろう。「そのような人」というイメージが強化されること

で，後日，**実際に**「そのような人」になるための因果的に効力のある行為を行うことが容易になるかもしれない。

経済学の文献にある倫理的選好の概念（Anderson, 1993; Hirschman, 1986; Hollis, 1992 参照）は，表現的合理性のもう 1 つの例を示している。1970 年代の非組合員〔訳注：農業労働者は，労働者の団体交渉権から除外されていた。消費者ボイコット運動による労働環境と賃金改善の交渉の運動〕によるブドウのボイコット，1980 年代の南アフリカ製品のボイコット，1990 年代に登場したフェアトレード製品への関心などは，倫理的選好の例である。同様に，表現行為としての投票の分析では，投票の道具的効用を軽視し，シグナリングや心理的利得を重視している（Brennan & Lomasky, 1993; Johnston, Lavine, & Federico, 2017; Lomasky, 2008）。

表現的反応は，政治科学におけるよく知られたマイサイド的発見，すなわち，人々は自分の政党に有利な事実を，その政党に不利な事実よりもよく学び，保持するということを部分的に説明する（Bartels, 2002; Gerber & Huber, 2010; Jerit & Barabas, 2012）。一方，ジョン・バロックら（Bullock et al., 2015）は，正しい回答に対するむしろ控えめなインセンティブが，このマイサイド・ギャップを完全になくすことはできないまでも，大幅に減らすことができることを見いだした。バロックら（Bullock et al., 2015）の研究およびその他の関連研究（Bullock & Lenz, 2019; McGrath, 2017）は，相手の立場を支持する事実を否定することによって政敵をいらつかせることがコストのかからない場合，一部の人たちはそうすることを示唆している。しかし，そのような否定は，表現上の「ホームチームへの支持」を示すものであり，実際の認識論上の誤まった理解ではない。

表現行為はしばしば，第 1 章で議論した保護されていて，神聖で，価値あるものから生じ，他の価値，特に経済的価値とのトレードオフに抵抗するものである（Baron & Spranca, 1997; Tetlock, 2003）。ダグラス・メディンとマックス・ベイザーマン（Medin & Bazerman, 1999; Medin et al., 1999 も参照）は，保護された価値が危機に瀕しているとき，参加者はアイテムの取引や比較をしたがらないことが示された多くの実験について議論している。例えば，人々は自分のペットの犬や結婚指輪のために市場取引を提案されることを望まない。

このように，保護された価値に対する信念は，どんなエビデンスによっても簡単には変えられない。神聖な価値に関する新しい情報は，巨大なマイサ

イドバイアスにさらされて，確証的なエビデンスは，すでにある信念ネットワークに容易に同化され，確証的でないエビデンスは厳しい精査を受けることになる。少なくとも，表現行為のありうるベネフィットを確認するコスト／ベネフィット分析を行わない限り，このいずれも非合理的とは見なすべきではないだろう。

合理的なマイサイドバイアスとコミュニケーションにおけるコモンズの悲劇

　マイサイドバイアスの規範的妥当性の議論において，私たちは予想外の局面を迎えたようである。推論者が事前に特定的な尤度比の数値を持っているときだけ，新しいエビデンスの評価に事前確率を使うのは非規範的である。その代わりに推論者が信頼性判断をしなければならないとき，データと事前確率の間で，直感信念を信頼性判断として一部用いるのは必ずしも非規範的**ではない**。

　このことは，おそらくエビデンスに基づく事前確率の場合には，それほど驚くことではないのかもしれない。しかし，この議論をする前までは，エビデンスからではなく，直感信念や世界観から導かれた事前分布を新しいエビデンスに投影すべきではないと考えていたかもしれない。しかし，特に認識論的合理性のみに分析を限定せず，とりわけ道具的合理性や表現的合理性の問題を持ち込むと，これを完全に排除する議論は見いだせなかった。マイサイドバイアスは認知エラーであるという直感は，ヒューリスティックやバイアスの文献にある他の多くの推論エラーと同様，保証できないものであるようだ。

　文献において，特定のバイアスやヒューリスティックは「全体的に有用」であり，実際に明確な進化上の理由から私たちの脳に存在しているが，ヒューリスティックが発達した進化上の環境と現代の環境との間にときおり不適合が生じ，人間は誤りを起こしやすくなることがときどきあると言うのが一般的であるというのを思い出してみよう（Kahneman, 2011; Li, van Vugt, & Colarelli, 2018; Stanovich, 2004）。特に，社会的な悪影響とは違って，バイアスの

個人的な悪影響について語るとき，マイサイドバイアスにはこの議論はあまり当てはまらないのかもしれない。おそらく，マイサイドバイアスは，その悪影響のほとんどが自分自身ではなく他者に及ぶという点で，奇妙なバイアス（このテーマは次の第3章でさらに深く掘り下げていく）なのであろう。人が被害を受けるかどうかは，まったく明らかでないにもかかわらず，社会はマイサイドバイアスの否定的な結果に苦しんでいるように見える。これは，法学者のダン・カハン（Kahan, 2013）が探究してきた考えである。

　本節のタイトルは，カハンらの「科学コミュニケーションにおけるコモンズの悲劇」という言葉（Kahan, 2013; Kahan, Peters et al., 2012; Kahan et al., 2017）に由来しており，多くの人々がマイサイドバイアスを伴いつつ合理的にエビデンスを処理して効用を得ているが，社会全体がよくなるには，公共政策が客観的で実際に真実であることに基づいていなければならないため，最終的には得るものより失うものが多くなってしまうという難問のことである。みんながマイサイドバイアスで処理すると，結果として真実に収束できない社会になってしまうのである。

　カハンのフレーズは，ガレット・ハーディン（Hardin, 1968）の有名な「コモンズ（共有地）の悲劇」の議論に由来しており，それ自体は，多くの研究がなされている囚人のジレンマのパラダイム（Colman, 1995, 2003; Komorita & Parks, 1994）から引き出されたものである。この名前のもととなった古典的なゲーム理論の状況では，2人の犯罪者が一緒に犯罪を犯し，別々の監房に隔離される。検察官は，共同した小さな犯罪のエビデンスを持っているが，共同した大きな犯罪を証明するのに十分なエビデンスを持っていない。それぞれの囚人は別々に，重大犯罪を自白するよう求められる。どちらかが自白し，もう一方が自白しなかった場合，自白した者は釈放され，もう一方は重大犯罪に対して20年のフルの刑罰を受けなければならない。両方が自白した場合，両方が有罪で10年の刑を受ける。どちらも自白しなかった場合は，小さな犯罪で有罪になり，共に2年の刑に処される。

　それぞれの囚人が，相手が何をしようと，自白したほうがよいということに気づくだろう。したがって，それぞれが狭義の合理的な行動をして自白し（裏切り反応），2人とも重大犯罪で有罪となり10年の刑を受ける。これは，自白せず（協力反応）2人とも2年の刑を受けた場合よりもずっと悪い結果で

ある。この一般的な状況は，個人の視点からは裏切り反応が協力反応に優るが，両者が個々に合理的な反応をした場合，両者の得る成果は低くなるというものである。この囚人のジレンマの複数プレイヤー版は「コモンズのジレンマ」（Hardin, 1968）として知られ，類似の論理を持つ。公害防止，人口抑制，地球温暖化への対応のような集団行動問題は，この論理の例となっている。

　カハンら（Kahan, 2013; Kahan et al., 2017）は，関連する公共政策情報の伝達の領域でも同じ論理が適用されると見て，これを「科学コミュニケーションにおけるコモンズの悲劇」と呼んでいる。本章で検討してきた分析では，新しいエビデンスの評価を助けるために事前信念を用いるという個人的合理性を確認するものであった（Koehler, 1993）。彼らは，新しいエビデンスの意味を解釈する際に自分の観点を用いるという個人の自然な傾向を支持している（Jern, Chang, & Kemp, 2014）。また，個人の認識活動が，その個人の大きな道具的目標によって部分的に決定されることの合理性を確認した。そして最後に，信念を更新し，それを表明する際に，意味のある集団での親和性を考慮することの合理性を確認した。しかし，このような規範的に適切な個人の認識論的行動のすべてから，真実について合意できない，手に負えないような政治的に分断された社会（Clark & Winegard, 2020; Kahan, 2012; Kronman, 2019; Lukianoff & Haidt, 2018; Pinker, 2002），つまり公共政策の問題の主役について最も基本的な事実においても合意できないような社会がもたらされているのである[9]。チャールズ・テイバーら（Taber, Cann, & Kucsova, 2009）が嘆いているように，「もし社会が共通の情報の流れに反応して分極化するならば，思想の市場が政策の違いの効率的な調停者として機能するとは考えにくい」のである（p. 138）。

　本書『私たちを分断するバイアス』は，コミュニケーションにおけるコモンズの悲劇に対する簡単な解決策を提供するものではない。規範的考察の分析において，マイサイドバイアスが明らかに非合理な処理傾向であり，個人のレベルでは最適でないことが指摘されていれば，もっと解決は簡単だったはずである。そうすれば，そのようなバイアスを取り除くための教育プログラムを実施する根拠を得たことだろう。また，多くのバイアスと同様に，処理傾向としてのマイサイドバイアスが，ある状況では適切であるが，別の状

況では適切でないとしても，解決はもっと容易なことであったろう。そうすれば，どの状況をマイサイド処理の赤信号として扱うべきかを，私たちは人々に教えることができただろう。

　むしろ，マイサイドバイアスが私たちを苦しめるのは，どうやら，個人レベルよりも社会レベルでのことのようである。後の章では，コミュニケーションにおけるコモンズの悲劇を是正するための全体的提言を行う。その提言を描く前に，マイサイドバイアスが，ヒューリスティックやバイアスの文献にある他のバイアスと極めて異なって「例外的なバイアス」であることを説明する必要があるだろう。

第3章

‖‖

マイサイドな考え方

例外的なバイアス

　リチャード・ウェストと私は1990年代後半に認知バイアスの個人差について調べ始めたが，その最も初期の研究で一貫して得られた結果の1つは，バイアスは互いに相関する傾向があることだった（Stanovich & West, 1997, 1998a, 1998b; Sá, West, & Stanovich, 1999）。この相関は大抵かなり弱いものだったが，わずか数項目で測定された質問紙で得られたものであったため，信頼性はかなり低いものだった。一貫した結果のもう1つとして，ほとんどすべての認知バイアスが，認知能力のさまざまな指標によって測定された知性と相関しているというものがある。なお，ほとんどの認知バイアスにおける個人差は，多く研究されているいくつかの思考傾向，特に，ジョナサン・バロン（Baron, 1985, 1988）の研究に触発されて私たちの研究室で最初に開発した積極的開放思考（AOT）尺度によって予測されるものであった（Stanovich & West, 1997, 2007; Stanovich & Toplak, 2019）。

　さまざまな認知バイアスの影響を受けてしまうかどうかが認知能力や思考傾向の個人差と相関するという私たちの研究結果は，年月を経ても頑健なものである。私たちの研究室では20年以上もの間このような結果を繰り返し観測しており（エビデンスのレビューとして，Stanovich, West, & Toplak, 2016），その研究結果は，他の研究者たちによる数多くの実験でも再現されている（Aczel et al., 2015; Bruine de Bruin, Parker, & Fischhoff, 2007; Finucane & Gullion, 2010; Klaczynski, 2014; Parker & Fischhoff, 2005; Parker et al., 2018; Viator et al., 2020; Weaver & Stewart, 2012; Weller et al., 2018）。このような結果は，ヒューリスティックやバイアスに関する研究のなかでも最もよく研究されているようなバイアスにも当てはまる

(Kahneman, 2011; Tversky & Kahneman, 1974)。係留バイアス，フレーミング効果，後知恵バイアス，過信バイアス，成果バイアス，連言錯誤，代表性の誤り，ギャンブラー錯誤，確率マッチング，基準率無視，サンプルサイズ無視，比率バイアス，錯誤相関，疑似診断効果などである。

　こうした関係性の性質について説明するために，合理的思考の包括的評価 (Comprehensive Assessment of Rational Thinking; CART) の構造を検討するべく私たちが実施した大規模研究からいくつか例を挙げよう (Stanovich, West, & Toplak, 2016 の 13 章を参照)。CART には，これまでに認知心理学者が研究してきたような多くのバイアスから逃れる能力を測定する，20 の下位テストが含まれている。例えば，フレーミング効果から逃れる能力には認知能力と 0.28 の相関が見られ，過信バイアスから逃れる能力には，認知能力と 0.38 の相関が見られる。確率的推論に関する CART の下位テストは，多くのバイアスや情報処理上のエラー（例えば，ギャンブラー錯誤，連言錯誤，基礎率無視，サンプルサイズ無視）から逃れる能力を測定するが，この下位テストは認知能力と 0.51 の相関が見られる。実際，認知バイアスを調べる CART の下位テストのすべてで，これらのバイアスを回避する能力や認知能力との間に有意な相関が見られる。

　これまでの研究結果から言えば，今後新たに研究される認知バイアスでも，きっと個人差変数との相関が同じように見られることになるという予測には疑いの余地がない。一連のこういった先行研究があるために，マイサイドバイアスが個人差変数によってどう予測されるのかは驚くべき結果となる。**ほとんど相関が見られないのだ！**

個人差変数との相関が見られない
という奇妙なケース

　デビッド・パーキンス，マイケル・ファラディー，バーバラ・ブッシー (Perkins, Farady, & Bushey, 1991) は，知性は，意見生成課題において生成される意見の**総数**と中程度の相関は見られるものの，参加者自身の立場に**反する**意見の生成数とはほとんど相関が**ない**ことを報告している。パーキンス，ファ

ラディー，ブッシー（Perkins, Farady, & Bushey, 1991）の発見は，これが再現可能で一般化できるものであることが最近の研究によって相次いで示されるようになるまで，何年にもわたって注目されずにいた。

マギー・トプラックと私（Toplak & Stanovich, 2003）は，パーキンスら（Perkins, Farady, & Bushey, 1991）と同様の研究手法を用いて，賛否両論のあるような問題（例：「人は自分の臓器を売ることが許されるか？」）について，参加者に意見を生成してもらった。この課題ではかなりのマイサイドバイアス（自分の立場に反対の意見よりも，賛成の意見を多く生成する傾向）が見られたが，マイサイドバイアスの程度と認知能力の間には相関が見られなかった。ロビン・マクファーソンと私（Macpherson & Stanovich, 2007）は，意見生成課題において認知能力とマイサイドバイアスには相関がないという主な結果を追試で再現し，実験評価課題においてもそこには相関がないことを明らかにした。

第1章で述べた「フォード社のエクスプローラー」を題材とした研究手法でも，リチャード・ウェストと私は，参加者のマイサイドバイアスの程度と知能との間にまったく相関がないことを見いだした（Stanovich & West, 2008b）。第1章では私自身の研究グループによる意見評価という手法を用いた研究（Stanovich & West, 2008a）にも触れているが，そこでも強いマイサイドバイアスが観察されている。つまり参加者は，自分の立場と一致する意見のほうが自分の立場と一致しない意見よりも優れていると評価したのである。しかし，認知能力の低い参加者のほうが，認知能力の高い参加者よりもマイサイドバイアスが強くなるといったことはなかった。

ポール・クラジンスキーら（Klaczynski, 1997; Klaczynski & Lavallee, 2005; Klaczynski & Robinson, 2000）の一連の実験では，あえて欠点を持たせた仮想的な実験とそこからの結論を参加者に提示したが，ここでは参加者自身の意見と一致する結論になるか一致しない結論になるかを操作していた。クラジンスキーらは参加者が実験の欠点の部分について批評する際の推論の質を評価し，意見一致条件と意見不一致条件の両方において，参加者の言語能力が推論の全体的な質と相関していることを明らかにした。しかし言語能力は，マイサイドバイアス（自身の意見と一致しない実験結果を，意見と一致する実験結果よりも厳しく批評する傾向）の程度とは相関が**なかった**。

より自然に生じるような推論を用いた研究手法，つまり，課題自体の性質

や教示によって，実験に評価的な要素があることを参加者が分からないような研究手法を用いた場合でも，このような知能とマイサイド的推論の独立性というのは見られる。例えばリチャード・ウェストと私は，社会的・人口統計学的カテゴリーに基づくさまざまな偏った信念を研究してきた（Stanovich & West, 2007, 2008a）。参加者は自分が属するカテゴリーを肯定的もしくは否定的に捉えるような事実に対し，賛成か反対かを述べるだけでよいというものだったが，私たちの2つの研究で，顕著なマイサイドバイアスが見られた。喫煙者は非喫煙者よりも副流煙の健康への悪影響を認めにくい，宗教心が強い人はそうでない人よりも誠実だと思いやすい，ジョージ・ブッシュに投票した人はジョン・ケリーに投票した人よりもイラク侵攻によってテロリストから安全になったと思いやすい，などといったものである。こうしたバイアスが存在するかどうかだけでなく，知能がこうしたバイアスの抑制に役立つのかどうかについても検証したが，その結果は鮮やかなものであった。検証した15種類のマイサイドバイアスのうち，知能の高さによって抑制されたものは1つもなかった（Stanovich & West, 2008a）。

　知能はマイサイドバイアスを抑制しないが，これは数的思考力，科学リテラシー，一般知識といった知能と深く関係する変数でも同じことが言える。例えば，ケイトリン・ドラモンドとバルーク・フィッシュホフ（Drummond & Fischhoff, 2019）は，医療保険改革法に賛成もしくは反対の参加者で検討しているが，ここでの個人差変数は知能ではなく，科学的推論能力を直接測定したものであった。参加者は，医療保険改革法がもたらす好影響を示している科学研究と，悪影響を示している科学研究の説明を読んでそれを評価した。当然ながら，彼らの研究（Drummond & Fischhoff, 2019）でもマイサイドバイアスが見られたが，クラジンスキーらの研究やウェストと私の研究と同様に，科学的推論能力のレベルはマイサイドバイアスの程度とは相関がないことが示された。さらに言えば，彼らのいくつかの研究では，科学的推論能力の**高い**参加者のほうが，低い参加者よりも強いマイサイドバイアスを示すような傾向も見られた。このような直感に反する結果はマイサイド研究では時折見られるもので[1]，特にダン・カハンらの研究（Kahan 2013; Kahan, Peters et al., 2012; Kahan et al., 2017）で顕著である。

　ダン・カハン，エレン・ピーターズら（Kahan, Peters et al., 2012）は，当然な

がら，左派の人は右派の人よりも，気候変動が健康や安全にもたらすリスクが大きいと考えていることを明らかにした[2]。驚くべきは，この集団間の差が，測定された数的思考力が高い参加者で大きく，数的思考力が低い参加者では小さかったことである。第 2 章で述べた単純化されたベイズ的思考に沿えば，一般知能，数的思考力，科学リテラシー，一般知識のレベルが高い人のほうが事実に対する見方は一致するはずだと考える人が多いだろう。しかしカハン，ピーターズら (Kahan, Peters et al., 2012) の研究ではそうではなく，実際には，高い数的思考力があることによって，集団間での信念分極化をより強くもたらすような関係が示された。

　カハン (Kahan, 2013) は，より直接的にマイサイドバイアスを測定する研究手法を用いて，認知的熟慮性課題 (CRT; Frederick, 2005) という別の個人差の指標に基づいて，集団間での信念分極化を明らかにしている。計量心理学的に複雑な CRT は，認知能力だけでなく，思考傾向や数的思考力との関連性も示すものであるが (Liberali et al., 2012; Sinayev & Peters, 2015; Toplak, West, & Stanovich, 2011, 2014a を参照)，このことにより，カハン (Kahan, 2013) の結果はより魅力的なものとなった。カハンは，ある指標が自身の信念と一致する結論もしくは一致しない結論を示しているようなときに，参加者がその指標の妥当性をどのくらい支持するかを評定することで，マイサイドバイアスを測定した。やはり CRT の得点が高い参加者ほど，マイサイドバイアスが統計的に大きくなることが分かった。

　カハンら (Kahan et al., 2017) は，第 1 章で取り上げた，数的情報を直接的に処理するような 2×2 のマトリクスによる共変関係の検出課題を用いて，同様の結果を得ている。この実験において分極化する問題は銃規制で，参加者の半数は銃規制に賛成で，半数は反対しており，個人差変数は数的思考力であった。どちらの立場の参加者も，別の中立的な問題（吹き出物の治療法）に関する情報よりも，銃規制に関する情報の評価のほうが不正確であったが，銃規制問題についてどちらの立場であっても，数的思考力が高いことはマイサイドバイアスが**大きく**なることと関連していた。

　第 1 章で取り上げたファン・ボーヴェンら (Van Boven et al., 2019) の研究は，このような傾向を示した例の 1 つである。彼らは，トランプ政権による 7 カ国（うち 5 カ国はイスラム教徒が多数派）を対象とした入国制限措置と殺傷用

武器禁止法案という2つの政治的な問題に関する情報を評価する際に，2つの条件つき確率（ヒット率または逆条件つき確率）のどちらがより関連したものであるかを参加者に選択させた。この2つの問題のロジックは似ており，一方の問題で禁止に賛成であればもう一方の問題では禁止に反対することになるので，参加者は2つの問題でまったく異なる条件つき確率を選択した。実際のところ，このマイサイドバイアスは数的思考力の高い参加者ほど大きかった。数的思考力の高い人は，さまざま問題に対し偏った見方をしないような推論のためにその優れた数的推論能力を使うのではなく，その問題について自分の立場ではどちらの確率が都合がいいものであるかを把握するために使ったようであった。

　教育レベル，知識レベル，政治意識などの認知的洗練度のさまざまな指標は，党派的マイサイドバイアスを低減しないばかりか強化することもあるといった政治学研究は，カハン（Kahan, 2013）やファン・ボーヴェンら（Van Boven et al., 2017）の研究結果とまとめて考えることができる。例えば，マーク・ジョスリンとドナルド・ハイダーマークル（Joslyn & Haider-Markel, 2014）は，党派性に関する調査において，学歴の低い回答者よりも学歴の高い回答者で，政策関連の事実について見解の相違が大きいことを明らかにした。2つ例を挙げると，民主党支持の回答者は，人間の活動のせいで地球が温暖化していることについてより正確に認識していたが，共和党支持の回答者（調査実施当時）は，ジョージ・ブッシュ大統領が2006～2007年に行ったイラクにおける兵力増強が，イラクでの米軍犠牲者を減らすことに成功したことについてより正確に認識していた。このような違いは学歴の高い回答者ほど小さいと考えられがちだが，実際には，この2つの問題における党派間の意見の相違は学歴の高い回答者において最も大きくなっている。

　ジョスリンとハイダーマークル（Joslyn & Haider-Markel, 2014）で見られたような傾向は，党派的態度に関する他の政治学研究でも見られている。フィリップ・ジョーンズ（Jones, 2019）は，経済状態などの政策に関連する状況についての政治的認識は，多くの情報を得ている政治的意識の高い回答者ほど偏りが大きいことを明らかにしている。また，認知的洗練度に関する複数の指標から，認知エリートは，政治に関するさまざまな問題について，より偏った傾向を見せることが明らかになっている（Drummond & Fischhoff, 2017;

Ehret, Sparks, & Sherman, 2017; Hamilton, 2011; Henry & Napier, 2017; Kahan & Stanovich, 2016; Kraft, Lodge, & Taber, 2015; Lupia et al., 2007; Sarathchandra et al., 2018; Yudkin, Hawkins, & Dixon, 2019）。

　これらの政治学研究における調査の回答は，マイサイドバイアスを直接測定するものではなく，他の多くの複雑な要素を含んでいる。政治的分極化は，第1章で扱ったマイサイド的な処理傾向の純粋な測度からは程遠いものである。しかし，政治学における研究結果とマイサイドバイアスの実験室での知見との間には興味深い一致が見られるため，これらの研究についてもここで言及しておく。この章で注目したい一致というのは，知能や他の関連する尺度によって測定されるような認知的洗練度というものが，人が推論を行う際のマイサイドバイアスを抑制することはできないという**弱い**結論に関するものである。カハンや多くの政治学研究者によって導き出された**強い**結論，つまり，実際のところ認知エリートはマイサイドバイアスをより強く示すかもしれないという結論は，ここでの私の議論には必要ないものである。したがって，それらの研究を取り上げるにあたっては，第2章で述べたコミュニケーションにおけるコモンズの悲劇から抜け出すための方法として教育や知能に期待することはできない，という弱い結論の確信度を高めるだけの目的にとどめたいと思う。

　まとめると，マイサイドバイアスについてのよく統制された実験室研究の結果は，知能や教育がマイサイドバイアスや分極化の傾向を抑制してはくれないことを示す政治学の調査研究や世論調査データと一致している。ピーター・ディット（Ditto et al., 2019b, p. 312）は次のように述べている。「もしバイアスが単純な人の専売特許でないとしたら？　……認知的洗練度や専門知識の度合いが高いほど政治的バイアスのレベルも高くなると予測されることが多い（少ないのではなく）ことを示唆する研究が増えてきている。……より洗練された認知能力によって，人は自分が望む結論についてより巧みに主張できるようになり，それによって，自分の信念は正しいものだと他者，そして自分自身に確信を持たせる能力も向上するかもしれない。」

個人差に関するその他の意外な点

　個人差の観点から考えると，マイサイドバイアスには他にも不思議な傾向が見られる。ヒューリスティックやバイアスに関する文献のなかの他のバイアスのほとんどは，知能だけでなく，積極的開放思考や認知欲求といった合理的思考に関連すると考えられる思考傾向と相関があることが示されている（Bruine de Bruin, Parker, & Fischhoff, 2007; Finucane & Gullion, 2010; Kokis et al., 2002; Macpherson & Stanovich, 2007; Parker & Fischhoff, 2005; Stanovich & West, 1997, 1998a; Toplak et al., 2007; Toplak & Stanovich, 2002; Toplak, West, & Stanovich, 2011, 2014a, 2014b; Viator et al., 2020; Weller et al., 2018）。

　多くの重要な認知バイアスや情報処理上のエラー回避能力を測定する 20 の下位テストを含む CART（Stanovich, West, & Toplak, 2016 の第 13 章参照）からまたいくつか例を挙げよう。例えば，フレーミング効果を回避する能力は，積極的開放思考と .20 の相関があり，過信バイアスを回避する能力は，積極的開放思考と .29 の相関があった。確率的推論に関する CART の下位テストは，積極的開放思考と .43 の相関を示している。同様に，認知バイアスを調べる CART の下位テストはすべて，思考傾向との有意な相関を示している。

　他のほぼすべての認知バイアスでこのような一貫した知見があるにもかかわらず，マイサイドバイアスでは，知能との相関が見られないのと同じように，関連する思考傾向との相関が見られない（Kahan, 2013; Kahan & Corbin, 2016; Kahan et al., 2017; Stanovich & West, 2007; Stenhouse et al., 2018）[3]。例えば，パーキンス（Perkins, 1985）の意見生成の研究手法を用いた私たちの研究（Toplak & Stanovich, 2003）では，いくつかの争点でかなりマイサイドバイアスが見られた（参加者は自分の立場に賛成の意見を反対の意見よりも多く生成する傾向があった）が，マイサイドバイアスの程度は，積極的開放思考，教条主義，認知欲求などの思考傾向とは相関がなかった。ロビン・マクファーソンと私が 2007 年に行った研究では（Macpherson & Stanovich, 2007），意見生成とエビデンス評価の両方におけるマイサイドバイアスを調べるとともに，3 種類の思考傾向（積

極的開放思考，認知欲求，迷信的思考の回避）を測定した。その結果，6つの相関の
いずれについても，より洗練された思考がマイサイドバイアスの回避と有意
に関連することは示されなかった。

　このように思考傾向との関連が見られないことは，私たちが行った4つの
カテゴリー（飲酒，喫煙，信仰，性別）を用いた自然な場面でのマイサイドバイ
アスの研究の1つ（Stanovich & West, 2007）でも見られた。マイサイドバイア
スはすべての変数で見られ，つまり，喫煙者は受動喫煙の健康への悪い影響
を認める可能性が低く，アルコール摂取量が多い人ほどアルコール摂取の健
康へのリスクを認める可能性が低く，信仰心が強い人は信仰心が弱い人より
も信仰心は誠実さにつながると考える可能性が高く，女性は男性よりも女性
に対する賃金が不当であると考える傾向があった（効果量は .35 から .67）。4つ
のカテゴリーすべてにおいて，2つの個人差変数（積極的開放思考と認知欲求）を
調べ，カテゴリーと思考傾向の交互作用を異なる2つの方法（分散分析と回帰
分析）で分析した。16の分析結果（4つのカテゴリー×2つの思考傾向×2つの分析）
のなかで，有意な交互作用が見られたのは3つだけだった。予想どおりの方
向ではあったが交互作用は非常に小さく（説明される分散は約1%），有意になっ
た主な原因はサンプルサイズが大きかったため（1000人以上の参加者）と考えら
れる。

　私たちの研究でも積極的開放思考とマイサイドバイアス回避の間に相関が
見られることはあるが，そのほとんどで効果は小さく，サンプルサイズの大
きい研究でのみ有意になる。例えば，意見評価の手法を用いた私たちの研究
（Stanovich & West, 2008a）では，参加者は2つの争点（中絶・飲酒年齢の引き下げ）
に関して，自分の立場と一致する意見を自分の立場と一致しない意見よりも
高く評価している。マイサイドバイアスは知能や認知欲求とは相関が見られ
なかったが，積極的開放思考とは小さな負の相関が見られ（2つの問題それぞれ
で −.17 と −.13），サンプルサイズが400人以上と大きかったこともあって有意
だった。

　最後になるが，マイサイドバイアス回避に最も直接的に関係すると思われ
るようなパーソナリティ特性でさえ，相関は見られない。例えば，エリザベ
ス・シマス，スコット・クリフォード，ジャスティン・カークランド（Simas,
Clifford, & Kirkland, 2019）は，政治的分極化，党派バイアス，イデオロギー対立

といったものが発生する上で共感性の欠如が重要なメカニズムであると考えられることを示唆しているが，シマスらの2つの実験では，共感的関心の差は，世論を二分するような社会問題を評価する際の党派バイアスの程度を予測しないこと，高い共感的関心も党派間の感情的分極化の程度を弱めはしないことが明らかにされた。シマス，クリフォード，カークランド（Simas, Clifford, & Kirkland, 2019）は，共感自体が自分の内集団に偏ったものであるために，共感がマイサイドバイアスを防止することはできないという点からこの結果を説明している。

マイサイドバイアス以外の信念バイアスは認知能力と相関する

　私たちの研究室のこれまでの研究をよく知っている人なら，このような個人差変数とマイサイドバイアスの相関の少なさに驚いているかもしれない。そして，「1990年代のスタノヴィッチとウェストの初期の研究にさかのぼると，知能や思考傾向と信念バイアスに相関が見られる研究が確かにあったように思う」と考えるかもしれない。それはそのとおりだろう。しかしここで繰り返しておきたいのは，マイサイドバイアスと信念バイアスは同じではないということだ（第1章での議論を参照）。実際，この2つのバイアスが示す相関を見れば，これらがいかに異なるものであるかがよく分かるだろう。

　信念バイアスは，現実世界での知識によって推論が阻害される際に生じる。結論の信憑性が三段論法の論理的妥当性と対立するような三段論法推論課題で測定されることが多いが，他の課題を用いて信念バイアスを測定することもできる（Thompson & Evans, 2012）。最も重要なのは，信念バイアスを測定する課題では，検証可能な信念を用いることである。これに対して，自分の意見や信念に偏ったやり方でエビデンスを評価したり生成したりするときに，人はマイサイドバイアスを示す。問題となる信念が検証可能な信念から直感信念になるとき，つまり1つの確信となる場合に，私たちは信念バイアスからマイサイドバイアスに移行するのである[4]。

　他のほとんどの認知バイアスと同様に，信念バイアスは，マイサイドバイ

アスの程度を予測することが**できない**個人差変数と強い有意な相関を示していることは注目すべき点である。私たちの最も初期の研究では，知能と信念バイアス回避との相関係数は .35 から .50 であった (Sá, West, & Stanovich, 1999; Stanovich & West, 1998a)。その後の研究でも，知能の測定方法は研究によって異なるが，いずれも .35 から .50 の相関が見られている (Macpherson & Stanovich, 2007; Stanovich & West, 2008a)。子どもを対象とした発達研究では，.30 から .45 の相関が見られている (Kokis et al., 2002; Toplak, West, & Stanovich, 2014b)。CART について論じた本では，この問題についての 20 年近くの研究のなかで，信念バイアスと知能に関するさまざまな指標との関連を調べた研究で得られた 21 の相関係数を紹介している (Stanovich, West, & Toplak, 2016 の表 7.3)。相関係数の中央値は .42 で，これらのうち 19 件は .30 から .50 の間だった。他の研究室でも，信念バイアスは認知能力の違いと相関があることが報告されている (De Neys, 2006, 2012; Ding et al., 2020; Gilinsky & Judd, 1994; Handley et al., 2004; Newstead et al., 2004)。

　思考傾向と信念バイアスの程度との相関についても，相関が弱めである (しかしほとんど常に統計的に有意である) ことを除けば，話はほとんど同じである。私たちの最も初期の研究では，思考傾向と信念バイアス回避との相関係数は .25 から .35 であった (Sá, West, & Stanovich, 1999; Stanovich & West, 1998a)。その後の研究で，思考傾向の測定法は研究によって異なるが，いずれも .20 から .30 の範囲で信念バイアス回避との相関が見られている (Macpherson & Stanovich, 2007; Stanovich & West, 2008a)。子どもを対象とした発達研究でも，同様に .20 から .30 の範囲の相関が見られている (Kokis et al., 2002; Toplak, West, & Stanovich, 2014b)。私たちの 2016 年の著書では，信念バイアスとさまざまな思考傾向との関連を調べた研究で得られた 26 の相関係数を紹介している (Stanovich, West, & Toplak, 2016 の表 7.4)。相関係数の中央値は .24 で，これらのうち 19 件は .15 から .35 の間だった。

　まとめると，参加者の信念バイアスの程度は，ヒューリスティックやバイアス関連の文献にある他のほぼすべてのバイアス (前の引用を参照) と同様に，彼らの認知能力と合理的思考傾向から予測可能なものである。これに対して，マイサイドバイアス，つまりこれが干渉する対象が検証可能な信念ではなく，確信 (直感) 信念である場合に生じるバイアスは，これまでに研究さ

れてきたような他のすべてのバイアスを予測可能な心理的変数からは予測することはできない。個人差という観点から言えば，マイサイドバイアスは不思議なことに何とも結びついてはおらず，個人の特性とはつながりがないバイアスのようだ。

第 2 章での規範に関する議論との収束

　知能のように強力な個人差変数がマイサイドバイアス回避と相関しないことは一見不可解に思えるかもしれないが，これは実は，マイサイドバイアスが見られることは規範的ではないと示すのは困難だという第 2 章の分析につながるものである。20 年前，リチャード・ウェストと私（Stanovich & West, 2000）は，個人差に関する知見は，ヒューリスティックやバイアス関連の文献における規範についての論争，特にそうでない反応のほうを規範的なものだと研究者が主張している場合の論争に結論を出すのに利用できることを示唆している。

　私たち（Stanovich & West, 2000）は，個人差の相関の方向性には，どの反応が規範的であるかを示す根拠としての価値が多少なりともあること，そしてチャールズ・スピアマン（Spearman, 1904, 1927）の多重肯定性は，その目的のために役立つ装置となりうることを示唆している。文献にある多くの古典的課題について，トヴァスキーとカーネマン（Tversky & Kahneman, 1974; Kahneman & Tversky, 1973; Kahneman 2011 も参照）が規範的なものとしているような伝統的な反応は知能と正の相関がある。しかし対照的に，ヒューリスティックとバイアス研究の伝統を批判する人たちが主張するような反応は知能と負の相関があったことを私たちは示した。私たちが指摘した知能との相関の方向は，異なる規範的反応を主張する批判者たちにとっては都合が悪いものであった。確かに，情報処理能力の高い人が規範的で**ない**反応を体系的に処理しているという結論は避けたいものである。このような結果は，100 年以上の歴史のなかで何千もの研究が行われてきた心理測定法の分野では，間違いなく初めて得られた結果であろう。これは，100 年にわたって事実上問題にされ

てこなかった，認知課題に対するスピアマンの多重肯定性がついに失敗したことを意味する。

　私たちの主張は基本的には，多重肯定性を維持する反応は，少なくとも統計的には，より最適な反応である可能性が高いということである[5]。逆に言えば，認知課題では多重肯定性が規範的であることを考えると，従来規範的とされてきた反応と標準的な認知能力測定との相関が負の方向だったり，ゼロであったりすれば，規範に関する誤ったモデルが適用されている，もしくは少なくとも同等に適切な代替モデルが存在するというメッセージと受け取ることができるかもしれない。

　実際，ヒューリスティックやバイアス関連の文献にあるいくつかの課題では，後者が観察されている（Stanovich, 1999; Stanovich & West, 1998a）。例えば，因果に関係しない基準率無視に関する課題のなかには，社会心理学で指摘されるフォールスコンセンサス（偽の合意）効果（Ross, Greene, & House, 1977）のように，認知能力と相関しないものがあった。確かに，フォールスコンセンサス（偽の合意）効果には誤ったモデルが適用されたと考える独立した理由があり（Dawes, 1989, 1990; Hoch, 1987），その結果として，個人差の相関は理論的分析と一致したと考えられる。これがマイサイドバイアスに関しても起こっているようだ。第 2 章の分析では，課題において見られたマイサイドバイアスがいかなる程度であれ，いつも規範的でないとか，合理的でないものと見なすのは誤りであると結論づけた。この章では，個人差の分析がその結論と一致し，認知能力や思考傾向とマイサイドバイアスの程度との間に相関がないことが示されたことを確認してきた。

マイサイドバイアスの領域特異性

　マイサイドバイアスが例外的なバイアスであるもう 1 つの理由は，ほとんどの場合で領域一般性がほとんど見られず，内容依存性が強いと考えられることである。ある社会問題で強いマイサイドバイアスを示した人が，それとは無関係の別の社会問題でもそれを示すとは限らないということだ。これ

は，2003年にマギー・トプラックと私が行った研究（Toplak & Stanovich, 2003）でも明らかで，参加者は3つの社会問題（「学生は大学教育の費用を自分で全額負担すべきか？」「人が自分の臓器を売ることは許されるべきか？」「運転したくなくなるようにガソリンの価格を2倍にすべきか？」）について意見を生成する際に強いマイサイドバイアスを示した。しかし，ある社会問題におけるマイサイドバイアスの程度と他の社会問題におけるマイサイドバイアスの程度との間には，社会問題間での有意な相関は見られなかった。私たちや他の研究者はフレーミング効果といった他のバイアスに関する研究では，10数種類の項目で .60 から .70 の範囲の個人内での一貫した信頼性を報告しているが，これらの結果はそれとは異なるものだった（Bruine de Bruin, Parker, & Fischhoff, 2007; Stanovich, West, & Toplak 2016）。実際，先行研究にあるほとんどのバイアスにはかなりの程度の領域一般性がある（Bruine de Bruin, Parker, & Fischhoff, 2007; Dentakos et al., 2019; Parker et al., 2018; Stanovich & West 1998a; Stanovich, West, & Toplak 2016; Weaver & Stewart, 2012; Weller et al., 2018）。しかしこれはマイサイドバイアスには**当てはまらない**。

　マギー・トプラックと私（Toplak & Stanovich, 2003）は，その研究で調べた3つの社会問題のいずれについても，個人差変数（認知能力と思考傾向）は参加者が示すマイサイドバイアスを予測できないことを明らかにした。しかし，もう1つの変数である，特定の社会問題に対する参加者の意見の強さは，その社会問題について参加者が示すマイサイドバイアスの程度を一貫して予測することができた。意見の強さは，その社会問題に対して賛成か反対かとは独立にコーディングされた。つまり，それぞれの社会問題に対して，強く賛成もしくは反対であれば3点，ある程度賛成もしくは反対であれば2点，少し賛成もしくは反対であれば1点とした。この意見の強さは，この研究で検討した3つの社会問題すべてにおいて，マイサイドバイアスと正の相関があった（Toplak & Stanovich, 2003）。

　意見評価の研究手法を用いたその後の研究（Stanovich & West, 2008a）では，サンプルサイズがより大きくなり，意見の強さについてもより詳細に検討を行った。先に述べたとおり，2つの実験のさまざまな社会問題において，知能はマイサイドバイアスをまったく予測しなかった。また，思考傾向のなかでも多くの研究が行われている認知欲求も，マイサイドバイアスの程度との

相関が見られなかった。しかし対照的に，積極的開放思考は，2つの社会問題で見られたマイサイドバイアスの程度と負の相関を示した。その相関係数は，中絶に関する意見では－.17，飲酒年齢引き下げに関する意見では－.13であった。トプラックとスタノヴィッチ（Toplak & Stanovich, 2003）の研究とは異なり，この2つの社会問題におけるマイサイドバイアスには .21 の有意な相関が見られた。しかしどちらにおいても，意見の強さとその方向性が，すべての個人差変数の合計よりも，マイサイドバイアスの分散を説明していた。

　表 3.1 では，この意見の強さの効果をもう少し詳細に示している。表の上半分では中絶問題に関するマイサイドバイアスの平均を，自身の意見につい

表 3.1
この問題についての意見表明[a]に対する賛成の度合い別の，中絶問題に対するマイサイドバイアスの平均

	平均　（SD）
強く反対する（$n=86$）	4.86　（4.68）
ある程度反対する（$n=33$）	2.15　（4.44）
わずかに反対する（$n=41$）	0.83　（3.50）
わずかに賛成する（$n=74$）	0.82　（3.61）
ある程度賛成する（$n=75$）	1.07　（3.31）
強く賛成する（$n=111$）	2.74　（3.92）

この問題についての意見表明[b]に対する賛成の度合い別の，飲酒年齢引き下げ問題に対するマイサイドバイアスの平均

	平均　（SD）
強く反対する（$n=61$）	3.16　（4.61）
ある程度反対する（$n=51$）	0.90　（3.31）
わずかに反対する（$n=42$）	0.55　（3.78）
わずかに賛成する（$n=104$）	－1.15　（3.80）
ある程度賛成する（$n=92$）	0.50　（3.30）
強く賛成する（$n=70$）	1.61　（4.46）

a）「この国において中絶は合法とされるべきだと私は考える」（Stanovich & West, 2008a
　の実験 3）
b）「18 歳になれば合法的にアルコール飲料を摂取する権利が与えられるべきだ」
　（Stanovich & West, 2008a の実験 3）

ての事前質問に参加者がどう答えたかごとに示している。この表では，中絶反対派のほうがより強いマイサイドバイアスを示す傾向があるものの，中絶賛成派でも反対派でも意見の強さが増すにつれてマイサイドバイアスが強くなり，いびつなU字型の関数を示している。同様に，表の下半分は飲酒年齢に関する回答の平均値を示したものである。ここでも，賛成派でも反対派でも意見の強さが増すにつれてマイサイドバイアスが強くなっているが，意見の強さのレベルごとに，飲酒年齢引き下げ反対派のほうがより強いマイサイドバイアスを示している。

　リチャード・ウェストと私（Stanovich & West, 2008a）は，中絶問題におけるマイサイドバイアスの程度に対する意見の方向性（中絶賛成か中絶反対か，0/1）と強さ（1, 2, 3）の効果を見る回帰分析と，意見の方向性と強さを統制した上で認知能力が何らかの分散を説明できるかどうかを調べるための回帰分析を実施した。強制投入法による重回帰分析では，方向性と強さの標準偏回帰係数（β）はともに有意であったが（いずれも $p<.001$），認知能力の β は有意ではなかった。飲酒年齢の問題の分析でも，同じパターンが得られた。方向性と強さの β はともに有意であったが（いずれも $p<.001$），認知能力の β は有意でなかった。中絶問題と飲酒年齢問題の両方で，参加者が事前に持っていた意見の強さと方向性は，マイサイドバイアスの程度をある程度予測した（どちらの問題でも，決定係数（R^2）はそれぞれ .336 と .328，$p<.001$）[6]。

　より包括的な分析によって，この研究におけるすべての個人差変数と比較したときの，意見の方向性の効果が明らかになった。中絶問題では，意見の方向性と強さをマイサイドバイアスの予測因子として投入した後，残りの分散に対して，3つの個人差因子（認知能力，積極的開放思考，認知欲求）は 2.7%の分散しか説明していなかった。それに対して，先に認知能力と2つの思考傾向を投入した後，意見の方向性と意見の強さを投入すると，約4倍の分散（10.6%の独自分散）を説明していた。飲酒年齢問題でも同様のパターンが見られた（個人差変数が 1.8%の独自分散，意見の方向性が 10.5%の独自分散）。

　他の研究結果も，個人の心理的特性ではなく信念の内容がマイサイドバイアスの程度を予測するという，2008 年の私たちの研究（Stanovich & West, 2008a）での示唆と一致する。フィリップ・テトロック（Tetlock, 1986）は，環境保護，犯罪防止，医療といった重要社会問題についての参加者の推論の

複雑さを研究した。その研究で使用された分化的複雑性尺度は，参加者が社会問題について推論する際に，どれだけ代替的な視点を考慮し複雑なトレードオフを認識しているかを測定するもので，マイサイドバイアスの概念とは密接な関係がある。この指標は，人がマイサイドバイアスを**回避する**ためのプロセスに関わるものであるため，得点は逆転した関係になる。参加者は，回答した 6 つの社会問題の平均となる，分化的複雑性の総合得点が算出された。しかし**特定**の社会問題の分化的複雑性を予測する場合には，この平均得点は，それぞれの**特定**の社会問題のなかでの価値の対立の程度（例えば，自由か国家の安全かを問う監視社会に関する質問）よりも強力な予測因子とはならなかった。

　ケイトリン・トナーら（Toner et al., 2013）は，とても興味深いやり方によってマイサイド思考を調査する研究手法を用いている。トナーらは，米国のリベラル派と保守派の意見が対立しがちな 9 つの社会問題（医療，不法移民，中絶，アファーマティブ・アクション（積極的格差是正措置），貧困層への政府支援，有権者 ID の義務化，税金，テロリストへの拷問使用，宗教に基づく法律）を検討した。これらの社会問題に対する参加者の意見を測定した後，自分の視点は他の人の視点と比べてどの程度正しいと思うかを直接評定させた。その尺度は，「他の人の視点と同じくらい正しい」という控えめなものから，「他の人の視点より少し正しい」「他の人の視点よりある程度正しい」「他の人の視点よりかなり正しい」，そして最後に「完全に正しい――自分の視点が唯一正しい」というものだった。このようにしてトナーら（Toner et al., 2013）は，9 つの社会問題に対する意見と，それぞれに対して参加者が持つ，「信念優位性レベル」とトナーらが名づけたもの（自分の意見が他人の意見より優れていると考える度合い）の両方を測定した。

　トナーら（Toner et al., 2013）では，9 つの社会問題それぞれについて，信念の強さ効果（回帰分析では非常に強い二次効果として示されるもの）が非常に強く見られた。自分の視点が（どちらの方向であれ）極端であればあるほど，参加者は自分の視点が他の人の視点よりも優れていると考える傾向があった。すべての社会問題において，「意見の強さ」は「意見の方向性」よりも強力な予測因子であった。9 つの社会問題のうち 4 つの社会問題では，二次効果に加えて線形の効果も見られたが，これは，イデオロギーの一方の端で，もう一方の

端よりも，信念優位性レベルが強く見られることを示す効果であった。4つ
の社会問題のうち2つ（貧困層への政府支援と宗教に基づく法律の制定）については，
リベラル派の参加者が保守派の参加者よりも信念優位性を強く示し，残りの
2つの社会問題（有権者IDの義務化とアファーマティブ・アクション）については，
保守派の参加者がリベラル派の参加者よりも信念優位性を強く示していた。
私たちが2008年の研究（Stanovich & West, 2008a）で行ったように，トナーら
（Toner et al., 2013）は，意見の強さの変数が，教条主義の個人差変数よりも強
い予測因子であることを見いだしている。

　興味深いことに，数十年も前にロバート・エイベルソン（Abelson, 1986,
1988）は，単なる信念は確信といかに異なるのかに関する古典的論文のなか
で，本書のここまでの3つの章において検討してきたマイサイドバイアスに
関する知見に一致するようないくつかの結果を報告している。エイベルソン
（Abelson, 1988）は，一連の質問項目に対する参加者の回答に基づいて，1980
年代に起こったいくつかの社会問題（原子力発電，神への信仰，南アフリカからの撤
退，中絶，福祉，戦略的防衛構想，AIDS）について「確信得点」を作成した。信念
の強さの効果について述べてきたことを踏まえると，エイベルソンの確信得
点は，それぞれの社会問題におけるマイサイドバイアスの程度と高い相関を
示すだろうと考えてよいだろう。一方で，ここまで示してきた結果と同様
に，エイベルソン（Abelson, 1988）は，教育水準と確信の間ではどの社会問題
においても相関が見られず，確信の領域一般性もわずかな程度（相関係数の中
央値は.25）しか見られないことを示している。エイベルソンは，この結果は
「社会問題に対する確信を持つ特性を表すような強力な個人差変数はない」
ことを示唆していると結論づけている（Abelson, 1988, p. 271）。

マイサイドバイアスの予測か意見の一致の予測か

　「マイサイドバイアスは領域一般性が低い」という言葉の意味を理解する
ことが重要となる。相関があるのは，特定の主張への**同意**の程度ではなく，
その主張について推論する際に見られる**マイサイドバイアス**の程度である。

この2つは同じではない。もちろん，政治的イデオロギーのような広範な個人差変数によって，多くの意見は予測可能である。医療費の増加や最低賃金の引き上げに関する信念とリベラリズムとの間には確かに密接な関係があり，軍事費の増加や学校選択の自由度の拡大に関する信念と保守主義との間にも密接な関係がある。イデオロギーと，ある主張（例：「軍事費を増やすべき」）をどちらの方向性に支持するかとの間には，間違いなく密接な関係があるはずである。ある人のイデオロギーから予測できるのは，その主張が持つその人にとっての価値，つまりその人の「マイサイド」がどうなるかということであり，これはその人のイデオロギーからその人がどの程度の**マイサイドバイアス**を示すかを予測することとは**異なる**。

　最低賃金の引き上げに関する主張と，軍事費の引き上げに関する主張という2つの主張を考えてみよう。ある人物Aが事前に持っていた意見が最低賃金の引き上げ賛成であれば，軍事費引き上げ反対という意見を持っていることもかなり予測可能であろう。これと対になる予測は，もし人物Bが事前に持っていた意見が最低賃金の引き上げ反対であれば，軍事費引き上げに賛成という意見も持っているだろうというものである。しかし，これらの予測は，どの**意見**が一致するかということであって，示されるマイサイドバイアスのレベルが一致するかどうかということではない。**意見の方向性**の予測可能性は高いものではあるが，これは必ずしも**マイサイドバイアス**の程度についても当てはまるわけではない。実際，紹介してきたような研究では，マイサイドバイアスの程度は，イデオロギーの方向性からは予測できない。

　表3.2は，6人の参加者によるシミュレーションで，その違いを数的，統計的に示したものである。ここでは参加者は，政治的イデオロギーといった世界観に関する変数（1から10で測定）において，大きな違いがあるものと想定している。3人の参加者のイデオロギーに関する信念は，残りの3人とは明らかに異なるものである。参加者は，このようなサンプルであれば，それぞれのイデオロギー集団内では同じ意見にまとまると予想される2つの社会問題（公立学校への支出増加や政府による医療保険一本化など）に関する意見の評定を行う。それらの意見は，ここでは単に「意見1」「意見2」とラベルづけされており，これも1から10で測定されるものであるが，参加者自身の政治的イデオロギーに関連する異なる2つの意見となっている。ここでは，本章ま

表3.2　マイサイドバイアスと，もともと持っている意見の強さの関連性に関するデータシミュレーション

参加者	イデオロギースコア	意見1	マイサイドバイアス1	意見2	マイサイドバイアス2	思考傾向
1	10	10	5	8	3	95
2	9	8	3	10	5	97
3	8	6	1	6	1	89
4	3	4	1	1	5	77
5	2	2	3	4	1	85
6	1	1	5	2	3	83

相関：
　　イデオロギーと意見1 = .97
　　イデオロギーと意見2 = .88
　　意見1と意見2 = .82
　　意見1のマイサイドバイアスと意見2のマイサイドバイアス = .00
　　イデオロギーと意見1のマイサイドバイアス = .00
　　イデオロギーと意見2のマイサイドバイアス = .11
　　思考傾向とイデオロギー = .85
　　思考傾向と意見1のマイサイドバイアス = .36
　　思考傾向と意見2のマイサイドバイアス = .00

でで述べてきたような方法（エビデンス評価，意見生成など）のいずれかを用いて，各意見についてのマイサイドバイアスを測定したと想定している。各意見について，参加者ごとにマイサイドバイアスの得点が表示される。先ほど紹介した実際の研究結果と同様に，マイサイドバイアスの程度は意見の強さと高い相関があることが分かった。

　この表の数字から分かるように，また，現実でも実際にそうかもしれないが，政治的イデオロギーによって，2つの社会問題に対する意見はかなり予測可能である。例えば，公立学校への支出増加の問題や，政府による医療保険一本化の問題というのは，イデオロギーと密接に関連する問題である。したがって，表3.2では，イデオロギーは意見1と.97，意見2と.88の相関がある。さらに，現実世界の場合でもそう予想されるように，2つの社会問題に対する意見自体にも高い相関がある（r = .82）。

　しかし，イデオロギーが2つの意見を予測し，2つの意見には強い相関があるにもかかわらず，2つの社会問題に関するマイサイドバイアスの程度は

完全に相関が**ない**のである。さらに，イデオロギーは意見の方向性は予測するが，マイサイドバイアスについては予測しない。マイサイドバイアス 1，マイサイドバイアス 2 とはそれぞれ .00，.11 の相関係数を示している。

　このような結果になるのは，マイサイドバイアスの程度は意見の**強さ**に関係し，その全体的な方向性には関係しないためである。ある問題に対する「10」の意見は，「1」の意見と同様に極端であり，どちらも同様に強い確信であるため，強いマイサイドバイアスとなる。また，ある問題に対する「6」の意見は，「4」の意見と同等で，この 2 つは全体としての意見の方向性は一致していないものの，どちらも意見の強さとしては弱いことを意味するため，弱いマイサイドバイアスとなる。なお，イデオロギーとの相関のある思考傾向は，必ずしもマイサイドバイアスの程度を予測しないかもしれない。表 3.2 の最後の列は，仮想上の思考傾向を示しており，これはイデオロギーと .85，意見 1 と .78，意見 2 と .98 の相関がある。しかし一方で，意見 1 のマイサイドバイアスとは .36 の相関しかなく，意見 2 のマイサイドバイアスとはまったく相関がない (r = .00)。

　表 3.2 は，マイサイドバイアスを予測するよりも意見を予測するほうがずっと簡単であることを示している。マイサイドバイアスの程度が相関するためには，意見の全体的な方向性ではなく，さまざまな問題に対する意見の**強さ**が相関している必要がある。もちろん，これは話を少し単純化している。マイサイドバイアスを予測する上では，強さの効果だけではなく，意見の方向性の効果も十分にありうる。先に述べたとおり，トナーら (Toner et al., 2013) では，扱った 9 つの社会問題のうち 4 つで線形の効果（方向性の効果）が見られている。同様に，私たちの 2008 年の研究 (Stanovich & West 2008a) でも，中絶問題と飲酒年齢問題の両方で意見の方向性の効果が見られている。しかしどちらの研究でも，方向性の効果は強さの効果よりもかなり弱いものだった。意見の強さが重要であることは，全体としてはそのイデオロギーがどのような方向性を持っていようともマイサイドバイアスの差はなかったというディットら (Ditto et al., 2019a) のメタ分析の結果によってもさらに補強される。すなわち，政治的イデオロギー，つまり多くの社会問題についてマイサイド思考を生み出すような重要な世界観というのは，一番マクロなレベルでは方向性の如何にはよらないのである。しかしこのことは，特定のミクロ

な問題についての方向性の効果を妨げるものではない。しかしこの場合でも，トナーら（Toner et al., 2013）やスタノヴィッチとウェスト（Stanovich & West, 2008a）の研究結果に基づけば，方向性の効果は強さの効果によって統計的にはないものとされるだろうと予想される。

　このように，ある研究手法での特定の社会問題に対するマイサイドバイアスの程度は，その内容に大きく依存する。これは，マイサイドバイアスが実は例外的なバイアスであったためである。他のほとんどのバイアスは，先に述べたように，知能と負の相関がある（知能が高い人ほどバイアスを回避することができる）。マイサイドバイアスはそうではないし，多く研究されているような合理的思考傾向のいずれによっても，予測可能というわけではない。ある人が示すマイサイドバイアスの程度を予測できる個人差変数はほとんどない。さまざまなミクロな社会問題に対する信念の強さに関して非常に細かい情報が得られない限り（Toner et al., 2013），一般的な政治的志向もマイサイドバイアスを予測できる程度は限られている（Ditto et al., 2019a）。つまりマイサイドバイアスとは，個人差変数として測定できる広範な心理プロセスよりも，特定の信念の内容や強さと結びついたものである。第4章では，この事実が理論的にどういう意味をもたらすかについてより詳細に検討していく。

第 4 章

||||||||||||||||||||||||||||||||||||||||||||||||||||||||||||||||||||||||||

人々の確信はどこから来るのだろうか

マイサイドバイアスを理解することの意味

　心理学の多様な領域において，心理的過程と，蓄積された知識のどちらが
より重要かという理論的論争が存在する。心理学の領域のなかには，この論
争が本当の意味で一度も解決されたことがないものもある。例えば，批判的
思考に関しては，批判的思考の技術を高める教育を重視する考えと，批判的
思考をするにはまず豊富な知識基盤が不可欠だという考えの間で決着がつい
ていない。対照的に知能の研究では，キャッテル・ホーン・キャロル理論
(Cattell/Horn/Carroll; CHC: Carroll, 1993; Cattell, 1963, 1998; Horn & Cattell, 1967; 次も参照：
Walrath et al., 2020) によって，より合意に近い状況にあると言える。CHC 理
論では，流動性知能（心理的過程）と結晶性知能（知識）の両方を強調している。

　ヒューリスティックとバイアスの研究では，長きにわたって情報処理にお
ける節約が強調されてきた (Dawes, 1976; Kahneman, 2011; Simon, 1955, 1956; Taylor,
1981; Tversky & Kahneman, 1974) が，これらの研究では，蓄積された知識よりも
情報処理の問題点をより大きく強調してきたように思える。近年はその傾
向に変化が見られており，研究者は，正しい反応が過剰学習され，事前に
蓄積され，自動的に作動させることができるのであれば，システム 1 処理
の無効化は必ずしも必要でないと強調し始めている (De Neys, 2018; De Neys &
Pennycook, 2019; Evans, 2019; Pennycook, Fugelsang, & Koehler, 2015; Stanovich, 2018a)。リ
チャード・ウェストとマギー・トプラックと筆者が提唱している合理的思考
の包括的評価 (Comprehensive Assessment of Rational Thinking; CART: Stanovich, West,
& Toplak, 2016) では，この強調点の変化を捉えるように努めている。そして
この CART には，合理的思考の基礎となる重要な知識基盤を強く必要とす
るいくつかの下位テストが含まれている。

第3章では，意見の内容は心理的過程指標よりもマイサイドバイアスの変化をより多く説明することを示してきた。しかし，マイサイドバイアスに関する従来の理論的立場は，マイサイドバイアスをプロセス（過程）駆動型と見なす傾向がある。第3章で見てきた知見は，この従来の考え方をリセットする必要があるかもしれないことを示している。もし，マイサイドバイアスが本当にプロセス駆動型のバイアスであるならば，そのプロセスは，心理学で最もよく研究されている個人差変数である知能や思考傾向（積極的開放思考や認知欲求など）からは確かに予測できないように思われる。

　本章では，マイサイドバイアスを個人特性に依拠するものではなく，内容に依拠したバイアスと見なす新たな概念化を模索するつもりである。実際，政治心理学や社会心理学のいくつかの分野の研究者は，最近，それぞれの分野での長年の研究成果が，研究の刺激材料の内容を十分に吟味すると，しばしば再解釈されたり，さらには結果が覆されたりすることを発見している。多くの場合，心理的特性に関わる一般的な関係だと思われていたものが，実際には特定の実験で使われる材料や内容によって現れたり消えたりする関係であったことが分かってきたのだ。

近年の心理学研究における内容効果を概観する

　ユタ・プロック，ジュリア・エラド-シュトレンガー，トマス・ケスラー（Proch, Elad-Strenger, & Kessler, 2019）の研究は，研究者は内容を網羅的にサンプリングしていないにもかかわらず，一般的な心理的特性を測定しているとの結論にいかに早く飛びつきうるかを示している。プロックらの 2019 年の研究は，政治的保守性が変化への抵抗と関連するという心理学の長年の見解（Feldman & Huddy, 2014; Jost et al., 2003; Kerlinger, 1984）に疑問を投げかけた。プロックら（Proch, Elad-Strenger, & Kessler, 2019）は，ある人が変化についてどう考えるかは，変化それ自体に関係するものではなく，その人がどのように現状を見ているかに関係するものである，と指摘している。現状を肯定的に見る人は現状を変えたがらない傾向があるが，現状を否定的に見る人は，変化

に賛成する傾向がある。しかしながら，1960年代，1970年代，1980年代，そして1990年代にかけてもまだ，社会的，経済的，技術的，文化的な変化は，現在に比べるとはるかに緩やかだった。そのような時代において現状を維持することは，リベラル派にとって好ましいものではなかった。したがって，リベラル派が質問紙調査に対して変化を望むと答えた場合，リベラル派は単に変化そのものを支持しているのではなく，自分たちが納得できる方向に現実が変化することへの動きを支持することになるのだ。

　しかし，現代の工業化された社会における現時点での状況は，さまざまなリベラルな社会原則の実装を目指す人々によって設計し構築されているため，大きく変わってきている。例えば人事部の採用における多様性，産業界の公害規制，大学入学選抜における人種的優遇，企業の取締役会における女性比率上昇を義務づける法律などが挙げられる。したがって，プロックら（Proch, Elad-Strenger, & Kessler, 2019）の研究では，リベラル派によって承認され，現状を作り出している社会的・政治的慣行や法律の長いリストを，保守派によって承認され，現状を作り出している政治的・社会的慣行のリストと同じぐらい長く並べ，両者のバランスを取ることは難しいことではなかった。

　これらのバランスの取れたリストを刺激セットとしてプロックら（Proch, Elad-Strenger, & Kessler, 2019）は研究を行ったのだが，保守的な参加者がリベラルな参加者よりも変化に対する抵抗が強いという一般的な傾向は見いだせなかった。プロックらの研究結果は，保守であってもリベラルであっても，自分たちの社会政治的価値観に合致する場合は現状を承認し，自分たちの社会政治的価値観から遠ざかる場合は変化を認めないというもので，常識的な結論をほぼ裏づけるものであった。

　プロックら（Proch, Elad-Strenger, & Kessler, 2019）の研究は，ある特定の状況下では，偏った刺激選択を用いたことによる状況依存的な反応であっても，幅広い心理的特性を強調する理論の構築につながりやすいという例を示している。プロックらの発見は，マギー・トプラックと私が行った，積極的開放思考尺度（AOT）の詳細な分析の結果と一致している（Stanovich & Toplak, 2019, 第2章で議論）。積極的開放思考の概念によって測定される重要な処理スタイルの1つは，エビデンスに基づいて信念を修正しようとする参加者の意欲で

ある。数十年前に作成した私たちの初期の尺度には，この処理スタイルを測定できるよう意図した項目がいくつか含まれていた。しかし，マギーと私が発見したのは，**一般的な**信念の修正傾向というものは存在しない，ということだった。信念の修正は，参加者が修正しようと思っている明確な信念に基づいて決定されるため，具体的な内容を測定しなければならない。つまり，参加者は信念の内容によって，信念を修正する意志が強まったり弱まったりするのだ。私たちの2019年の知見は，第3章でレビューしたマイサイドバイアスの知見を彷彿とさせる。その知見では，参加者は，質問項目にある**特定の**問題に対する，参加者自身の事前の意見の強さに応じて，マイサイドバイアスを示す傾向が強かったり弱かったりした。つまり，内容に関係のない形での，広範な心理的特性から予測可能なマイサイドバイアスの一般的な傾向はなかったのだ。

　偏見，不寛容，さまざまな社会集団に対する温かい感情に関する初期の社会心理学研究が近年再考されるにあたり，研究に用いられた刺激の範囲を拡大することは重要だと考えられているが（Crawford, 2018），これらの初期の研究への懸念は少なくともフィリップ・テトロック（Tetlock, 1986; 次も参照：Ray, 1983, 1989）にまでさかのぼる。外集団への偏見や不寛容は，保守的なイデオロギー，低い知能，経験への開放性の低さと関連していると長い間考えられていた。「イデオロギー対立仮説」（Brandt et al., 2014; Chambers, Schlenker, & Collisson, 2013）の支持者は，これらの研究の評価対象となっている社会集団（アフリカ系米国人，LGBT，ヒスパニック系の人たち等）が，リベラル派に親和的なイデオロギーを持ち，保守派と相反する価値観を持つ集団であることが多いと指摘し，これらの初期研究の知見の一般性を疑問視した。したがって，保守的な参加者が外集団への感情や寛容さが低いのは，それら先行研究で用いられた評価対象とのイデオロギー的な対立が原因である可能性が十分にあるのだ。

　イデオロギー対立仮説を検証するために，ジョン・チャンバース，バリー・シュレンカー，ブライアン・コリソン（Chambers, Schlenker, & Collisson, 2013）は，保守主義と偏見の関係に関する先行研究が，いかに評価対象とイデオロギーを混同していたかを明らかにした。偏見についての多くの古典的研究の評価対象は，リベラルな価値観を持っていることで知られていたた

め，参加者が実験において，それら評価対象に対して温かさを示したり，寛容に扱うと示さなければならなかった場合，保守的な参加者は葛藤に直面することになる——つまり，評価対象が持つ価値観が，保守的な価値観とは相いれない，という葛藤である。リベラルな参加者はそのような葛藤に直面することはなかった。つまり単に自分とまったく同じ考えを持つ評価対象に対してどの程度の寛容さを示すかを問われたのだった[1]。しかしながらチャンバースら（Chambers, Schlenker, & Collisson, 2013）が，リベラルな参加者に対して，その価値観と対立する価値観を持つ評価対象（経営者，キリスト教原理主義者，富裕層，軍人）に対する寛容さと温かさの程度を測定したところ，リベラルな参加者は保守的な参加者と同様に外集団に対する嫌悪を示したのだった。つまりイデオロギーの類似性は集団への好意度を強く予測しており，その相関は 0.80 以上であった。

　これまでに多くの研究が，イデオロギー対立仮説を実証的に検証している。これらの研究の結果はすべて，外集団への寛容性，偏見，温かさの測定は，参加者自身の心理的特性よりも，評価対象が持つ価値観が参加者の価値観と一致するか不一致となるかの度合いによって変化するという結論に収束している（Brandt & Crawford, 2019; Chambers, Schlenker, & Collisson, 2013; Crawford & Pilanski, 2014; Wetherell, Brandt, & Reyna, 2013）。保守主義への不寛容と，温かさの欠如，低知能や開放性との相関は，より多様な社会集団が評価課題に含まれると事実上消滅する。リベラルな参加者でも不寛容さを示すことがあるが，それは自分たちと世界観や価値観を共有しない集団（経営者，キリスト教原理主義者，富裕層，軍人）に対して示しているにすぎないようである。

　ライリー・カーニーとライアン・エノス（Carney & Enos, 2019）は，よく使われている現代的レイシズム尺度（Henry & Sears, 2002）への回答を参加者が決定する際に，特定の内容がどれほどの役割を果たすかを実証している。現代的レイシズム尺度は，人種差別を保守的な意見と結びつける試みにおいて特に顕著な役割を果たしている。典型的なものは，「アイルランド人，イタリア人，ユダヤ人，その他多くのマイノリティは，偏見を克服し，出世してきた。黒人も特別な支援なしで同じことをすべきである」「問題は人々のなかに一生懸命努力しない人がいることである。黒人ももっと努力すれば白人と同じくらい裕福になれるはずだ」というような項目である。カーニーとエノ

ス（Carney & Enos, 2019）は，このような項目における通常の評価対象である
アフリカ系米国人（参加者に人種に特化して注目させるため，この種の尺度項目ではしば
しば「黒人」と表記される）の部分に，他集団を挿入する研究をいくつか行った。
異なる実験条件として使われた他集団は，台湾人，ヒスパニック，ヨルダン
人，アルバニア人，アンゴラ人，ウルグアイ人，マルタ人などであった。
カーニーとエノスの驚くべき結論は，保守的な参加者はリベラルな参加者よ
りもすべての項目でより肯定的な回答をしたが，その傾向は評価対象に**関係
なく**見られたこと，他方，リベラルな参加者は，評価対象がアフリカ系米国
人の場合に，尺度の各項目を肯定する割合が低くなることが分かった（Carney
& Enos, 2019）。

　カーニーとエノス（Carney & Enos, 2019）は，これらの現代的レイシズム尺
度は，保守主義に特化した人種的な嫌悪ではなく，リベラリズムに特化した
人種的共感を捉えていると結論づけた（次も参照：al Gharbi, 2018; Edsall, 2018;
Goldberg, 2019; Uhlmann et al., 2009）。保守的な参加者にとって，このいわゆる現
代的レイシズム尺度は，回答者の人種差別の程度の測定というより，努力に
報いることに対する現在社会の相対的な公平性に対する信念を測定するもの
となっている。つまりこの現代的レイシズム尺度は，その当初から誤った
レッテルを貼られているのだ。他方，リベラル派にとっては，この尺度は黒
人に向けられた特別な何かを測定するものではあるが，その「何か」とは，
リベラルな参加者のアフリカ系米国人に対する特別な親近感を示す傾向，あ
るいはアフリカ系米国人は美徳を象徴するものとして最も見返りが大きい評
価対象であるという認識を測定しているのである[2]。

　より最近の論文では，偏見と寛容を含む心理的関係は，参加者の価値観と
研究に用いた刺激である評価対象の価値観との**一致度**に左右されるものであ
ることが示されている（Brant & Crawford, 2016, 2019; Brandt et al., 2014; Brandt & Van
Tongeren, 2017; Crawford & Brandt, 2020; Crawford & Jussim, 2018; Crawford & Pilanski,
2014; Wetherell, Brandt, & Reyna, 2013）。マーク・ブラントとジャレット・クロー
フォード（Brandt & Crawford, 2019）は，偏見に関する研究の最近の進展に関す
る繊細な議論において，一般的な予測因子と考えられている心理的特性の多
く（経験への開放性，認知能力）が，偏見の特定のケースにおける予測因子でし
かないことを示している。そのような心理的特性は，すべての評価対象に対

する予測因子として機能するわけではないのだ。ブラントとクローフォード（Brandt & Crawford, 2019）は最終的に，偏見の予測因子として一貫性のあるものは，わずか 4 つに分類されることを示すに至った。しかし，このリストは，回答者個人の**純粋な心理的**特性から偏見を予測するという目標に関して楽観的すぎると考える明白な理由がある。というのも，ブラントとクローフォードのリストのなかで最も確立された 2 つの予測因子——価値観の対立と脅威の知覚——は，一般的な心理的特性ではまったくないからである。つまりこれらは回答者個人のなかにのみ含まれる個人差変数ではなく，直感信念と評価対象となる刺激がどの程度重複するかについて不一致を示す変数なのである。まず価値観の対立は，自分の価値観と評価対象が持つ社会的態度の一致と関連するものである。そして脅威の知覚についても同じことが言える。つまり，回答者と評価対象との**適合性**を反映する変数である。これらの変数は，いずれも人の心理的特性ではない。むしろ，回答者の信念の内容と，その内容が評価対象とどのように関係するかを測定するものである。

　まとめると，回答者のパーソナリティや認知能力の尺度は，その人が持つ特定の信念よりも予測力が弱いことがおおよそ判明しているのだ。マイサイドバイアスは，この一般的な傾向の極端な例であると思われる。第 3 章で紹介した研究でも，マイサイドバイアスは個人の認知能力とはほとんど無関係であり，よくて合理的思考傾向と非常に弱く関連する程度である。実際のところマイサイドバイアスは，焦点となる信念の方向と強さから予測可能であることが一貫して示されている。マイサイドバイアスを行動に表す傾向は，その人の先天的な特性ではなく，むしろその人が人生において獲得した特定の信念や意見の表れであるように思われる。したがって，マイサイドバイアスを正しく理解するためには，人々の情報処理傾向ではなく，人々の信念の**内容**を重視する視点が必要である。

所有物としての信念とミームとしての信念

　マイサイドバイアスが心理的特性ではなく，内容に基づく可能性があると

考える理由の1つは，ロバート・エイベルソン（Abelson, 1986）が何年か前に書いた論文のタイトル「信念は所有物のようなもの」に示唆されている。現在の過剰消費に対する批判はさておき，私たちの多くは，物質的な所有物を手に入れるのには理由があり，また所有物は何らかの形で私たちの目的に役立っていると感じている。私たちは信念についても同じことを感じている[3]。つまり信念は他の財産と同じように，自分で選んで手に入れるものだと考えているのだ。要するに私たちは，①自分が信念を手に入れるのに主体性を発揮し，②信念は自分の利益に役立つ，と仮定する傾向がある。このような仮定のもとでは，信念を守るための包括的な方針を持つことは理にかなっているように思われる。

　しかし，これにはもう1つの考え方がある。それは，何があっても自分の信念を守ろうとする私たちの傾向に対して，もう少し懐疑的になることだ。第3章で論じたように，知能の向上や，より深い思考と相関する思考傾向の向上によって，マイサイドバイアスが減少することはない。また，第3章で紹介したように，マイサイドバイアスの領域一般性は低いという研究結果（例えば，Toplak & Stanovich, 2003）から，マイサイドバイアスの高さの違いは，何らかの特徴を持つ人かどうかではなく，マイサイドバイアスを生み出す度合いが高い信念かどうか，からくる可能性が示唆された。要するに信念というものは，矛盾する考えを退けるためにどれだけ強く構造化されているかの度合いに違いがあるのだろう。これはまさに，進化論的認識論の理論的立場が主張するところである。この立場から，私たちは驚くべき質問をすることの意味を探ることができる。それは，もしあなたが自分の信念を所有しているのではなく，信念があなたを所有しているのだとしたら，という問いである。

　文化的複製理論とミーム学（memetics）の分野は，まさにこの問題を探究するのに役立っている。「文化的複製子」という用語は，非遺伝的手段によって受け継がれる可能性のある文化の要素を指す。文化的複製子の別称として，リチャード・ドーキンスが1976年に出版した有名な著書『利己的な遺伝子』のなかで紹介した「ミーム（meme）」という言葉がある。ミーム[4]という用語は，いわゆる「ミーム複合体」（相互に適応したミームの集合で，連動するアイデアの集合としてコピーされる）を指す一般的な用語としても用いられるこ

とがある（例えば，民主主義の概念は，相互に関連した複雑なミームの集合であるミーム複合体である）。

　ミーム学は，「私の信念」や「私の考え」といった表現に暗黙的に見られる，「所有物としての信念」というメタファーを取り除くのに少しは役立つだろう。なぜなら「私のミーム」という言葉はあまりなじまないため，「私の信念」という言葉のようには所有を示すことがない。ミームという用語は，多くのマイサイド処理の原因である直感信念を維持してしまう状況を，崩すことができる。そして，遺伝子という言葉とミームとの類推によって，多くの人が知っているダーウィニズムの洞察を，信念の獲得と変化を理解するために用いると分かりやすいかもしれない（Aunger, 2000, 2002; Blackmore, 1999; Dennett, 1995, 2017; Distin, 2005; Sterelny, 2006）。

　生物は，生物自身の利益よりもむしろ遺伝子の利益（複製）[5]を促進するために作られている，とドーキンス（Dawkins, 1976）は説く。遺伝子と，その遺伝子が存在する生物の利益は，ほとんどの場合で一致するが，この一致には例外がないわけではない。遺伝学と理論生物学の広範な研究によると，意識や意図を持たない複製子である遺伝子は，それを含む生物の目標には必ずしも有益でない方法で，その繁殖力と寿命を高めることができる（Dawkins, 1982; Skyrms, 1996; Stanovich, 2004）。利己的な遺伝子の概念から考えると，ミームは，特に意図せず獲得された場合，宿主の利益を犠牲にして時折複製されうる。デネット（Dennett, 2017）が「ミームの目線」と呼ぶものを参考にすると，ミームは（遺伝子のように）自分自身の利益のためだけに行動する複製子であることが理解できるようになる。つまり，マイサイドバイアスは，宿主の利益ではなく，内在するミームの利益のために働いているのかもしれない。人の心理的特性が，マイサイドバイアスの発現の程度を予測できないのは，そのためかもしれない。

　ミームの概念から導かれる基本的な洞察は，信念が，必ずしも真実でなくても，またその信念を持つ人の役に立たなくても広まることがあるということだ。次のメッセージのついたチェーンメールを考えてみよう。「このメッセージを5人に伝えなければ，あなたは不幸に見舞われるでしょう」。これはアイデア単位であるミームの一例で，コピーして脳に記憶させることができる行動の指示である。このミームは，よく複製されているという意味で，

それなりに成功したミームである。しかし，この成功したミームには２つの驚くべき点がある。それは，このミームが真実でもなければ，このミームを伝える人にとって有益でもないことである。しかし，このミームは生き残っている。ミームが生き残るのは，それ自体が自己複製する性質を持つからである（このミームの本質的な論理は，「私をコピーせよ，さもなければ不幸に見舞われるぞ」と言う以外に何もしない，ということである）。現存するすべてのミームは，ミームの進化を通じて，高い繁殖力，寿命，そして複製の正確性という，成功した複製子の決定的な特徴を示してきたのである。

　ミーム理論は，私たちが信念について考える方法を逆転させるので，私たちの考え方の推論に大きな影響を与える。社会心理学者やパーソナリティ心理学者は伝統的に，特定の個人がある信念を持つに至ったのはなぜか，と問う傾向がある。因果関係モデルは，人がどのような信念を持つべきかを決定するものである。ミーム理論はそうではなく，「特定のミームの何が，そのミーム自身に多くの『宿主』を集めさせるのか」と問う。したがって問題は，「人はどのようにして信念を獲得するのか」ではなく，「信念はどのようにして人を獲得するのか」である。

　信念Ｘがなぜ広まるのかについての常識的な見解の１つは，信念Ｘが単に「真実だから」広まるという考え方である。しかしこの考え方は，真実だが広まっていない信念や，広まってはいるが真実でない信念を説明するのに苦労する。ミーム理論は信念が広まるもう１つの理由を教えてくれる。信念Ｘが人々の間に広まるのは，それが優れた複製子であるからである。ミーム理論では，信念を獲得する人々の質よりも，複製子としての信念の特性に焦点を当てる。これがミームの概念が果たす唯一の特徴的な機能であり，優れた点である。

　ミームとミーム複合体が生き残り，増殖するのには４つの理由がある。したがって，ミームの成功戦略は４つあることになる[6]。ミームの歴史的な広がりには，この４つの戦略のいずれかの組み合わせが必要なのかもしれない。

　①ミームが生き残り，広まるのは，それを受け入れる人々にとって有益であるからである。

②ある種のミームは，既存の遺伝的素因や領域固有の進化モジュールに適合するため増殖する。

③ある種のミームが広まるのは，そのミームの宿主となる生物を作る遺伝子の複製を促進するからである（子どもをたくさん作ることを促す宗教的信念はこのカテゴリーに入るだろう）。

④ミームが生き残り，広まるのは，ミーム自身が自己増殖性を持っているからである。

　ほとんどのミームが複数の理由で存続していることは間違いない。あるミームは，宿主に役立つから，**かつ**遺伝的素因に合うから，**かつ**自己増殖する性質があるから，広まっているのかもしれない（Richerson & Boyd, 2005）。

　4つめの戦略は，そこでの複製戦略が宿主のためにならないという意味で，問題のある戦略である。さまざまな研究者が，これらの問題のあるミームの自己増殖戦略のいくつかを論じている。例えば，役に立つアイデアの構造を模倣して，宿主がミームから利益を得られると考えるよう欺く「寄生型マインドウェア」がある。当然ながら，広告主は，他の信念やイメージにつけ込んだ信念（「この車を買えば，この美しいモデルが手に入る」といった無意識の連想を促す）を構築する専門家である。自己保存的なミーム戦略には，認知環境を変化させるというものもある。例えば多くの宗教は，その宗教上の死後の世界をより魅力的に見せるために，人々に死への恐怖を煽る。より悪質なのは「敵対的戦略」で，競合するミームにとって敵対的な文化環境を作り出したり，ミームの宿主に影響を及ぼして代替的信念の宿主を攻撃させたりするものである。穏健な宗教信者の多くは，他の信者が抱いている可能性のあるミームを恐れて，自分のコミュニティの過激派を批判することを控える。それほど敵対的でないミーム戦略は，単に対立する可能性のある情報を避けるよう宿主に促すだけである（Golman, Hagmann, & Loewenstein, 2017）。

　デネット（Dennett, 2017）の「ミームの目線」は，マイサイドバイアスを，既存のミームを維持するために信念の変更を困難にさせる戦略的メカニズムと捉え，信念が正しいかを確認することに広く敵意を抱く「ミーム球体[7]」に私たちが住んでいることを認識させる。批判的思考の教育に携わる研究者は何十年も前から，公平さ，信念の中立的評価，視点の切り替え，脱文脈

化，現在の意見に対する懐疑といった批判的思考のスキルを身につけることの難しさを嘆いてきた。批判的思考の研究は，人々にとって自分たちのもともとの信念を補強することが保証されていない立場からエビデンスを吟味することがいかに難しいかを，実質的に一貫して示している。要するに，現在私たちの脳のなかにあるミームは，他のミームと貴重な脳内空間を共有することに極めて消極的であるようだ。

　私たちの多くが，新しいミームに対して敵対的であるという特徴を共有していることは，いくつかの厄介な思考を引き起こす。もし，ほとんどのミームが私たちのために役立っているならば，なぜ，競合するミーム，特に自分たちと矛盾するミームが確実に負けるような淘汰テストを受けたがらないのだろうか。その理由の1つは，ミーム複合体内で相互に支え合う関係にあるミームは，ゲノム内の遺伝子が協力的であるのと同じ理由で，自分と矛盾するミームが脳内空間を獲得するのを防ぐ構造を協力して形成する可能性が高いからかもしれない（Ridley, 2000）。生物は，新しい突然変異の対立遺伝子が協力的でない場合，遺伝的な欠陥を生じさせる傾向があるため，ゲノム内の他の遺伝子間で協力を要求するのである。同様に，先住ミームもまた，協力者——彼らのようなミーム——を選別している。先住ミームと矛盾するミームは，容易に同化されないのだ（Golman et al., 2016）。

　このような説明は，ある領域で高いマイサイドバイアスを示す参加者が必ずしも他の領域でも示すとは限らないという個人差の発見や，**領域**によって引き起こすマイサイドバイアスの量が大きく異なるという一般的な発見（Stanovich & West, 2008a; Toplak & Stanovich, 2003）を説明するものである。これは，ミームが，それに矛盾する，あるいはそれに取って代わるかもしれない他のミームを排除するために，どの程度強く構造化されているかが異なるためである。マイサイドバイアスが高いもしくは低い**人**という一般的な傾向はない。しかし，ある種のミーム複合体は，矛盾しないミームよりも矛盾するミームに対抗しやすい。

信念の機能性と内省的獲得

　この節では，ミームという概念が，第 2 章で議論したコミュニケーションにおけるコモンズの悲劇を克服するためにどのように役立つかに触れる。直感信念を所有物として扱うと，最悪のタイプのマイサイドバイアスが生じる。マイサイドバイアスを避けるには，自分の信念から距離を置く必要がある。そうするためには，自分の信念がミームであると考えるとともに，それ自体に興味を持つことが有効だろう。

　ミームの目線によって信念から距離を置く機能について論じる前に，ミームという概念の不幸な歴史を簡単に振り返っておく。ミームという概念のある側面は，心理学や他の分野の研究者がミーム的アプローチを正当に評価するのを妨げたのだ。ドーキンス（Dawkins, 1993）は，ミームという言葉を作ったものの，ブラックモア（Blackmore, 2000）に合わせて，ほとんどの宗教は本質的に「自己複製型」のミーム複合体であり，「脅しや約束，また主張が検証されないようにするさまざまな方法によって支えられている」（Blackmore, 2000, pp. 35-36）という有名な主張をしたことで，この概念を悪い方向に導くきっかけを作ってしまった。彼らの主張は，宗教心理学の文献において一連の反論を引き起こした（Atran & Henrich, 2010; Barrett, 2004; Bering, 2006; Bloom, 2004; Boyer, 2001, 2018; Haidt, 2012; Wilson, 2002）。もちろん，ドーキンスとブラックモアの立場を批判する人たちの間にも多少の違いはある。ある人は，宗教は進化した適応の形だと考える。また別の人は，宗教は他の目的（エージェント検出，心の理論など）のために進化した一連の認知メカニズムの副産物であると考える。宗教に対して適応論者と副産物論者のどちらの立場を取るかにかかわらず，多くの研究者は，宗教はミームウイルス――人間という宿主にとって役に立たない「自己複製型」の指示に従う――であるというドーキンスとブラックモアの立場に反対している。

　ドーキンスとブラックモアの立場が悪名高いために，残念ながら，ミームという言葉は，前項で挙げた 4 つめの戦略の考えだけを指す――つまり，ミームという概念は，自己複製するために作用し，遺伝的および生物的な機

能性を持たない考えだけを指す——という誤解を生んでしまった。前にも強調したように、これは誤りである。統計的には、ほとんどのミームは、それ自体が自己複製する性質を**持つだけでなく**、遺伝的あるいは生物学的な機能性を持っているのである。宗教に関するドーキンスとブラックモアの立場から、多くの人々が、ミームという概念は「ウイルス信仰」、すなわち自己複製以外の機能を持たないものだけを指すと考えるようになった。例えば、ダン・スパーバー（Sperber, 2000, p. 163）はミームという用語を、文化的複製子の一般的な同義語としてではなく、「人間という運び屋に利益をもたらすからではなく自分自身に利益をもたらすから選択された」文化的複製子として使っている。つまり、スパーバーはこの用語を4つめの戦略にのみ存在する信念のために用意しているのだ。これに対して、私のミーム概念の使い方（そしてほとんどのミーム論者の使い方）は、より包括的なものであり、文化的複製子の一般的な同義語になっている。

　定義の混乱もさることながら、宗教をミームウイルスと捉えたドーキンスの立場[8]は、別の有害な副作用をもたらした。ドーキンスはミームを「ウイルス」と呼ぶことで、ミームには①内省的に獲得されない、②機能的ではない、という2つの性質があることを暗に示していた。そして、この2つの性質は常に両方が存在するということも暗に示していた。このことから、もしミームが宿主にとって機能的**である**ならば、それは必然的に内省的に獲得されたものでなければならないという仮定が生まれた。この仮定は、ミームが内省的に獲得されたので**なくても**何らかの形で機能しうるという、より重要で一般的な状況から私たちの目を逸らせてしまうという意味で、不幸な仮定である。ミームウイルスという表現は、重要な点を軽視している。つまり、ミームは、上記の戦略の1つめおよび2つめのいずれを用いてもうまく複製することができるが、それでも内省的に獲得されることはない。実際、人生を成功に導く信念や思想のほとんどは、意識的な内省を通じて獲得されたミームではないが私たちにとって依然として機能的であるミームである。

　ダニエル・デネット（Dennett, 2017）は、この最後の洞察をミーム概念の大きな強みの1つと見ている[9]。それは、デネットが「意識的な取り込み」と呼ぶようなものからではなく、無意識的な決定の積み重ねによって、私たちが文化的人工物を構築してきたかもしれない、という事実を顕著に示してい

る。つまり「文化的特徴の変化が気づかれずに広まるという事実は，思想や信念という伝統的な心理学の視点を採用した場合には説明しにくく，それゆえ見過ごされやすい」（Dennett, 2017, p. 213）と述べている。これは，ある信念が自分にとって正しいと感じられたり，目的を達成するための機能的な道具であると思えたりしたとしても，内省と合理的思考を駆使して意識的にその信念を採用したに違いないと考えるのは誤りである，という私の主張と文化的に軌を一にしたものである。

　しかし，それでは，私たちはどのようにして，内省**することなく**重要な信念（確信）を獲得するのだろうか。素人理論（「自分の信念は，自分で意識的に考え抜いた上で，意図的に信じることにしたものだ」）では，この問いに対する答えが直感に反すると感じるかもしれないが，心理学者にとっては驚きではない。なぜなら，人が宣言的知識，行動傾向，意思決定スタイルを，生得的な性質とほぼ無意識の社会的学習の組み合わせで獲得する例は心理学の世界にたくさん存在するからだ。したがって，道徳的信念と行動を説明するために，ジョナサン・ハイト（Haidt, 2012, p. 26）はまさにこのモデルを引き合いに出して，以下のように論じている。「もしも道徳性が主に推論から来るものでないなら，生得性と社会的学習の組み合わせが最も可能性の高い候補として残る。……私は道徳が，いかに（進化した直感のセットとして）生得的であり，（子どもが特定の文化のなかでそれらの直感を適用することを学ぶように）学習することができるものかを説明したい。」

　ハイト（Haidt, 2012）が道徳の発達を説明するために引き合いに出したモデルは，マイサイドバイアスにも容易に適用できる。「マイサイドを引き起こす」信念は，しばしば政治的イデオロギー，すなわち社会の適切な秩序とそれを達成する方法に関する一連の信念に由来している。ハイト（Haidt, 2012）が道徳の発達に適用した生得的性質と社会的学習と同じモデルを使って，政治的イデオロギーの発達をモデル化する研究者が増えている（Van Bavel & Pereira, 2018 を参照）。

　人間のイデオロギー的傾向の起源についてはまだ学ぶべきことがたくさんあるが，私の現時点での議論には大まかな結論だけで十分だ。つまり，人を保守的またはリベラルにする気質的基盤というものが存在する可能性があり，これらの気質的基盤はますます生物学的基盤に基づくように見えるとい

うことだ。例えば，政治的イデオロギーや価値観の尺度はかなりの遺伝性を示す，などである（Alford & Hibbing, 2004; Bell, Schermer, & Vernon, 2009; Funk et al., 2013; Hatemi & McDermott, 2016; Hufer et al., 2020; Ludeke, et al., 2013; Oskarsson et al., 2015; Twito & Knafo-Noam, 2020）。また，リベラル派と保守派は，それ自体がかなりの遺伝性を持つ「ビッグファイブ」と呼ばれるパーソナリティ特性（開放性，誠実性，外向性，協調性，神経症傾向）のうち2つで差がある（Bouchard & McGue, 2003; Funk et al., 2013）。リベラル派は保守派よりも開放性が高く，誠実性が低い傾向がある（Carney et al., 2008; De Neve, 2015; Fatke, 2017; Hirsh et al., 2010; Iyer et al., 2012; McCrae, 1996; Onraet et al., 2011; Sibley & Duckitt, 2008）[10]。

　こうしたパーソナリティの違いは遺伝するだけでなく，より直接的な研究では，リベラル派と保守派の遺伝的な違いと神経伝達物質の機能の違いも関連づけられている（Hatemi et al., 2011; Hatemi & McDermott, 2012, 2016）。これらの知見は，保守派の参加者がリベラル派の参加者よりも脅威や否定性，嫌悪感に敏感であることを示す心理学研究の長年の傾向と一致している（Carraro, Castelli, & Macchiella, 2011; Hibbing, Smith, & Alford, 2014a; Inbar, Pizarro, & Bloom, 2009; Inbar et al., 2012; Jost et al., 2003; Oxley et al., 2008; Schaller & Park, 2011）。他の研究では，刺激欲求（リベラルな参加者で高い）と政治的イデオロギーが関連していることが示されている（McCrae, 1996）。リベラル派と保守派の間のこうしたパーソナリティ特性の違いは，幼少期の早い時期，未就学の時期でさえ現れるようだ（Block & Block, 2006; De Neve, 2015; Fraley et al., 2012; Wynn, 2016）。最後に，脳内の神経化学的・生理的な差異とイデオロギーの差異の相関を調べた研究も複数ある（Ahn et al., 2014; Dodd et al., 2012; Hatemi & McDermott, 2016; Krummenacher et al., 2010; Van Bavel & Pereira, 2018）。

　イデオロギーの気質的・生物学的基盤に関するこれらすべての研究から得られた結論は，今後の研究によって，きっと批判的に検証され，洗練されていくだろう[11]。しかし，すべての具体的な問題がどのように解決されようと，これらの気質的・生物学的基盤は，誰もが自ら考えてたどり着いたものではない，という事実が変わることはない。また，そのような基盤に適したミームも，自分たちが考えてたどり着いたものではない。私たち人間はそれぞれ，どんなミーム複合体に出会ったとしても，それが自分たちにとってしっくりくるように作られているのだ。私たち人間が信念を持つに至ったメ

カニズムのほとんどは，二重過程理論（Evans & Stanovich, 2013; Kahneman, 2011）におけるシステム1のメカニズムであり，内省的なプロセス（システム2の上位制御機能，Pennycook, Fugelsang, & Koehler, 2015; Stanovich, 2011 を参照）ではない。自分たちの生得的な性質は，自分たちのコントロールの及ばないものである。ジョナサン・ハイト（Haidt, 2012, p. 312）が指摘するように「新規さ，変化，多様性から特別な喜びを感じるのと同時に，脅威の兆候にあまり敏感でない脳を遺伝子によって与えられた人々はリベラル派になる傾向がある（ただし決まっているわけではない）。……反対の設定を持つ脳を遺伝子によって与えられた人々は，同じ理由から，右派の大きな物語に共鳴する傾向がある」。

　私たち人間が自分のイデオロギー傾向に自らの考えで到達したのではないと強調することは，ハイト（Haidt, 2012）の「生得性と社会的学習」の定式化の半分だけを扱っているにすぎない。信念に関する古くからある素朴心理学（「自分の信念は自分にとってとても大切なものだから，自分自身で考えたに違いない」）を信奉する人にとって，ハイトの定式化の社会的学習の部分はほとんど助けにならない。価値観や世界観は幼児期を通じて発達し，私たちが子ども時代にさらされる信念は，両親，隣人，友人，そして学校などの公共機関によって大きな影響を受ける（Harris, 1995; Iyengar, Konitzer, & Tedin, 2018; Jennings, Stoker, & Bowers, 2009）。

　子どもが接するミームのなかには，先に述べたような生得的な性質に合致しているため，すぐに身につくものもある。その他のミームは，生得的な性質と一致するかどうかにかかわらず，大切な親族や大切な友人によって繰り返されるため，おそらくよりゆっくりと獲得される。また，その子どもが大切にしている集団が持っている信念であることもよくある。つまり，「マイサイドバイアス」という言葉の「サイド」とは，確かに「自分の」信念がある側のことであるが，その信念は個人的な内省よりも集団への帰属に関係していることが多い（細かい議論は次を参照：Haidt, 2012; 次も参照：Clark & Winegard, 2020; Tetlock, 2002）。

　要するに，子どもは（さらにいうと大人も），自分の社会的世界や社会的学習の幅広い内容，あるいはある信念に向かう生得的傾向を直接コントロールすることはほとんどできないのだ。私たちは生得的傾向で判断することを自分たちで選んだわけではなく，さらに社会的学習を通じて獲得したものも

内省的思考の結果ではない（次を参照：Hibbing, Smith, & Alford, 2014b; Taber & Lodge, 2016）。私たちのイデオロギー的信念がほとんど内省なしに獲得されることは，正しい情報を提供することによって政治的な虚偽情報を正すことが困難であることを示す研究と一致する（Flynn, Nyhan, & Reifler, 2017; Nyhan & Reifler, 2010）。一方，ダニエル・ホプキンス，ジョン・サイド，ジャック・シトリン（Hopkins, Sides, & Citrin, 2019）は，ある参加者グループにおいて移民の統計に関する事実誤認を修正することが可能であることを発見した——しかしその修正は，参加者の移民に対するより抽象度の高いレベルの政治態度（移民を受け入れることへの賛否）にはまったく影響を及ぼさなかった。このことから，ホプキンスら（Hopkins, Sides, & Citrin, 2019, p. 319）は，ここで概説したハイトの「生得性と社会的学習」の定式化と一致するように，「移民に対する態度は，安定した性質に一部基づいており，しばしば人生の初期に確立し，その後の社会性によって強化される。そのためこれらの態度は，この信念を否定するような情報が新たに入ってきたとしても変化しづらい」と結論づけたのである。

　直感信念は非内省的であるという一般的な考え方は，歴史家（「私たちの考えのほとんどは，個人の合理性よりも共同体の集団思考によって形成されており，私たちは集団への忠誠心によってこれらの考えを保持している」（Harari, 2018, p. 223））から認知科学者（「推論は一般に，市民の信念共同体から得た信念を伝達するために動機づけられる。認知はその大部分が共同体の規範に関心を払い，共有するためのフィルターである」（Sloman & Rabb, 2019, p. 11））まで幅広い研究者によって明確に示されてきた。複数の行動学分野でこのような見解が広まっているにもかかわらず，思い入れ（確信）がどこから来るかについての一般の人たちの考え方は，まだかなり異なっている。私たちのほとんどは，いまだに，自分の深い思い入れ（確信）に至るまで自らが考えたと思いたがっている。

　マイサイドバイアスを引き起こす確信が非内省的に獲得された可能性を示す研究結果は，マイサイドバイアスの回避が知能と相関しないことを示す研究（第3章でレビュー）とうまくつながる。私たちの確信が非内省的に獲得されたものであることを示す根拠となりうるのは，マイサイドバイアスの回避（うまく調整された意見を導く主要なメカニズム）が知能と強い相関がある場合である。このような相関がないこと自体で，私たちが自分の確信を獲得する際に

内省的であるかについて重大な疑問を投げかけなければならない[12]。

　問題を引き起こすようなタイプのマイサイドバイアスは，人が，グローバルに合理的なエビデンスを処理した結果生じた，検証可能な信念ではなく，事前確率として確信を投影したときに生じるタイプのものであることを指摘した第2章を思い出してみよう。イデオロギー的立場などの確信は，この問題を引き起こすようなタイプのマイサイドバイアスを引き出すものとなることが非常に多い。これが問題となる理由は，この信念が第2章で述べたコミュニケーションにおけるコモンズの悲劇（Kahan, 2013; Kahan et al., 2017）につながり，最適な公共政策の決定にとって重要な事実問題について社会がベイズ的収束に達することを妨げるためである。したがって，私たちの確信をほんの少し弱めることで，このコモンズの悲劇のジレンマから逃れられないとしても，少なくとも軽減するのに役立つだろう——少なくとも，事前確率を策定するために，エビデンスに基づく検証可能な信念を用い，確信を使う可能性を少し低くすることだ[13]。

　このように，私たち一人一人が自分の確信（直感信念）に対してもう少し懐疑的になることができれば，つまり自分の信念を所有物にしてしまうのを避けることができれば，自分の信念を不適切に投影するのを避けることができるようになるかもしれない。私たちの信念がどこから来るのかを理解するための本節のアプローチに基づけば，自分たちの信念についてもっと主観性を排除した方法で考える必要があることが示唆される。ミーム学はまさにそのためのツールを提供してくれる。

確信と距離を置くためのツール

　意識を持った個人的な主体性を強調するにあたって，マイサイドバイアスの個人差を説明しようとするとき，素朴心理学では個人の心理的特性を重要視するため，私たちは素朴心理学の周辺にある信念を変える必要がある。現在のような素朴心理学は[14]，「所有物としての信念」という考えをデフォルトとして採用することを私たちに促している。基本的なミーム的洞察，つま

り，信念は，それが真実でなくても，またその信念を持つ人の役に立つものでなくても，広まる可能性があるという考えは，この素朴心理学のデフォルトの仮定を緩めるのに役立つだろう。

　ミームのコンセプトは，生得性や社会的学習と組み合わせることで，私たちが重要だと考えるすべての判断は自分自身によって行われたものだ，という考えを崩すのに役立つ枠組みを形成している。この枠組みは本質的に，私たち一人一人に「あなたは自分自身で考えて判断したのではない。その判断にはあなたの生得的な気質とミーム複合体が影響しているのだ。あなたにはそれを信じる傾向があり，その特定のミームは特に『粘着性』が高い構造になっている（さもなければ，これほど長く生き残ることはできない）」と語りかけている。要するに，あなたの確信であるミームは，あなたにとって「自然なもの」かもしれない——それはあなたの日常生活において**機能的**でさえあるかもしれない（例えば集団アイデンティティの機能を果たす）——が，それはあなたがそれを自分で考えたことを意味しないし，それが真実であることも意味しないのである[15]。

　ミーム理論では，考えを取得する人の心理的性質よりも，考えの複製子としての性質に焦点を当てる。例えば，無防備なミームが批判をかわすために使う，ある戦略について考えてみよう。「私たちは皆，自分の意見を持つ権利がある。」　文字どおりに受け取れば，この主張は取るに足らないものである。意見とは単なる考え，つまりミームである。私たちの社会は全体主義的ではない。私たちのような自由な社会では，私たちがどんな意見を持っても，つまり宿主がどんなミームを持っても，宿主である人間が他人を害することにつながらない限り，それが許されることは当然なのだ。この「意見を持つ権利」を否定する人はいない。ではなぜ，この権利を要求する声がよく聞かれるのだろうか。現実には，意見を持つ権利を奪おうとする人はほぼ皆無なはずであるのに。私たちが「私には意見を持つ権利がある」と誰かに言うとき，実際には，自分の信念をさらに補強するよう他者が口を挟んでくることをやめてほしいと思っているのだ。実際，あなたが「自分の意見を持つ権利」という盾を掲げた後，他者がしつこくその正当性を求めるのは無礼なことだと考えられている。したがって，ミームにとっての戦略が非常に有効なのは，そのミーム自体に「意見」というレッテルを貼り，その論理や経験

的裏づけが弱い場合に「私の意見を述べる権利」という盾を宿主に誇示させることである。同様に，「政治や宗教について議論してはいけない」という戒めの使用は，これら政治・宗教カテゴリーに属する現在のミームが，現在内在しているミームに取って代わろうとするかもしれないミームの布教戦略（Golman et al., 2016）から宿主を守ろうとするかなり分かりやすい試みである。

　道具的合理性の原則の多くは，ミームの一貫性をテストする。例えば，信念に付随する確率の一式が首尾一貫しているかどうか，欲望の一式が論理的に一貫しているかどうかなどである。科学的推論は，ミームの真実性を検証するために設計されている。例えば，そのミームが世界のあり方と一致しているかどうか，などである。真実性の高いミームは私たちにとってよい影響を及ぼす。なぜなら，世界を正確に追跡することは，私たちの目標達成に役立つからである。しかし，ミームのなかには，真実でもなければ，私たちの目標達成に役立つものでないにもかかわらず，生き残るものもある。そのようなミームは，体内の「ジャンク DNA」のようなものだ。有用なタンパク質のコードを持たない，いわば「ただ乗っているだけの DNA」である。複製子の論理が明らかになるまでは，このジャンク DNA は謎であった。DNA は自己複製をするためだけに存在し，必ずしも私たち生物にとってよいことをするわけではない，ということが理解されてからは，ゲノム中にジャンク DNA が存在する理由については，もはやまったく謎ではなくなった。もし，DNA が身体を作るのに役立つことなく複製されるのであれば，それはそれでまったく問題ない。複製子は，複製することにしか関心がないのだ。

　ミームについても同様だ。もしミームが人間という宿主を助けなくても保存され，伝播されるのなら，遺伝していくだろう（チェーンメールの例を考えてみてほしい）。ミーム理論は私たちに新しいタイプの問いを投げかけてくれる。私たちの信念のうち，どの程度が「ジャンク信念」──つまり自分自身の増殖には役立つが，**私たち**の役には立たない信念──なのだろうか？　科学的推論と合理的思考の原理は，本質的にミームの評価装置として機能し，私たちの信念のうちどれが真実で，そしておそらく私たちにとって役立つかを判断する手助けをしてくれる。

反証可能性のような科学の原則は,「ジャンクミーム」——複製されることによって, 私たちの目的ではなく, 自分たちの目的にしか寄与しないもの——を特定するのに非常に有効である。考えてみてほしい。反証不可能なミームを否定するようなエビデンスは決して見つからないのだ。したがって, そのような信念を否定するための, エビデンスに基づく根拠は決して得られない。しかし, 反証不可能なミームは, 世界の本質について何も伝えないので(検証可能な予測を認めないため), 世界の本質を追跡するのを手伝うことによって私たちの目的の役に立つ, ということはないかもしれない。そのような信念は, おそらく「ジャンクミーム」だろう——それは, その信念を持つ私たちの役にはほとんど立たないにもかかわらず, 捨てられることはまずないものだ。反証可能性や一貫性といった内省的なテストに合格していないミームは, 自分の利益のみを追求するミームである可能性が高い——つまり, 私たちを宿主として容易に獲得できる性質を持っているために, 私たちが信じているだけの考えなのだ。

　また, 幼少期に親や親戚, 友人などから受け継いだミームについても, より懐疑的になる必要がある。このような初期に獲得したミームの寿命が長いのは, その有用性について意識的な淘汰テストを避けられた結果である可能性が高い。このミームが淘汰テストを受けることがなかったのは, 私たちが内省する能力を持っていなかった時期にこのミームを獲得したためである。

　私たちが直感信念に対してもう少し懐疑的になり, そこから少し距離を置くことができれば, 直感信念を不当なマイサイドバイアスとして不適切に映し出す可能性は低くなる。この距離を置くという機能は, ミーム科学の言葉によって大いに助けられる。つまり, 自分の信念は自分で選んだ所有物ではなく, 常に評価を必要とする, 自分とは別の存在であることを示唆しているのだ。ミームの概念が私たちの認知的自己分析に役立つ方法があるとすれば, それは, 信念の疫学〔訳注:信念の出現に影響を与える要因を明らかにすること〕を強調することで, 私たちの多くに間接的に, 信念が偶発的であることを示すことであろう。

まとめと結論

　本章の冒頭で，政治心理学や社会心理学のいくつかの分野の研究者が，個人差変数よりも内容要因のほうがマイサイドバイアスの強力な予測因子であることを見いだしたことを指摘した。マイサイドバイアスは，その信念を持つ参加者個人の心理的特性（知能や開放思考など）よりも，信念自体の特徴のほうが予測力が高いことを示す，心理学のもう 1 つの分野であるのかもしれない。

　マイサイドバイアスを研究することが重要なのは，エビデンスによって決定されうる公共政策の議論において，双方の側がマイサイドバイアスを持って新しい情報を処理した場合にコミュニケーションにおけるコモンズの悲劇が生じるからである。第 2 章で述べたように，**過去の事実を適切に反映させた事前知識を投影する場合，新しい情報に対してもある程度の事前確率を投影すること**——ローカルなマイサイドバイアス——は通常，妥当であると考えられる。しかし，問題となっている事柄について事前の知識がない場合，私たちは無差別性原理を適用して，事前確率を .50 に設定すべきである。そうすれば，新しい知識に対する評価に影響を与えることはない。しかし，このような状況で多くの人が行うのは，問題となっている事柄が自分のイデオロギーなど直感信念とどう関係しているかを評価し P(H) > .50 に設定し，この事前確率を新しいエビデンスの評価に投影することである。このようにして私たちの社会は，どのような問題であっても政治的に対立する党派が，その問題に関する事実に合意できないように見え，ベイズ的収束に至らないまま終わってしまうのである。

　この章では，私たちが自分の信念をどう関係させるかを再考することで，コミュニケーションにおけるコモンズの悲劇を是正することはできないにしても，少なくともそれを緩和することはできるだろうと提案した。第一に，私たちが自分の力で何らかの信念にたどり着くことは，想像よりもはるかに少ないということを理解することができれば，コモンズの悲劇の緩和に役立つだろう。つまり，私たちが持つ直感信念は，私たちが属して重視している

集団のなかで社会的に学習したことや，ある種の考えにひかれる生得的な性質が大きく作用しているのである。文化の二重継承理論では，ほとんどの人が「自分の文化は自分でコントロールしていると感じており，その大部分は自分の意思で手に入れたものだと信じている。しかし実際には，私たちは考えているよりもずっと自分の意思で選んだものは少ないのだ」と強調してきた（Richerson & Boyd, 2005, p. 80）。

　私たちが自分の信念を所有物として扱うのは，自分がその信念に至る道筋を考え，その信念が自分のために役立っていると考えているときである。ミームの目線で見ると，私たちは，自分でこのような信念を持つに至ったという仮定と，この信念が自分の個人的な目的に役立っているという仮定の両方を疑うことになる。ミームは，それが私たちにとってよいか悪いかにかかわらず，複製することを望んでいる。そして，ミームはどのように私たちの思考に入ったか——つまり，意識的な思考を経て入ってきたのか，それとも単に生得的な心理傾向に無意識に適合して入ってきたのか——は問題にしないのだ。ミーム学が，ある信念を持つ人の心理的特性ではなく，信念そのものの特性[16]に焦点を当てていることも，前者よりも後者のほうがマイサイドバイアスの程度をよく予測できるという研究結果と一致しているようである。

　私たちはしばしば，他人の推論を調整しなければならない状況に置かれる。この調整には，しばしば相手が示しているマイサイドバイアスの程度を判断することが含まれるが，第3章と本章で述べた理由から，これは私たちが行う必要がある最も難しい判断の1つである。これまで，合理的思考傾向尺度の得点が高い参加者や知能が高い参加者は，ほとんどのバイアスをよりうまく回避することができることを見てきた。これは，マイサイドバイアスの場合には当てはまらない。マイサイドバイアスのレベルを予測するのは，信念を持つ人の認知的水準の高さではなく，信念そのものの強さなのである。信念の方向は，時に多少の違いを生むこともあるが（Stanovich & West, 2008a: Toner et al., 2013），そうでないことも多い（Ditto et al., 2019a）。この状況は，認知エリートがマイサイドバイアスを評価する際に，特に問題となる。自分は他の人よりもバイアスのある判断をしないだろうという彼らの仮定は，ヒューリスティックやバイアスの文献にあるほとんどのバイアスについ

ては，実際には正しい。しかし，この仮定がマイサイドバイアスには当てはまらないことで，目下厄介な党派的政治的対立が存在している。この点については本書の最終章で，より思索的な分析を行う予定である。

第5章

||||||||||||||||||||||||||||||||||||||||||||||||||||||||||||||||

認知エリートたちの
マイサイド・ブラインドネス

第3章では，認知能力や合理的思考能力が高くてもマイサイドバイアスは弱まらないことを示すエビデンスを検討した。第4章では，なぜ認知能力の高さがマイサイドバイアスの予防策にならないのかについて検討した。この特殊なバイアスは，個人の心理的特性ではなく，後天的に獲得するミーム複合体の性質によって引き起こされるからである。本章では，マイサイドバイアスに関するこれら2つの基本的な要素がどのように相互に作用して，認知エリートの間で特に悪影響を及ぼすマイサイドバイアスを生み出し，人を盲目的にするのかを明らかにする。

バイアスの盲点

バイアスの盲点は，プロニンら (Pronin, Lin, & Ross, 2002) の論文で示された重要なメタ・バイアスの一種である。プロニンらは参加者が，さまざまな動機に基づくバイアスは自分よりも他者にはるかに多く存在すると考えていることを見いだし，そしてこの知見は繰り返し再現されている (Pronin, 2007; Scopelliti et al., 2015)。つまりバイアスは，他者の思考に存在することは比較的容易に認識できるが，自分自身の思考に存在することはしばしば検出が困難であることが分かってきた。

バイアスの盲点は，マイサイドバイアスの一種であり，自分が世界を客観的に認識していると信じる素朴な現実主義に由来すると考えられている (Keltner & Robinson, 1996; Robinson et al., 1995; Skitka, 2010)。他者の判断が自分の判断と異なる場合，その違いの原因を，エビデンスに基づく正当な別の解釈ではなく，他人の側にあるバイアスと見なすのである。

私の研究グループ (West, Meserve, & Stanovich, 2012) は 2 つの実験において，古典的な認知バイアス（係留バイアス，結果バイアス，基準率の無視など）のほとんどについて，参加者はバイアスの盲点を持っており，これらのバイアスのほとんどは自分よりも他者の特徴であると信じていることを実証した。また，参加者のバイアスの盲点と認知能力の高さには**正**の相関があること——つまり，認知能力の高い参加者ほどバイアスの盲点がある（バイアスが自分よりも他人に多く存在すると考えている）こと——を見いだした。しかし，第 3 章で見たように，ヒューリスティックとバイアスの研究論文にあるほとんどの認知バイアスは，マイサイドバイアスを除いて，認知能力と**負**の相関があること——つまり，知的な人ほどバイアスが少ないこと——から考えると，このバイアスの盲点の知見は理にかなっていると言える。つまり，知的な人が，自分は他の人よりバイアスが少ないと考えるのは，ほとんどのバイアスについては正しいので，理にかなっていると言えるのだ。

しかし，マイサイドバイアスは，自分はバイアスが少ないと「正しく」——ほとんどのバイアスの場合，実際にそうである——考えることに慣れているような，認知能力の高い人たちに罠を仕掛けるのだ。その罠とは，高等教育（認知能力の高い人たちは十分に持っている）によってもたらされる認知能力の高さと知性の両方を持っていれば，偏った思考を防げると思ってしまう可能性がある，ということだ。これは推論のいくつかの分野においては正しいのだが，マイサイド思考の場合はそうではない。実際，マイサイド思考は，認知エリートの間で特に強いバイアスの盲点を生じさせる可能性があるのだ。

もしあなたが高い知能を持ち，高い教育を受け，かつあるイデオロギー的視点に強く固執しているなら，あなたは自分の視点を持つに至ったのは自分の思考によると考える可能性が高いだろう。そして，自分の信念を持つに至ったのが，自分が所属する社会集団の影響であったり，その信念が自分の気質や生まれつきの心理傾向と合致したからだと認識する可能性は，普通の

人よりもさらに低いだろう。

　実際，高い知性と教養を持ち，あるイデオロギー的視点に強く固執している人たちの集団がある。その集団とは，実はマイサイドバイアスを研究する社会科学者たちである！　彼らは，コミュニケーションにおけるコモンズの悲劇がもたらす影響のケーススタディを提供している。

バイアスの盲点への大嵐
マイサイドバイアスを研究する学者たち

　大学教授職は圧倒的にリベラルであり，この思想的アンバランスは過去20年間に行われた数多くの研究で実証されている（Abrams, 2016; Klein & Stern, 2005; Langbert, 2018; Langbert & Stevens, 2020; Peters et al., 2020; Rothman, Lichter, & Nevitte, 2005; Wright, Motz, & Nixon, 2019）。このアンバランスは，大学の人文系学部，特に教育や社会科学系学部で強く，マイサイドバイアスの研究の多くが行われる心理学と社会学，政治学の関連分野で特に強い（Buss & von Hippel, 2018; Cardiff & Klein, 2005; Clark & Winegard, 2020; Duarte et al., 2015; Horowitz, Haynor, & Kickham, 2018; Turner, 2019）。

　当然ながら，心理学の教授陣の思想的なバランスが取れていたことはこれまでに一度もない。30〜40年前でさえ，心理学の分野ではリベラルな教授は保守的な教授よりも多かった——つまり共和党員よりも民主党員のほうが多かったのだ。しかし，多くの研究の結果，このアンバランスは過去20年間でさらに顕著になっていることが明らかになっている（Duarte et al., 2015; Lukianoff & Haidt, 2018）——心理学の分野は，思想的単一文化であると断定しても不当ではないほどだ。大学の社会科学系学部に関する研究では，教授の58〜66％が自らをリベラルだと認識し，保守だと認識したのはわずか5〜8％であったことが示されている（Duarte et al., 2015）。心理学部のアンバランスはさらにひどく，84％の教授がリベラルを自認し，保守はわずか8％であった。このアンバランスは近年，はるかに顕著になっている。1990年の心理学部では，保守1人に対してリベラル4人という比率で，強いアンバランスがあったが，それでも保守の教授が20％いることで少なくともある程度の

多様性は確保されていた。しかし，2000 年には，その比率は保守 1 人に対してリベラル 6 人にまで拡大した (Duarte et al., 2015)。そして 2012 年には，その比率は 14 対 1 という驚異的な数字になった。大学の社会心理学の教授の 90% 以上が，自分は中道左派であり，選挙では民主党に投票すると回答することが確認されることも珍しくない (Buss & von Hippel, 2018; Ceci & Williams, 2018)。ハーバード大学の文系・理系教員 500 人を対象にした調査 (Bikales & Goodman, 2020) では，自らを保守または非常に保守だと認識する者が 2% 未満であるのに対し，非常にリベラルだと認識する者が 38% 以上，リベラルまたは非常にリベラルだと認識する者の合計は 80% 近くを占めていた。

　確かに，心理学の多くの分野では，イデオロギーの不均衡は問題にならないだろう。例えば，生理心理学や知覚心理学，あるいは人間の記憶の非常に基本的な過程における研究は，研究者の政治的なバイアスに影響されることはないだろう。実際，私はここで，心理学の研究のほとんどの分野でこの問題があることを指摘しているわけではなく，重要な分野の多くで問題になっている，と指摘しているのである。人々の直感的政治的態度は，性，道徳，貧困の心理的影響，家族構造，犯罪，育児，生産性，結婚，やる気，しつけの手法，教育実践など，幅広い問題についての事前の信念と絡み合っている。研究者の政治的思想が，研究計画や結果の解釈に影響を与えることを，私たちが最も懸念するのはこうした分野であろう。

　科学がうまく機能するのは，科学者自身が決してバイアスを持たないからではなく，科学者がチェックとバランスのシステムのなかに身を置いているからなのだ――科学では，異なるバイアスを持つ他の科学者が批評し，修正し合う。A という研究者のバイアスは，懐疑的な目で A の結果を見る研究者 B には共有されないかもしれない。同様に，研究者 B が結果を公表したとき，研究者 A はそれを批判的で，懐疑的な目で見る傾向がある。

　研究者全員が同じバイアスを共有し，さらにそのバイアスが目の前の研究に直接影響する場合，エラー検出と相互チェックというこの科学的プロセスがいかに阻害されうるかは明らかだろう。残念ながら，心理学の分野では，研究者の政治的思想がほぼ同質であるため，ここに挙げたような政治的なテーマを，必要な科学的客観性に基づいてアプローチできる保証はない。

　有効な科学研究の追究に不可欠な批判と相互チェックの環境を阻害する，

この思想的単一文化の問題について，簡単に回避する方法があると心理学者が考えるのは間違いだろう。科学研究を行う際に，自分の思想的な好みを脇に置くだけで，マイサイドバイアスの問題を克服できるといくら考えても，それが不可能であることは，多くの研究で明らかにされている。実際，そのような考え方自体が，バイアスの盲点を示していることになる。

　しかし，学術的な心理学者には逃げ道があるのかもしれない。それは，学者が実際に，マイサイドバイアスを研究するための「正しい」種類の思想を持っているというケースであろう。何年か前から，民主党支持者は自分たちの党が「科学の党」であり，共和党のことを「科学を否定する党」であると主張している（これについては後述する）。もしかすると，実験室での研究で観察されているマイサイドバイアスは，参加者がすべて共和党支持者によるもので，民主党支持者によるものではまったくないのかもしれない。そのような場合，大学の社会科学系学部で民主党支持者の単一文化が存在していても，上記で指摘したようなどのテーマの研究にも支障をきたすことはないだろう。しかし，このような極端な仮説（「免疫的民主党仮説」とでも呼ぶべきもの）は，単純に正しくないことが分かっている。民主党支持者は研究において実際にマイサイドバイアスを示す。さらに，この仮説の弱い形，つまり，民主党支持者は共和党支持者よりもマイサイドバイアスが**弱い**という仮説もまた，正しくないことが分かっている。第3章で紹介したピーター・ディットら（Ditto et al., 2019a）のメタ分析では，社会問題や政治問題に関するマイサイドバイアスは，思想スペクトラムの両端で同等に強いことが分かった。

　つまり，社会科学を特徴づける特定の**タイプ**の思想的単一文化（リベラルな進歩主義）が，マイサイドバイアスを免れるというエビデンスはない。実際，ディットら（Ditto et al., 2019a）の知見は，学術的認知エリートが，自分たちが強い意見を持っている論争的な政治的トピックについて，マイサイドバイアスのせいで研究意義を損なうことなく調査できる，と考えることの危険性を強調している。学術的認知エリートの特定の思想は，彼らの研究対象者が反対する思想と同様に，マイサイドバイアスに動かされていることに実際には変わりがない。しかし，社会の認知エリートは，その認知能力の高さと教育的背景から，自分たちのエビデンス処理能力は，一般人のそれよりもマイサイドバイアスに支配されていないと考えがちになるだろう。

　学者の大部分は1つの（経済・政治的）思想的信念に当てはまることを示す研究（例えば，Clark & Winegard, 2020; Duarte et al., 2015）や，学者が持つ特定の思想的信念は一般の人と同様にマイサイドバイアスの影響を受けやすいことを示すディットら（Ditto et al., 2019a）のメタ分析など，大学教員の間に大規模なマイサイドバイアスの盲点があることを裏づける知見は，非常に多くの研究から得られている。問題はこれらの研究を行っている学者自身が，知能検査で測定される高い認知能力を持ち，高い水準の正規教育を受けているという意味で，まさに認知エリートなのである。しかし，第3章で見たように，高い認知能力や高い教育水準は，マイサイドバイアスに対する防御にはならない。また，第4章で見たように，認知エリートであろうとなかろうと，直感信念に至る方法を実際に推論したことのある人はほとんどいない。むしろ，エリートも非エリートも，重要な直感信念を内省することなく獲得してきたことがほとんどである。

　これらの知見はすべて，認知エリートがマイサイドバイアスの盲点を特に深刻な形で抱え込んでいる可能性を示している。大学という場所には，自分自身の見解に至ったのは**自身の力**であるが，思想的に相いれない人々はそうではない，と考える社会科学者であふれている。そしてこのような社会科学者の集団は，自身の研究においてマイサイドバイアスを排除するのに役立つような思想的多様性を持っていない。しかし，学術界でのマイサイドバイアスの盲点は，学者が自分と政治的に相いれない人々の心理を研究する際には，災いのもととなる。このことは，リベラルな思想に反対する，政治的に相いれない人々が何らかの認知的欠陥を抱えていることを証明しようとする学者たちの執拗な試みに明白に現れている。

保守派の認知的欠陥を探して

　極端な左派・リベラル派の教授陣は，かなり以前から政治的に相いれない人々に心理的欠陥を見いだす探究を続けてきたが，その努力はこの20年で著しく強まった。保守主義を権威主義的思考と結びつける古典的な心理学的

研究（Adorno et al., 1950; Altemeyer, 1981）は，ジョン・ジョストら（Jost et al., 2003）が現代の社会・政治心理学における「右派の硬直性」というテーマとして復活させ，大いに注目を集めた2003年の文献レビューによって新しい弾みがついた。2003年以降，保守主義と不寛容，偏見，低い知性，閉鎖的な思考スタイル，その他あらゆる好ましくない認知・パーソナリティ特性との相関を示す研究を見つけるのは難しいことではなくなった。

　問題は，これらの関係のほとんどが，先行研究の大部分とは異なる思想的な枠組みから発せられる批判にさらされた場合に，反論できなかったことである。研究の枠組みの重要な特徴が変更されると，これらの相関関係は著しく弱まるか，あるいは完全に消失したのだ（Reyna, 2018 を参照）。例えば，第4章で取り上げたジョン・チャンバース，バリー・シュレンカー，ブライアン・コリソン（Chambers, Schlenker, & Collisson, 2013）の研究では，外集団への寛容さ，偏見，温かさは，参加者の思想ではなく，評価対象の価値観が参加者の価値観とどれくらい一致するか対立するかの影響力のほうが強いことが示された。つまり，リベラル派も保守派も同じレベルの不寛容さや外集団拒絶を示していた——双方ともにそれらを単純に異なる集団に対して示していたのだ。

　マーク・ブラント（Brandt, 2017）は，約5000人の米国人代表サンプルで調査したフォローアップ研究で，知覚された評価対象の思想が，思想と偏見の関連性の主な予測因子であることを示した。リベラルな思想は，LGBT の人々，無神論者，移民，女性に対する態度と正の相関があったが，キリスト教徒，裕福層，男性，白人に対する態度と負の相関があった。このように偏見は思想的な対立の双方で発生するが，基本的に思想の異なる対象集団に向けられる傾向がある（Brandt & Crawford, 2019; Crawford & Brandt, 2020）。例えば，ジャレット・クローフォード（Crawford, 2014）は，保守的な参加者が銃規制賛成者，妊娠中絶賛成者，同性婚賛成者に向ける政治的不寛容は，リベラルな参加者が銃所持賛成者，妊娠中絶反対者，同性婚反対者に向ける政治的不寛容と大きさが一致することを発見した。つまり，どちらの集団も，もう一方の団体，宣伝，情報発信活動に反対する傾向が同じくらい強かったのである。

　これらの調査結果のすべてが示すのは，リベラル派も保守派も，**一般的に**

は不寛容であったり偏見を持っていたりするわけではないということだ。そうではなく，彼らは，ユヴァル・ノア・ハラリ（Harari, 2018）の言葉を借りれば「文化主義者（culturist）」であり，対象集団と文化的価値観を共有しているかどうかによって，対象集団を支持したり支持しなかったりするのだ（Goldberg, 2018; Haidt, 2016; Kaufmann, 2019）。米国では，あからさまな人種差別が公然と表明されることはほとんどなくなったが，米国人は強い文化主義を頻繁に示すようになっている。そして，ハラリ（Harari, 2018）が主張するように，文化主義が道徳的に失敗であるかどうかは，まったく分からないのである。

「右派の硬直性」という話は，関連する研究（Regenwetter, Hsu, & Kuklinski, 2019; 次も参照：Brandt, 2017; Correll et al., 2010）において，集団を0（冷たい／好ましくない）から100（温かい／好ましい）までの尺度で評価し，その得点を逆転させ，得点が高いほど「偏見」の程度を示すという「感情温度計」の誤用によっても助長されている。これは下記のように悪用されうる。これらの尺度を使い，「心理的特性Xは集団Yに対する偏見と相関がある」というような知見が報告された場合，Xが低い参加者は対象集団Yに対して**まったく偏見を示さない**ということではまったくない。つまりこれは，心理的特性Xが低い参加者はXが高い参加者よりも集団Yへの偏見を相対的に低く評価しているということにすぎないのだ。集団Yへの印象が低い者も高い者も，ともに集団Yに対して高いレベルで好ましい態度を示していても「印象が低い者は偏見が強い」と判断されてしまう可能性がある。クリスティーナ・レイナ（Reyna, 2018）はこれを「高・低群の誤謬」と呼んでいる──これは，尺度上の数値の高低にかかわらず，サンプルを半分に分け，参加者の一方の集団を高群，他方の集団を低群と呼ぶ傾向のことをいう。このため多くの研究者は，ある参加者集団に対し，尺度の絶対値上ではほとんど嫌悪感を持っていなかったとしても偏見が高いと判断してしまうのだ。そして「偏見が高い」とされた集団が，思想的な保守性の指標でも仮に有意に高い得点を示した場合，研究者は「保守派は人種差別が強い」という「釣りタイトル」〔訳注：読者の気を引く「餌」となる見出し〕を付けることになる。

この方略は，保守派に対して「偏見を持っている」というレッテルを貼るためによく使われる。第4章では，ライリー・カーニーとライアン・エノス

（Carney & Enos, 2019）の研究について説明したが，そこで見られた相関関係の
なかには，リベラルな参加者は白人よりも黒人に共感を示すが，保守的な参
加者は黒人と白人の対象グループを平等に評価したために生じたものもあっ
た。カーニーとエノスの研究結果は，社会心理学の研究で使われる多くの尺
度が，保守的な参加者がマイノリティに対して示す偏見や憤り，反感ではな
く，リベラルな参加者がこれらのマイノリティに対して示す特別な共感を測
定しているのだ，というクリスティーナ・レイナ（Reyna, 2018）の指摘を支持
している。つまりそれらは，保守派の弾圧的な態度を示すものではなく，リ
ベラル派の超平等主義を示すもの，ということになる（al Gharbi, 2018; Edsall,
2018; Goldberg, 2019; Uhlmann et al., 2009）。

　また，保守主義と人種差別主義との相関を示す研究は，基本的に保守的な
社会観と偏見を等価だとする項目を含む人種差別尺度の使用によって促進さ
れている。このような尺度には，アファーマティブ・アクション，犯罪防
止，学校統合のためのバス通学，福祉改革に対する態度など，政策的な問題
についての項目が多く含まれている。アファーマティブ・アクションや学校
統合のためのバス通学に正当な政策的異議がある参加者や，犯罪を懸念する
参加者は，これらの尺度ではほぼ必ず「人種差別的」な方向に採点される
（Reyna, 2018; Snyderman & Tetlock, 1986; Tetlock, 1994）。米国では勤勉さが多くの
人々の成功につながるという見解を支持することでさえ，参加者は「象徴的
人種差別主義」尺度で高い得点を得ることになる（Carney & Enos, 2019; Reyna,
2018）。このような心理学の研究において，あからさまな思想的バイアスが存
在することは，中立的な観察者であればはっきりと分かる。このような研究
の目的は明白に，リベラルな正論に合致しない人に「人種差別主義者」の
レッテルを貼ることにあるようだ。

　ジェイソン・ウィーデンとロバート・クルツバン（Weeden & Kurzban, 2014）
は，研究者が，新しい尺度作成の際に，その尺度と相関させたいと思う概念
そのものを測定する尺度項目を入れ込む，という傾向を「直接説明再名称心
理学（Direct Explanation Renaming Psychology; DERP）症候群」と呼んでいる。こ
の症候群は人種差別の研究において頻繁に見られるものである。心理学者た
ちは，保守主義が人種差別主義と関連しているかどうかを調べたいと思って
いるが，実際には，保守主義が人種差別主義と関連していると考えているの

は心理学者自身**なのだ**。まず，保守的な価値観を反映した人種差別尺度（「米国では努力すれば誰でも出世できる」「米国におけるアフリカ系米国人への差別はかつてよりずっと少なくなった」など）を作成する。そして，この尺度を自己報告式のリベラリズムや保守主義の尺度と相関させると，なんと期待どおりの相関が見られるのだ。要するに，彼らは保守的な信念を一部含む尺度を作成し，それを「人種差別主義」と呼び，そして人種差別主義が保守主義と相関することを実証的知見として報告しているのだ――これは DERP 症候群の典型的な例である。

　リベラルな政策的立場に偏った項目が使われる傾向は，偏見や人種差別に関する研究に限ったことではない。ホセ・ドゥアルテら（Duarte et al., 2015）は，保守的な価値観と「環境問題の現実の否定」を結びつけようとした研究について検討している（p. 4）。参加者には，「今のままでは，近いうちに大きな環境破壊を経験することになるだろう」というような項目が提示された。参加者がこの文章に同意しない場合，「環境問題の現実を否定している」と判断されることになる。しかし，ドゥアルテら（Duarte et al., 2015）が指摘するように，「否定する」ということは，否定されているものは何らかの記述的な事実であることを意味する。しかし，「近いうちに」「大きな」「破壊」が意味する内容が明確に記述されていなければ，その記述自体は事実ではないことになる。そのため，一部の参加者を「科学否定派」とすることは，その研究を行う者の思想的なバイアスを反映しているにすぎないのだ。

　リベラルな対応を，倫理的，公正，科学的，偏見のない反応などと「正しく」混同するこの傾向は，社会心理学やパーソナリティ心理学の一部の分野で特に顕著に見られる。そしてその傾向は，まっとうな政策であっても，リベラリズムと相いれないものは「教条主義」「権威主義」「人種差別主義」「偏見」「科学否定」とラベルづけをする形で表されることが多い。もう 20 年以上も前から，いわゆる性差別尺度の項目は，正常な男性の行動に心理的に害があるというラベルづけをしようとして，そうした「概念の漸動（concept creep）」〔訳注：人への危害に関する概念が拡張され，本来はその概念には含まれていなかった意味合いも含まれるようになる現象のこと。ここでは特に，本来は性差別という概念には含まれていなかったような行動も，性差別のラベルづけをされることを指している。同様のことが，虐待や偏見などの概念でも起こっており，人々を被害に対して敏感にさせすぎてしまうと

いう副作用も報告されている。〕(Haslam, 2016) を行ってきた。現在では，「女性は男性に大切にされ，保護されるべきだ」「男性は女性なしでは完璧ではない」「災害時には女性が先に救助されるべきだ」「女性は男性よりも繊細である」「女性には特殊な倫理的感性がある」「男性は女性に経済的支援をするために犠牲になるべきだ」という項目を肯定すると参加者の性差別得点が上昇するという形の性差別（「慈悲的性差別」と呼ばれている）もある (Glick & Fiske, 1996)。このような研究が科学に見せかけた思想であることに気づかない人は，視野の狭いアカデミック・バブル〔訳注：学問というシャボン玉のような壊れやすい空間〕に完全に包まれている人だろう。実際，これらの実験の女性参加者は，研究者の概念的な定義に沿った反応をしない。これらの実験では一貫して，女性参加者は，これらの項目を支持する男性を女性に対する偏見を持つ者とは見なさず (Gul & Kupfer, 2019)，また，これらの項目を支持する男性をより「好感が持て」，より「魅力的」だと見なすことが示されている。

　つまり，保守的な態度を，「人種差別主義者」「性差別主義者」「科学否定者」「不寛容」「偏見を持つ者」といったラベルづけによってネガティブな心理的特性と結びつけようとする研究の多くは，収束的妥当性，代替説明の検討，尺度値の正確なラベルづけ，研究者が検証しようとする結論を前提としない操作的定義といった，最も標準的で確立した科学原則を用いて評価することに失敗している。しかし，保守的な思想をネガティブな心理的特性と結びつける研究は他にもあり，そう簡単に否定できるものではない。

　保守主義が知能と負の相関を示すという知見は古くからあるが，その相関はかなり控えめなものである。エマ・オンラエットら (Onraet et al., 2015) が行ったメタ分析では，保守主義と知能の各種尺度との相関は−.13であった。しかし，研究のなかには，社会的保守主義は知能と負の相関を示すという結果もあれば，他方で経済的保守主義もリバタリアニズムも認知能力と正の相関を示すという結果もある (Federico & Malka, 2018; Kemmelmeier, 2008; Oskarsson et al., 2015)。ノア・カール (Carl, 2014b) は，社会的保守主義の合算指標と知能の間に−.26の相関を見いだしたが，経済的保守主義の合算指標と知能の間には＋.21の相関を観測した。この結果は，社会的保守性は多くの望ましい認知特性やパーソナリティ特性と負の相関を示すが，経済的保守性はしばしばそれら同じ特性と正の相関を示すという，他の研究結果とも一致

するものである。つまり，カールら（Carl, Cofras, & Woodley of Menie, 2016）は，社会的保守主義は，科学的リテラシーや科学的エビデンスに依存する傾向と負の相関——ただし，経済的保守主義は正の相関——を示すことを見いだした。ブライアン・カプランとステフェン・ミラー（Caplan & Miller, 2010）は，特に経済的保守主義に焦点を当てて研究し，知能と正の相関があることを発見した。

　カール（Carl, 2014a, 2014b）は，複数の研究や認知能力の測定方法において，共和党支持を自認する有権者は，民主党支持を自認する有権者よりも知能テストの得点が1〜4ポイント高いことを見いだした。サンプル数が多いため，その差は統計的に有意であった。ヨアフ・ガンザック（Ganzach, 2016）は，カール（Carl, 2014b）が報告したデータに，人種を共変量として追加して再分析し，さらに新しいデータでも同じ分析を行ったところ，共和党と民主党のどちらを支持するかによって参加者のIQには事実上差がないことが分かった。実際，ガンザックらの研究結果は，知能の差は政党支持と本質的には無関係である方向にまとまっている[1]。

　ヨアフ・ガンザック，ヤニフ・ハノッチ，ベッキー・コーマ（Ganzach, Hanoch, & Choma, 2019）は，先に述べた「感情温度計」の手法を用い，2012年と2016年の大統領選挙における候補者の好感度について，ANESデータベースの多数の参加者から得られたデータで検討した。オバマとクリントンの好感度評価と知能の相関はそれぞれ－.17と－.03，ロムニーとトランプの好感度評価と知能の相関はそれぞれ＋.08と－.08であることが分かった。つまり，民主党候補の好感度評価は共和党候補の好感度評価と比べて，知能との相関が高いとは言えないことが分かった。

　知能とイデオロギーの関係に関する膨大なそして現在も増加中の研究結果は，現時点で簡単にまとめると以下のようになる。共和党支持者が民主党支持者より知能が低いというエビデンスはまったくないようである。イデオロギーを自己報告式の尺度で直接測定すると，社会的保守主義と経済的保守主義では異なる結果になる（Federico & Malka, 2018）。社会的保守主義は知能と負の相関を示し，経済的保守主義は正の相関を示す傾向がある。社会的・経済的保守主義を区別しない研究では，社会的・経済的問題をごちゃ混ぜにした意味不明の測定値に行き着くのだ（Feldman & Johnston, 2014）。雑多で混合され

た保守主義の測定は，保守主義と知能の間に負の相関を示すことが分かっているが，その相関は極めて小さいものである[2]。このように学術的研究者は，政治的な敵対者が政治的な味方よりも知能が低いことを実証したいと望んでいたわけだが，彼らが明確に想定していた認知的欠陥を見つけることにはこれまで失敗し続けているのだ。

　一方，保守派の人々に心理的欠陥があるとすれば，それは認知能力ではなく，むしろ行動・思考傾向にあるのかもしれない。第4章では，「ビッグファイブ」というパーソナリティ特性を調べたところ，リベラル派の参加者は保守派の参加者に比べて「開放性」が高く，「誠実性」が低い傾向がある，という研究結果を紹介した。この結果はリベラルな人たちにとっては受け入れやすいものかもしれない。というのは，リベラル派の人の多くはどちらかというと，誠実的というよりも開放的な人だと思われたいと考えているからである。しかし，合理的思考の理論（CART）のなかで，思考傾向がどのような位置づけにあるのかを理解することは重要である（詳細な考察はStanovich, West, & Toplak, 2016 を参照）。開放性，柔軟な思考，誠実性などの思考傾向は，あくまで合理的思考の**基盤をなす**心理的メカニズムであって，これらの傾向が最大であるかどうかは合理的思考そのものの基準にはならない。それよりも合理性とは，賢明な意思決定によって，また信念をエビデンスに適合させることによって，目標達成を最大化することである。内省的な心という思考傾向は，これらの目標を達成するための手段である。

　もちろん，合理的な思考や行動には，積極的開放思考，信念の柔軟性，認知欲求，熟慮性，誠実性など，一般に研究されている高いレベルの思考傾向が必要であることは確かである。しかし，「高いレベル」といっても，必ずしも最大レベルがすべての人にとって最適なレベルであることを意味しない。例えば，熟慮性という思考傾向を最大にすると，延々と考え込んでしまい，決断できないかもしれない。また，信念の柔軟性という思考傾向を最大にすると，病的に不安定なパーソナリティに陥るかもしれない。知能テストで高得点を取る人が認知的に優れていることは明らかだが，開放性や誠実性などの思考傾向のテストで高得点を取る人が，より最適な心理的特徴を持つ可能性が高いかは，まったく明らかではない。

　リベラリズムと，開放性などの特性に相関があるという知見を解釈する際

のもう 1 つの問題は，この知見が少なくともある程度は DERP 症候群を反映しているということである（Weeden & Kurzban, 2014）。エヴァン・チャーニー（Charney, 2015）は，よく用いられている改訂版 NEO Personality Inventory（NEO PI–R; Costa & McCrae 1992）のなかの，経験への開放性という思考傾向を調べる項目のいくつかは，高得点を取る回答者がリベラルな政治的親和性にも高得点を取る傾向があることを指摘している。「道徳的な問題を判断する際には，宗教的な権威に頼るべきだと思う」という項目の目的は，当然ながら，その人が道徳的な信念を決定するために権威に頼る傾向があるかどうかを調べることである。しかし，経験への開放性で高い得点を得るために回答者が無視しなければならない具体的な権威は，宗教的権威である〔訳注：先の質問項目に肯定的に回答すると，開放性の得点は低くなる（逆転項目）。したがって，開放性の得点を高くするためには，いろいろな権威があるなかでも，特に宗教的権威を無視するような思考傾向を持つ必要があるということになる〕。項目のなかには，宗教的ではない権威にも同様に依存しているかどうかを調べられるような類似の項目はない。道徳的なアドバイスを神学者に求めることは，大学の「生命倫理学者」に求めるよりも，開放性が低いのだろうか。リベラルな回答者にとっては答えはイエスだろうが，それ以外の回答者にとっては，この項目は DERP 症候群を示すように見えるかもしれない。チャーニー（Charney, 2015）は，別の項目「他の社会の人々が持つ善悪の考え方は，彼らにとっては正しいことだと思う」についても同じで，開放性得点を高くするためには，この項目が測定している道徳的相対主義を本格的に支持する必要があると考えられると指摘している。しかし，このような強い道徳的相対主義は，ほとんど政治的左派にしか存在しない。このように，これらの項目は，開放性とリベラリズムの間に相関関係をもたらしているのだ。

　イデオロギーと最も一貫して相関している思考傾向は，積極的開放思考（actively open-minded thinking; AOT）特性である。これはもともとジョナサン・バロン（Baron, 1985, 1988）が概念化し，その後，いくつかの研究グループによって類似した方法で使用されているものである（Baron, 2019; Haran, Ritov, & Mellers, 2013; Sá, West, & Stanovich, 1999; Stanovich & Toplak, 2019; Stanovich & West, 1997, 2007）。AOT 尺度のなかでも特に「信念修正項目」と呼ばれる種類の項目〔訳注：この「信念修正項目」は，回答者が「自分がもともと信じていた結論」と比較して，「自分

の考えと合わない新たなエビデンスに基づいた結論」をどの程度好むか，を測定するものである。具体的には「信念は新しい情報や根拠に基づいて常に修正していくべきだ」「自分がもともと持っている信念と相反するエビデンスは無視すべきである（逆転項目）」という内容の項目である。〕は，宗教心の強い回答者は，そうでない回答者よりも多くの違和感を感じる〔訳注：宗教心の弱い回答者は，「信念」という単語によって一般的な意見のことを思い浮かべるため，「信念は常に修正されるべきだ」という項目を受け入れやすく，実際に自分の意見に反するエビデンスが提示された場合でも変更を受け入れやすいが，宗教心の強い回答者にとっては「信念」という言葉が，自身の宗教的な信念を指すとも受け取れるので項目内容を受け入れづらく，実際に考えに反するエビデンスが提示されても変更することは難しい〕ため，AOT 尺度と宗教心の強さの間に負の相関が強くなる傾向がある (Stanovich & Toplak, 2019 を参照)。つまり，程度はより少ないものの，信念修正項目は保守的な考えを持つ回答者にも（より望ましいとされる積極的開放思考が低いと評定されるため）望ましくない結果をもたらしているのだ。しかしながら，上記の誤った相関を生み出すもととなっていた信念修正項目を削除した新しい AOT 尺度でさえ，リベラリズムとの間には，.20 から .30 の範囲で有意な相関が見られる (Stanovich & Toplak, 2019)。

　この結果は，リベラル派が，マイサイド思考に直接関係する重要な思考傾向において望ましい特徴を持つことを立証しているように思わせる。積極的開放思考の概念的・操作的な定義は，もともと持っている信念を否定するような情報を受け入れて処理する傾向，正当な理由のために行動する傾向，曖昧さを許容する傾向，より多くの情報を収集するために時間をかけるという意欲を示す傾向 (Stanovich & Toplak, 2019; Stanovich & West, 2007) を示している。これらの傾向はすべて，マイサイドバイアスを避けるために持つべき理想的な認知的傾向であると思われる。

　問題は，実証研究の結果が，この「積極的開放思考がマイサイドバイアスを減らす」という説を支持しないことである。ロビン・マクファーソンと私 (Macpherson & Stanovich, 2007) は，意見生成課題とエビデンス評価課題の両方で，積極的開放思考とマイサイドバイアスとの間に相関がないことを明らかにした。リチャード・ウェストと私 (Stanovich & West, 2007) は，4 つの自然なマイサイドバイアスの効果について検討した。それらは，①喫煙者は受動喫煙による健康への悪影響を認めにくいこと，②アルコールを多く摂取する回

答者ほどアルコール摂取による健康リスクを認めにくいこと，③宗教心が高い人は低い人よりも，宗教心が誠実さにつながると考えやすいこと，④女性は女性の給与が不当に低いと考える傾向があること，である。しかし，積極的開放思考は，1000 人以上という大きなサンプルサイズにもかかわらず，有意な効果があったのはこれら 4 つの効果のうち 1 つだけであり，しかも分散の 1％未満しか説明しないことが分かった。

　ダン・カハンとジョナサン・コービン（Kahan & Corbin, 2016）は，積極的開放思考（AOT）スコアとマイサイド思考との間に関係があることを見いだしたが，その関係性は予想とは逆方向であった。積極的開放思考が高い保守派とリベラル派の回答者は，低い保守派とリベラル派の回答者よりも，気候変動に対してより多様な意見を持つことが分かった。ニール・ステンハウスら（Stenhouse et al., 2018）は，気候変動に関する態度において，積極的開放思考と思想的差異との間に有意な関係性を見いだせなかった。ダン・カハンとジョナサン・コービン（Kahan & Corbin, 2016）が示した関係性を再現したわけではないが，ステンハウスら（Stenhouse et al., 2018）の結果は，カハンとコービン（Kahan & Corbin, 2016）およびマクファーソン，ウェスト，スタノヴィッチ（Macpherson & Stanovich 2007; Stanovich & West, 2007）の両結果と類似しており，AOT スコアが高いことがマイサイド思考傾向を減らすエビデンスはないとの結果が示された。

　フォローアップ研究において，エイプリル・アイヒマイヤーとニール・ステンハウス（Eichmeier & Stenhouse, 2019）は，積極的開放思考と政党支持の間に有意な相関を見いだしたが，議論評価をさせたところ，積極的開放思考スコアと議論強度に見られるマイサイドバイアスとの間に相関はないことを明らかにした。したがって，ステンハウス研究室（Eichmeier & Stenhouse, 2019; Stenhouse et al., 2018）の知見は，スタノヴィッチ研究室（Macpherson & Stanovich, 2007; Stanovich & Toplak, 2019; Stanovich & West, 2007）の知見と完全に一致していることになる。両研究室とも，積極的開放思考スコアが思想や党派性と .20 ～.30 の範囲で相関することを発見したが，どちらの研究室も，積極的開放思考そのものが，実際にマイサイドバイアスを防ぐという傾向は見いださなかったのだ。

　保守的な思想と否定的な認知・パーソナリティ心理的特性との関連を探ろ

うとした過去20年分の研究を振り返ってみると，膨大な数の研究に費やされた労力に対して，これらの研究成果の低さに驚かされる。保守主義と偏見の尺度の間に有意な相関を見いだす研究は山ほどあるが，これらの研究のほとんどは，回答者と対象刺激の間の価値観の対立を統制していないために起こるのだ，と批判されている（Brandt & Crawford, 2019; Chambers, Schlenker, & Collisson, 2013; Crawford & Brandt, 2020）。

　思想と相関のある心理的特性のなかには，社会的に望ましい特性との間に逆U字型の関係があり，解釈が難しいものがある。開放性，誠実性などのパーソナリティ特性がこのタイプの特性である。バイアスのない尺度を用いた場合，積極的開放思考スコアと保守主義との間には，−.20〜−.30の範囲で一貫した負の相関があることが研究で明らかにされている。しかし，保守派はリベラル派よりもAOT尺度の得点が低いにもかかわらず，マイサイドバイアス効果の影響が大きくないことが分かっている。

　心理学者の間で広く見られる傾向として，保守主義の意味を持つ項目を独断主義や権威主義といったネガティブな特性の尺度に組み入れ，保守主義とこれらのネガティブな特性との間に当然見られる正の相関を，あたかも新しい独立した知見であるかのように提示することがある（Conway et al., 2016; Conway et al., 2018; Snyderman & Tetlock, 1986; Ray, 1983, 1988; Reyna, 2018）。実際，ルシアン・ギデオン・コンウェイら（Conway et al., 2016; Conway et al., 2018）は，一般的に使用されている尺度を使用し，リベラリズムの意味合いをネガティブ特性の尺度に組み入れることで，**逆方向の知見**──例えば，リベラリズムと権威主義の正の相関──に至りうることを示した。

　コンウェイら（Conway et al., 2018）は，リベラルな回答者が保守的な回答者より高いスコアを出す権威主義尺度を開発した。彼らが行ったことは，保守派に不利な旧項目を取り除いて，リベラル派に不利な内容の用語に置き換えただけであった。例えば，古い項目「祖先のやり方を尊重し，権威者の言うことを実行し，すべてを台無しにしている『腐ったリンゴ』を追い出せば，わが国は偉大になる」は，「進歩的思考のやり方を尊重し，リベラルな最高の権威者が言うことを実行し，すべてを台無しにしている宗教と保守の『腐ったリンゴ』を追い出せばわが国は偉大になる」，というように変え，尺度の他の項目も同様に変更した。これらの新しい項目が追加されたことで，

リベラルな回答者は新しい権威主義的尺度で高いスコアを獲得することとなったが，これは保守的な回答者が古い尺度で獲得したのと同じ理由によるものであった——つまり，新しい尺度の内容がリベラルな回答者の考え方に特に合うようになっていたのだ。コンウェイら（Conway et al., 2016）は，まったく同じことが独断主義尺度でも可能であることを示した。

　コンウェイらが採用したような明白な条件統制の必要性を認めるのに，心理学の分野が何十年もかかったことは恥ずべきことである。フィリップ・テトロック（Tetlock, 1986）は，30年以上前にこのような条件統制の必要性を現場に促していた：「このような思想×課題の関係性を系統的に研究することは，このテーマに関する今後の実験室やアーカイブ研究の主要な目標になるはずだ」（p. 825）。これほどまでに時間がかかったこと自体が，現在盛んに議論されている心理学における思想的単一文化の指標だと見なすことができる（Clark & Winegard, 2020; Duarte et al., 2015 など）。実際，私もこの恥を経験している。私の初期の開放的思考尺度の信念修正項目が，宗教的な対象者に不利になる方向に偏っている可能性があることに気づくのに20年以上かかった（Stanovich & Toplak, 2019 を参照）。それだけの時間がかかったにもかかわらず，私は自発的にその考えを持ったわけではなかった。私が何かがおかしいと思うようになったのは，その20年前に自分の研究室で考案された項目を使用した研究において，かなり高い.70という相関を観察したときであった。

認知エリートの大白鯨
トランプ支持者の欠陥を発見する

　保守主義とネガティブな心理的特性に関連があるとした心理学の研究数は少なかったにもかかわらず，近年，そのような関連づけを見つけようという傾向に拍車がかかったのは，2016年の驚くべき米国大統領選挙の結果によってであった。トランプの勝利は，認知エリートたちのマイサイドバイアスの盲点を増やした。なぜなら，その勝利は政敵である共和党支持者に認知的欠陥があることをさらに確信させるように思われたからである。

　2016年9月，私はリチャード・ウェストとマギー・トプラックとの共同

研究で，合理的思考に関する初の包括的なテストを作成する試みを書いた『合理性指数』(Stanovich, West, & Toplak, 2016) を刊行した。この本は大変に学術的な本であったので，私たちは他の研究者たちがその統計や技術的な詳細に関与してくることを期待していたところ，出版後すぐにそのような動きが始まった。

　しかし，2016 年 11 月 8 日，米国大統領選挙が行われた。

　私が受信する電子メールのトーンは突然，「**今こそ**研究できることがたくさんありますね」「あなたが開発したテストが**今こそ**必要ですよ」といったブラックユーモアや明らかな皮肉に変わった。これらのメールの多くは，私の研究対象として最適な集団が現れたことを暗に示唆していた。その集団とはトランプ支持者であり，彼らは明らかに私にメールを送信してくる人の目から見て不合理な存在だった。

　選挙後，私にも多くの講演依頼があったが，そのうちのいくつかは，もちろん自分の専門的な話をした後に，この国にとんでもない事態をもたらした有権者の欠陥のある合理的思考について，きっと私がコメントしたいだろうという微妙な（時にはそれほど微妙でもない）含みを持っているものであった。私の参加を要請したあるヨーロッパの会議は，トランプ大統領だけでなく，ブレグジットの支持者たちの明らかに欠陥のある思考を理解しようとすることをテーマとしていた。その会議の趣意書は，教養のある人なら誰でも，グローバル化の進展に反対するものは明らかに非合理的であると考えるだろう，と明確に断言していた。合理的思考テストの著者である私は，この結論に科学のお墨付きを与える理想的な候補者だと見なされたのだ。また，トランプ氏に投票した相当数の人々の考え方が不合理であるという見解を肯定するのに，私こそが最適な人物である，と考える私の友人や親戚の考えも，同様にこだわりの強いものであった。

　私の周囲の人たちは，ヨーロッパと米国の両方で認知エリートたちの間で広まっている意見，つまり，心理的欠陥があり，情報に疎い有権者たちが，たまたま高学歴の人たちの意見と対立するような悲惨な結果を支持したという意見を明確に反映していた (Fuller, 2019)。確かに，米国では 2016 年の選挙以降，アトランティック誌 (Serwer, 2017) からニュー・リパブリック誌 (Heer, 2016)，ウォール・ストリート・ジャーナル紙 (Stephens, 2016) まで，高度な水

準の出版物が，トランプ有権者を「人種差別主義者」「性差別主義者」「外国人嫌悪主義者」と断定的に記述することで，ほぼ一致していた。フォーリン・ポリシー誌に寄稿したジェイソン・ブレナン (Brennan, 2016) は，「トランプはその勝利を無知な者に負っている」と伝え，その勝利は「馬鹿者たちのダンス」によるものであるとした。ジェームズ・トラウブ (Traub, 2016) の「エリートたちは無知な群衆に立ち向かうべきだ」と題されたエッセイのように，その意図があからさまに示されることもあった。英国でも，エリート向けメディアにおけるブレグジット支持者への描写はほぼ同様であった (Fuller, 2019 参照)。

　平均的なトランプ支持者が平均的なクリントン支持者よりも不合理だという考えは，認知エリートの間ではほぼ一致している感覚であるにもかかわらず，前節で取り上げた結果はそう考える理由をほとんど与えていないように思われる。合理的思考傾向と知能は，どちらも合理的思考を促進する基盤となる認知過程である。しかし，基本的な知能やパーソナリティや思考傾向と，思想や支持政党との間には，ごくわずかな相関があるか，あるいはまったく相関がないことを私たちは確認したところである。このことから，トランプ支持者とクリントン支持者の合理性に差があることは考えにくい。実際，これから見ていくように，認知科学の理論やその他の実証データの観点から，2016 年の選挙を含めたどの選挙においても有権者の合理性に支持者による差があると主張することは，実は非常に難しいことなのだ。

　トランプ支持者について語るとき，まず理解すべきは，その大多数が前の選挙のときはロムニー支持者，さらにその前の選挙のときはマケイン支持者であったということである〔訳注：両候補とも共和党の大統領候補であった〕。統計的には，トランプ支持者の多くは一般的な共和党員であった。ガンザック，ハノッチ，コーマ (Ganzach, Hanoch, & Choma, 2019) の研究のように，トランプ支持者に党派を超えた特徴があったかどうかを分析しようとするものもあるが，こうした分析は周辺にいるごく一部の有権者を切り分けていることを認識しておく必要がある (al Gharbi, 2018)。選挙人投票でトランプに有利な方向へ選挙を動かした可能性のあるほんの少数の選挙人集団は，「トランプ支持者」というもっとずっと大きな集団とは違うのである[3]。そのため，（私の関係者が行ったように）トランプ支持者が「不合理」である（あるいは「人種差別主義

者」「どうしようもない者」である）という「不合理」な告発は，ロムニーやマケインの支持者にも適用しなければならないだろう。したがって，私たちが合理性に関する今後のエビデンスを分析する際には，支持政党や思想も測定している研究を使うことにする。なぜなら，それらの研究は2016年のトランプ支持者 対 クリントン支持者を厳密に比較した研究と90％程度重なるからである。2つめの注意点は，私たちが焦点を当てるのは，あくまで異なるタイプの有権者間を**比較**（クリントン支持者 対 トランプ支持者）することであり，有権者の合理性の**絶対水準**を測定するという，より大きな問題ではないということである[4]。

　ここでは，まず手段的合理性（何を合理的だと考えるか）の問題を取り上げ，次に認識論的合理性（何を真実だと考えるか）の問題を取り上げることにする。認知科学者が用いる手段的合理性のモデルは，利用可能な選択肢のうち，期待効用が最も大きいものを選択するというものである。しかし，「効用」というのは，微妙な言葉である。認知科学者にも意思決定論者にも使われているとおり，効用は一般的な辞書的定義である「効能」を指すのではない。意思決定理論，特に合理的選択理論における効用とは，人が目標を達成するときに生じる利益を意味する。しかし，投票者の合理性の議論においてより重要なのは，合理的選択理論において，効用は喜びや金銭的価値ではなく，価値や望ましさの概念とより密接に関連しているということである。例えば，人は特定の信念や価値観を持ち，それを表明することで効用を得ることができる。このことを認識しておかなければ，投票行動に関する多くの誤解のもととなる。

　人が行動するとき，その人の欲求や願望は，どの選択をしたかで表現される。意思決定理論は，欲求や願望がどのようなものでありうるかについては，実際には中立的である。お金や物質的な豊かさを強調する傾向があるのは一般市民であって，意思決定の研究者ではない。意思決定理論や合理的選択理論の研究者は，社会的名声を求めるという非物質的な目標を，効用価値を持つ欲求と呼ぶことに十分同意している。また，すべての目標が効用価値を持つために，狭い意味での厳密な自己利益を反映する必要はない。したがって，私たちは，他の人々が**彼ら自身**の目標を達成することを**私たち自身**の目標とすることができるし，その目標は**私たち自身**にとっても効用価値を

持つことができる。人を動かす目標の多くは，後世のために環境を保全するというような，利己的でも物質的でもないものである。

　トランプ支持者が非合理的であったという主張の多くには，合理的選択理論の過度に単純化された捉え方が背景にある。民主党の評論家の間でのトランプ支持者に対する共通の不満は，彼らが自分たちの利益に反する投票をしたということだ。10 年前，これはトーマス・フランク（Frank, 2004）が出版した人気書籍『カンザスでは何が起こっているのか』のテーマであり，それ以降も頻繁に繰り返し議論されている。この考え方は，共和党に投票した低所得者は，民主党に投票すればより多くの政府給付を受けられるのに，自らの利益に反する投票をしたというものである。これらの批判の多くは，合理的であるためには，選択は自己利益を優先したものでなければならず，人々の主要な欲望は金銭であるという前提を含んでいる。しかし，先に述べたように，合理的選択理論にはそのような前提はないので，それだけを根拠に，金銭的利益に反する投票をした人は不合理であると主張することには根拠がないのだ。

　共和党の労働者階級の有権者についてこのような批判をするリベラル派は，それがいかに見当違いであるかだけでなく，いかに無礼なものであるかに気づいていないようだ。リベラル派がこの無礼さに気づかないのは，トランプ支持者の合理性を評価する際の誤りを正確に示している。『カンザスでは何が起こっているのか』に見られるようなこうした批評は，高学歴の識者，教授，リベラル支持者によって書かれていることを考えよう。彼らの一人に，自分たちの投票は純粋に私利私欲のため，金銭的な利益のためか，と聞いてみるべきかもしれない。もちろん，彼らはノーと答えるだろうし，自分の投票が不合理であることも否定するだろう。彼らは，**他の人々の利益の**ために，自らの金銭的利益に反する投票をすることがよくあると言うだろう。あるいは，自分の投票は自分の価値観や世界観を反映している，自分の世界観に包含される大きな問題（中絶の権利や気候変動との闘い，銃の規制）に関心があるのだ，と言うだろう。共和党の有権者が**自分たちの**価値観や世界観に固執している可能性があることに，彼らは思い至らないようだ。『カンザスでは何が起こっているのか』で述べられているような主張をする教養あるリベラル派のスタンスは，次のようなものだと思われる：「どの有権者も自分

の金銭的利益に反する投票をすべきではないが，私は見識があるので，利益に反する投票をしたとしてもそれは不合理とはならない」。

　『カンザスでは何が起こっているのか』での議論における無自覚な無礼さは，あまり認識されないが，マイサイドバイアスの一種である。例えば，非営利団体で働くリベラル派は，金銭的な報酬よりも自分の価値観に基づく選択をすることが多い。同様に，軍隊に入っている保守派も，金銭的報酬よりも自分の価値観を選択していることが多い。『カンザスでは何が起こっているのか』で取り上げられた議論は，この対称性を無視あるいは否定しているように思える。共和党の有権者で所得がそれなりにある人の多くは，自分の金銭的な利益のためではなく，他人を助けるために一票を投じるのである。つまり，フランクの本に登場するカンザス州の有権者も，トランプ支持者も，広い意味で正しく定義される，自己利益に反する投票をしているわけではない。仮に『カンザスでは何が起こっているのか』で批判されていることの一部（彼らは純粋に金銭的な利益に反して投票している）が正しいとしても，自分の価値観や世界観を表現するために金銭的な利益を犠牲にしている可能性があるからといって，彼らが不合理であるとは言えないのだ。

　しかし，それでは気質や性格，職務適性はどうだろうか。確かに，気質や性格，職務への適性が重要なら，トランプに投票したのは非合理的だ，と民主党員は言うかもしれない。しかし，この議論は合理性の観点から見るとすんなりとはいかない。人々が投票の選択において，気質や性格，職務適性と，価値観のどちらを重視すべきかは自明でないに等しい。特に，候補者の価値観が非常にかけ離れていた 2016 年の大統領選挙では，その傾向が顕著だった。クリントンは演説やコメントで，自分が世界的な関心事（世界的な気候変動協定の支持，難民の受け入れ拡大，他国から来た人の権利と保護）と民主党の多くが支持するアイデンティティ集団（LGBT，アフリカ系米国人，ヒスパニック）の利益を代表していると有権者にアピールしていた，私が「グローバルと集団」と呼ぶ価値観である。トランプは演説やコメントで，自分が国を代表し（「米国を再び偉大にする」），集団の利益ではなく国家レベルの利益を求める市民（米国の労働者に不利な貿易取引に反対し，国の国境を守る），つまり私が「国と市民」と呼ぶ価値観を有権者に示している[5]。

　クリントンとトランプは，2016 年の他のどの候補者ペアよりも，その価

値観において顕著な差異があった。民主党候補者であったバーニー・サンダースは，いくつかの貿易協定に反対することで，クリントンよりもグローバリストではなく[6]，民主党のアイデンティティ集団へのアピールをあまり重視しないことで，グローバルと集団を優先する価値観を和らげていた。同様に，共和党のジェブ・ブッシュやマルコ・ルビオは，グローバルな貿易取引に同調し，民主党が好む特定のアイデンティティ集団（特にヒスパニック系有権者）にアピールすることで，国と市民の価値観を和らげていた。クリントンとトランプは，グローバルと集団，国と市民の価値観をより純粋な形で表現していた。したがって，国と市民の価値観を持つ共和党の有権者や無党派の有権者にとっては，価値観に対して，気質や性格，職務適性の問題をどう重みづけするかが問題となっていた。ある有権者にとって，これらの要素（気質，性格，職務適性 対 価値観）のうち，どのような重みづけが最適かを確かめる方法はないので，気質，性格，職務適性よりも価値観を選択する有権者が不合理であるとは言えないのである。

　ここでの私の結論に異議を唱える民主党の友人たちのために，私は2017年にキレット誌〔訳注：オーストラリアの保守系雑誌〕のエッセイで，ある思考実験を行ったことを紹介しよう。そのエッセイで，大統領選挙の候補者が，共和党候補者はテッド・クルーズ，民主党候補者はアル・シャープトンだったというシナリオを想像してみるよう提案した。この思考実験では，性格や職務適性に問題があるのは，グローバルと集団の価値観を持つ候補者であった。あなたなら，誰に投票するだろうか〔訳注：この思考実験は，2016年の米国大統領選挙において，共和党候補者であるトランプの性格や職務適性に問題があるのに，共和党支持者がトランプに投票したことは不合理である，と民主党支持者が考えていたことについて，逆の立場から考える機会を与えるものであった〕。

　この架空の選挙について民主党支持者に回答を求めると，かなりの人数が「シャープトンに投票する」と答えた[7]。彼らは，最高裁の人事，中絶，銃規制など，彼らの価値観から非常に合理的な事柄を挙げて，その選択を正当化した。民主党支持者は，トランプ支持者が，気質，性格，職務適性を理由にトランプを失脚させることを拒否したのとほぼ同じ方法で，自分たちの選択を正当化した。トランプ支持者は，国境が開かれ，連邦移民法に従わない都市を奨励することなどを心配した。彼らは，架空のシャープトン支持者が

グローバルと集団の価値観への脅威を心配するのと同じように，国と市民の価値観への脅威を心配した。合理的選択理論の予測は，大統領選の投票のように抽象的で多次元的なものにおいて，気質，性格，職務適性 対 価値観の比重を決められるほど精緻ではない。クルーズよりシャープトンを選んだ民主党員のなかには，自分たちが不合理だと思う人はほとんどいないだろう。しかし，同じように，反対の価値観を持つ人々がクリントンではなくトランプに投票したとしても，彼らが合理的であることに変わりはないのだ。

　もしあなたがトランプ支持者に特に嫌悪感を抱いているならば，現時点ではまだ，心の底では，手段的合理性の議論では取り上げられなかった，何か別の問題があるのではないかと感じているかもしれない。トランプ支持者は知識が足りないとか，間違った情報を持っているようだとか，エビデンスに耳を傾けないようだとか，知識の領域で何か問題があると感じているかもしれない。確かに，このような懸念に対応する合理性のもう1つの側面，すなわち認識論的合理性を検討する価値がある，というのは正しいだろう。

　しかし，認識論的合理性の領域におけるトランプ支持者への懸念は，民主党員が以前から共和党員の認識論的不合理を非難してきたため，決して珍しいものではない。リベラルな民主党員は，気候科学や進化生物学の結論を受け入れない保守的な共和党員を批判するメディア発表に，多くの人がそうであるように慣れてきてしまっている。もちろん，こうしたメディアの発表は正しい。気候変動における人間活動の影響は確立された科学的事実であり，進化も生物学的な事実である。だからこそこう言いたくなるのだ：「民主党支持者は気候科学を正しく理解し，共和党支持者はそれを誤って理解している。民主党支持者は進化論を正しく理解し，保守的な共和党支持者は誤って理解している。よって私たちリベラルな民主党支持者は政争の具となる他のすべての話題——犯罪，移民，貧困，子育て，セクシュアリティなど——についても，事実に照らして正しく理解しているのだ」。このような主張は，本質的に民主党支持者が共和党支持者よりも認識論的合理性があるということを主張しているのである。

　数年前，このような考えから，民主党支持者は自らを「科学の党」と呼び，共和党を「科学否定の党」と呼ぶようになった。その姿勢は，クリス・ムーニー（Mooney, 2005）の『共和党の科学への戦い』のような一連の著書を

生み出した。政治戦略として，この「科学の党」というラベルづけは効果的かもしれないが，ほんの少数の例に基づくだけでは，認識論的合理性に関する優劣を簡単に断定することはできない。実際，訓練を受けた社会科学者であれば，明らかに選択効果が働いていることをすぐに指摘するはずである。問題となる論点（気候科学と創造論と進化論）は，政治とメディアの関心のために選択されたものである。一方の政党を「科学の党」，他方を「科学否定の党」と正確に呼ぶには，当然ながら，科学的な代表的サンプリングを行い，一方の政党メンバーが他方よりも科学的知見を受け入れる傾向があるかどうかを確認する必要がある（Lupia, 2016）。

　実際，科学的知見を受け入れないのはリベラルな民主党員である，という科学的な事例を見つけるのは難しいことではない。ムーニーの『共和党の科学への戦い』と並行して，『取り残される科学的左派：気分のよい錯誤と反科学的左派の台頭』（Berezow & Campbell, 2012）と題された本もあり，例は豊富にある。私自身の専門分野である心理学から例を挙げると，リベラル派は，知能には中程度の遺伝性があることや，知能検査が少数派集団に不利にバイアスがあるという強いエビデンスはない，という心理科学の強い知見を否定する傾向がある（Deary, 2013; Haier, 2016; Plomin et al., 2016; Rindermann, Becker, & Coyle, 2020; Warne, Astle, & Hill, 2018）。この場合，リベラル派は「科学否定派」になるのだ。

　リベラル派が否定している科学的知見の領域は，知能だけではない。経済学の分野では，職業選択や職歴を適切に統制した場合，同じ仕事をしても女性の収入が男性より23％少ないという結果をリベラル派はとても受け入れたがらない（Bertrand, Goldin, & Katz, 2010; Black et al., 2008; CONSAD Research Corporation, 2009; Kolesnikova & Liu, 2011; O'Neill & O'Neill, 2012; Solberg & Laughlin, 1995）。保守派が地球温暖化における人間活動の影響を示す研究を否定したり，難色を示したりする傾向があるように，リベラル派は，ひとり親世帯の子どもの問題行動の発生率が高いことを示す研究を否定したり，難色を示したりする傾向がある（Chetty et al., 2014; McLanahan, Tach, & Schneider, 2013; Murray, 2012）。圧倒的にリベラルな傾向を持つ大学の教育学部は，フォニックス〔訳注：英語の学習方法の一種で，スペリング（つづり）と発音の規則性を示し，正しい読み方の学習を容易にさせるために開発された〕に基づく読書指導がほとんどの読者，特に

最も苦労している読者を助けるという強い科学的知見を否定している（Seidenberg, 2017; Stanovich, 2000）。多くのリベラル派は，大学における STEM やその他の分野の女性の雇用，昇進，評価にバイアスあることを示す強いエビデンスはない，という科学的知見を信じがたいと考えている（Jussim, 2017a; Madison & Fahlman, 2020; Williams & Ceci, 2015）。リベラルなジェンダー・フェミニストは，性差に関する生物学的事実を常に否定している（Baron-Cohen, 2003; Buss & Schmitt, 2011; Pinker, 2002, 2008）。主に民主党派の多い都市や大学街では，不当な家賃上昇を抑制する政策が住宅不足と住宅の質の低下を引き起こしているという経済学者の共通見解があることを，民主党派やリベラル派の人々は信じがたく思っている（Klein & Buturovic, 2011）。

　筆者の主張はまとまったので，ここで終わりにする。気候変動や進化論などの科学の否定と釣り合うぐらい，民主党側にもたくさんの科学の否定があるのだ。どちらの政党も「科学の党」でも「科学否定の党」でもない。思想的に隔たりはあっても，双方ともに，自らの思想信条や政策に反する科学的エビデンスを受け入れるのは難しいと考えているのだ。これは，ピーター・ディットら（Ditto et al., 2019a）のメタ分析による，党派的マイサイドバイアスは同程度にあるという知見と一致する。

　しかし，知識それ自体についてはどうだろうか。社会的・政治的問題に関連する必要な知識を持つことも，認識論的合理性の一部である（Stanovich, West, & Toplak, 2016 を参照）。トランプ／共和党支持者は，クリントン／民主党支持者と比べて，ここに不足があるのだろうか。しかし，大抵の研究では，共和党支持者と民主党支持者との間に事実的知識の差はほぼないことが示されている。ピュー・リサーチ・センター（Pew Research Center, 2015）の 2015 年のニュース IQ 調査でも，典型的な結果が報告されている。調査サンプルの回答者は，時事問題（米国とカナダを結ぶ原油パイプラインであるキーストーン XL のルートの特定，最高裁判事のうち女性が何人いるかなどの知識）に関する 12 の質問に回答した。その結果，12 項目のうち 7 項目で共和党支持者が民主党支持者を上回り，民主党員は 5 つの項目で共和党支持者を上回ったことが分かった。平均すると，共和党支持者は 8.3 項目，民主党支持者は 7.9 項目，無党派層は 8.0 項目に正解した（2013 年の調査でも同様の結果が出ている：Pew Research Center, 2013）。

　同様の結果は，経済学など投票に関連する知識といった特定の分野でも得られている。ダニエル・クラインとゼイカ・ビュトロビッチ（Klein & Buturovic, 2011）は，2000 人以上のオンライン回答者に経済に関する 17 項目のアンケートを実施し，「リバタリアン」または「非常に保守的」と回答した人が，「リベラル」または「進歩的」と回答した人よりも正答率が高かったことを報告している。しかし，クラインとビュトロビッチは，保守的な回答者がリベラルな回答者よりも経済について実際に高い知識を持っていると結論づけるのではなく，このような調査が質問の選択によっていかに歪曲されうるかを強調している[8]（幅広い議論については，Lupia, 2016 を参照）。例えば，「不当な家賃上昇を抑制する政策は住宅不足を招く」（正解：True）という項目は，リベラル派にとっては自分の思想に異議を唱えるものであるため，真実として受け入れることが難しく，一方，「1 ドルは裕福な人よりも貧しい人にとってのほうが重要度が高い」（正解：True）という項目は，保守派にとっては自分の思想に反するため真実として受け入れることが難しくなる。このような領域における「知識」の測定は，選択効果によって党派による影響を受けやすい。これは，すでに述べた「科学の党」問題の一種だ。民主党と共和党のどちらが「科学の党」であるかは，問題となる論点をどのように選択するかに完全に依存する。クラインとビュトロビッチ（Klein & Buturovic, 2011）が用いた 17 項目の尺度は，比較的バランスのとれた選択（リベラルに偏った 8 項目と保守に偏った 9 項目）であった。

　同様のサンプリングの問題は，陰謀論的信念の研究にも当てはまる。トランプ支持者の場合は知識が少なすぎたのではなく，**誤った情報**を知りすぎたことが問題なのかもしれないので，これらの研究は重要である。思想と陰謀論的信念の関係に関する初期の研究では，実際に陰謀論的思考は政治的右派とより強く結びついていることが示されていたようだ。しかし最近の研究では，この結果は単に研究対象となった特定の陰謀論的信念の項目に関して選択効果の影響があったことが指摘されている。よりバランスのとれた項目を用いた研究では，陰謀論的信念は政治的右派と左派の両方に等しく存在することが示されている（Enders, 2019; Oliver & Wood, 2014）。私たちは，陰謀論を信じる傾向を測定する下位テストを含む，私たちの合理的思考の包括的評価（Comprehensive Assessment of Rational Thinking; CART）の研究において，政治的右

派と左派の両方に陰謀論的信念があるという傾向を確認した（Stanovich, West, & Toplak, 2016）。

　私たちの下位テストは，幅広い陰謀論的信念をカバーしていた（Dagnall et al., 2015; Goertzel, 1994; Majima, 2015; Oliver & Wood, 2014; Swami et al., 2011）。しかし最も重要なことは，私たちの測定は，右派と左派の両方の陰謀論的項目と，政治的分裂にまたがる多くの陰謀論的項目を含んでいたということである。また，本尺度はこれまでの尺度とは異なり，右派の政治的態度の代替指標となるだけではなかった。私たちが測定した，よく研究されている陰謀のなかには，ジョン・F・ケネディ大統領の暗殺，9・11テロ，フッ素塗布，月面着陸，製薬業界，エイズの蔓延，石油業界，連邦準備制度に関するものがあった。私たちの研究結果は，この問題に関するより最近の研究結果と一致していた。政治的思想とCART陰謀論的信念下位テストの得点との間には，有意な相関はなかった。

　さて，リベラルと保守の支持者が身につけている知識に違いがあるという強いエビデンスはないことが分かったが，それでも保守派（とトランプ支持者）の問題は，（信念**形成**の過程において）知識を獲得する**方法**にあるのかもしれない。知識を獲得する方法には，正しいものと間違ったものがあるだろう。人は事実を獲得する際に，間違った方法で獲得することがある。ある人が，自分の政治的立場を支持するものだけを検索して，政治的事実を獲得した場合，技術的な意味での知識は獲得できたとしても，その知識ベースは歪んだ，選択的なものになってしまうだろう。これは，間違った方法で獲得された知識である。マイサイドバイアスの度合いは，この一般的な傾向を直接的に示すものである。しかし，第1章で見たようにマイサイドバイアスはどこにでもあるものであるが，共和党支持者はマイサイドバイアスを持っているが民主党支持者はそうではない，という強固な仮説が，数年前に誤って作られてしまった。さらに，ディットら（Ditto et al., 2019a）の最近のメタ分析でも，この仮説をより弱い形であるが取り上げている。彼らは，12,000人以上の参加者を対象とした41の実験的研究をメタ分析し，政党によってマイサイドバイアスが異なるのかどうかについて検討した。これらの研究をすべて統合し，マイサイドバイアスの全体的な指標を比較した結果，ディットらは，検討した研究における政党によるマイサイドバイアスの程度は，リベラ

ル派と保守派で同程度であると結論づけた。ここで議論したとおり，実際に獲得した知識に政党間の差がないことは，マイサイド思考でバイアスが保持される過程に政党間の差がないこととよく似ている。

　まとめると，どのような知識を獲得したか，どのようにその知識を獲得したかの両面で，トランプ支持者がクリントン支持者よりも認識論的に非合理であったという強いエビデンスはない，ということである。手段的合理性と認識論的合理性の両側面において，トランプ支持者に特有の合理性の問題があるという考えへの強い支持は，実証的研究には存在しない。しかし，この結論を快く思わない人は，この一連の分析は範囲が狭すぎるのではないか，と反論するかもしれない。確かにそのとおり，合理性には，私がまだ取り上げていない，より広範な側面が存在する。

　これまで，人が合理的に考えるためには，自分の目標と信念から適切な行動をとること（手段的合理性），利用可能なエビデンスと一致する信念を持つこと（認識論的合理性）が必要であるという考えを述べてきた。この分析からは，**人が適切な目標設定をする傾向があることが抜け落ちている**，と考えるのは自然であろう。しかし，この第三の要素を検討することは，合理性の概念を狭いものから広いものへと決定的に変化させることになる（Elster, 1983; Nozick, 1993; Stanovich, 2004, 2013）。従来の手段的合理性の考え方は，人の目標や信念をそのまま受け入れ，その目標や信念を前提に，その人が自分の欲求を最適に満たしているかどうかだけを評価対象とするため，狭い範囲の理論となっていた。つまり人の欲求の中身は評価されてこなかったのである。

　欲求を評価に入れない狭い合理性の概念は，多くの悪い思考を評価から逃がしてしまっていると考える人がいるかもしれない。しかし，認知科学の研究の多くは，正当な理由で，このような狭義の合理性を扱ったものが圧倒的に多い。合理性を幅広く扱う理論では，「（狭い意味で）合理的であるにはどういう場合に合理的であればよいのか」や「どのような目標を追求することが合理的なのか」といった哲学の最も困難で厄介な問題を含むことになる。実際，先の議論では，テッド・クルーズ対アル・シャープトンの思考実験において，広い意味での合理性の領域に踏み込んでいた。あの思考実験では，目標を評価することの難しさを説明しようとしたのである。グローバルと集団の価値観を持つ有権者の立場からすると，価値観は同じだが気質が大統領に

向かない候補者（シャープトン）と，価値観は有権者にとって好ましくないが気質は大統領に向いている候補者（クルーズ）という選択になる。ここでのポイントは，投票者にとってどちらかの選択が正しいかということではなく，この種のトレードオフの難しさを説明し，市民と国の価値観を持つ有権者がトランプ対クリントンという選択に直面したとき，同様に難しいトレードオフを突きつけられたという事実を連想させることであった。民主党の人がクルーズよりシャープトンのほうに魅力を感じるのは，共和党の人がクリントンよりトランプのほうに魅力を感じるのと同じことで，このような判断にはマイサイドバイアスが含まれる可能性があることを強調するためである。

　もちろん，この思考実験は，トランプ対クリントン，クルーズ対シャープトンを一対一で対応させているのではなく，特徴のトレードオフ（価値観 対 職務適性）を全体的に類似させているだけである。さらに，私たちが目標を評価する際にマイサイドバイアスが働いていることを明らかにするものでもあった。思考実験でシャープトンを選び，トランプ支持者は非合理的だと考える民主党支持者は，強いマイサイドバイアスを示している。具体的には，彼らは，哲学者でもできないこと，つまり，どの目標が非合理的であるかを見極めることができると考えていることを示すものである。同様に，思考実験でシャープトンを選んだ民主党支持者が非合理的だと考えている，トランプに投票した共和党支持者も，強いマイサイドバイアスを示している。

　第2章で取り上げたように，政党の対立候補への表現の合理性の評価には，必ずと言っていいほどマイサイドバイアスがかかっている。つまり，自分が支持する政治集団が，自らの効用を犠牲にするようなものに価値を表現することは至極当然なことのように思えるが，政治的対立者がそれを行うと，まったく非合理的に見えるのだ。具体的には，共和党支持者は，民主党の市議会が，左派が好ましく思わない企業〔訳注：例えば，石油業界や銃業界の企業〕への投資から撤退することで，市の投資額に対する実質的な収益が大幅に低下する場合，その非合理性をはっきりと認識できる。同様に，民主党支持者は，共和党支持者が彼らの提唱する「薬物にノーと言おう」キャンペーンが実際に機能しているかどうかに関心を持たないことの不合理さをはっきりと理解することができる。このような判断は，圧倒的にマイサイドバイアスによって決定されている。相手側が自らの価値観を重視して費用対効果分

　析を放棄した場合は，非常に非合理的と判断されるが，自分の側が自らの価値観を重視して効用や金銭，成果目標を犠牲にした判断を行った場合は，自分たちの価値観は正しいのだからそれでいい，というのが論理の流れであるようだ。

　同様のマイサイドバイアスは信念の領域でも発生する。気候変動は，高度に政治化・象徴化された問題の分かりやすい例である（Kahan, 2015, 2016）。保守派が質問紙で人為的な気候変動に関するエビデンスを疑っていることを示す反応をすると，政治的対立者であるリベラル派は彼らの科学否定を喜々として指摘する。しかし多くの場合保守派は，リベラル派が大切にしている問題について，単に政治的対立者であるリベラル派に反対の意思表示をするために，このように回答しているにすぎない（Bullock et al., 2015; Bullock & Lenz, 2019）。保守派の真意は，リベラル派が気候科学のデータを（例えば，政府による経済統制の強化を主張するため）利用する方法を受け入れないということだ。保守派が重視しているのは，価値の表出であって，認識の正確さではない。

　性差の有無や知能の遺伝性に関するデータについては，政治的な立場が逆転している。気候変動と同じように，これらは政治的な領域である。リベラル派が性差のエビデンスや知能の遺伝性のエビデンスを疑っていると回答すると，政治的対立者である保守派は彼らの科学否定を喜々として指摘する。しかし多くの場合，リベラル派は自分たちの政敵である保守派への対抗心を示すために，このような回答をしているのである。リベラル派の真意は，保守派による知能研究や性差研究のデータの使い方を信用していない，ということである。つまり，政治的対立者である相手が，純粋な推論の認識モードから表出モードに切り替えたときに，それぞれの側が相手に対して認識上の非合理性を非難するのである。仮に表出モードが合理的でないと仮定しても，それがクリントン支持者よりもトランプ支持者に多いという強いエビデンスはない。

　まとめると，トランプ支持者の認知特性の欠陥を探す「白鯨」探しは，リベラル派の心理学者[9]の失敗に終わり，合理性の認知科学がリベラル派の判断を支持しないという結論に自らを納得させるしかないのである。トランプ**自身**の合理性，非合理性については何とでも言えるが，トランプ支持者が非合理的であったという主張，より正確に言えば，クリントン支持者よりも合

理性が低かったという主張は認知科学では支持されなかった。実際，これら
の支持者が非合理的だという判断は，まさにマイサイドバイアスが強く働く
タイプの信念に基づくものであった。政治という領域における人々の判断
は，マイサイドバイアスの影響を受けやすいという特徴があるのである。

第6章

||||||||||||||||||||||||||||||||||||||||||||||||||||||||||||||||||||||||||||||||||||||

マイサイドバイアスをどうするか

　マイサイドバイアスは，認知バイアスのなかで最も不思議なものである。ヒューリスティックやバイアスの文献で以前に特定されたバイアスのリストにはうまく当てはまらない。また，知能や学歴といった従来の認知的洗練度の尺度とも関係がなく，合理的思考の基盤となるような思考傾向とも関係がない。文献にある他のバイアスにおいては，これら思考傾向の測定でより高い得点の者たちについてはあまり問題がないという傾向が見られる。また，ほとんどのマイサイド処理に対して，それが規範的に不適当であることを示すのは類を見ないくらい難しいことである。自分の属する集団や社会的つながりを強化するような考え方をすることは，現代においても，多くの道具的な利点があるように思われる。認識論的合理性に厳格に焦点を当てることにしても，多くのマイサイド処理が正当化されるように思われる。ケーラー (Koehler, 1993) の証明 B では，知識投影，つまり，新しいデータを評価するために自分の先行信念を用いることを，先行信念がこれまでのエビデンスの合理的な蓄積に基づく検証可能な信念である限り，多くの状況において肯定的に認めている。新しいエビデンスに投影される事前信念が直感信念（つまり確信）であり，目下の問題に関連するエビデンスに基づいていない場合にのみ，新しいエビデンスへの事前信念の投影を批判する正当性が見いだされる。この場合でも，確信がその人の道具的目的である集団の連帯に役立っている限り，その人にとっての損失はほとんどないかもしれない。

　しかし，社会的なレベルでは，マイサイドバイアスに関連した深刻なコストが存在する。米国や多くの西洋諸国では，政党やイデオロギーが現代の部族的なものと同等になっている (Clark & Winegard, 2020; Greene, 2013; Haidt, 2012;

Iyengar et al., 2019; Mason, 2018b; Westwood et al., 2018）。残念なことに，私たちはこれらの部族に国家の認知的生活を蹂躙させ，特定の公共政策問題についての客観的な議論よりも部族のための「点数稼ぎ」を目的とした非知的な戦略を優先させてきたのである。このような部族政治に煽られたマイサイド思考は，公共政策の論争においてエビデンスの考慮を事実上無意味なものにしてしまっている。

　ダン・カハンら（Kahan, 2016; Kahan et al., 2017）は，確信に基づくマイサイド推論の有害な効果による汚染から公共政策の議論を救い出す必要のあることを雄弁に述べていた。彼らは，エビデンスの評価と確信の投影の間に障壁を形成する強力な仕組みが必要であると主張してきた。しかし，悲しいことに，そうした仕組み——とりわけメディアと大学——は，21世紀初頭の私たちの期待を裏切ってきた。メディアは，党派に基づくマイサイド処理の解毒剤として働くどころか（Golman et al., 2016; Iyengar et al., 2019），FOXニュース，MSNBC，ブライトバート，ヴォックス，ワシントン・タイムズ紙，ワシントン・ポスト紙といった事業体は，部族主義や党派性を彼らにとって実りのあるビジネスモデルにしてしまっている。一方，大学は，論争の的となっている問題について，中立的な立場でエビデンスを収集する仲裁者としての責任を完全に放棄している。その代わりに，犯罪，移民，貧困，中絶，アファーマティブ・アクション，薬物依存，人種問題，分配の公平性など，まさに私たちが最もオープンな議論を必要とする分野において，政治的正しさの観点から表現を取り締まる知的な単一文化へと変じてしまった。

　どうすればいいのだろうか。最も有害な種類の確信に基づくマイサイドバイアスをどのように打ち消すことができるだろうか。この章では，個人と組織の両方のレベルで，役に立つかもしれないいくつかのアイデアを探る。

認知エリートのバイアス的盲点を避ける

　本書をここまで読み進めた読者は，間違いなく第5章で取り上げた認知エリートの一員である。同様に，同年，私の本，『合理性指数』（Stanovich, West,

& Toplak, 2016）の出版後，私に連絡してきた 2016 年の大統領選挙の結果に憤慨した多くの特派員も，認知エリートの一員である。それらの通信では，人間の推論に関するいかなる研究も，その年の英国（ブレグジット）と米国（大統領選挙）の両方で，決定権を持つ有権者が不合理であるという彼らの見解の材料になると（第5章で実証されたように間違って）考えていた。彼らは，政治的な争点はすべて合理性や知識習得の問題であり，一般的な（あるいは特定の）知識が優れていれば，彼らと同じ政治的信念に不可避的にたどり着くと考えているようであった。

　要するに，これは政治科学者であるアーサー・ルピア（Lupia, 2016, p. 116）が，「価値の違いを無知へと変換する誤り」と呼んだもの，すなわち，その問題についてどの価値に重きを置くかという合理性の違いについて「事実を知らないだけ」だと誤ってしまう現象に関連している。かつて，ダン・カハン（Kahan, 2003）は，エレガントなエッセイのなかで，銃規制をめぐる議論においてまさにこのようなことが起きていると主張した。彼は，銃規制をめぐる議論は「計量経済学の専制」，つまり，護身用武器の使用によって救われる命，犯罪抑止力，家庭で銃を所有することの危険因子について「研究が示すもの」を中心とした議論によって特徴づけられてきたと主張したのである。中心的な問題は，事実が何であるかについての相互の合意によって解決されたり，妥協されたりすることは決してないだろうとカハン（Kahan, 2003）は述べた。なぜなら，この議論の中心は結局文化であり，私たちがどのような米国社会を望んでいるかということに基づくからである。銃規制賛成派は，攻撃性をなくすことと相互安全が政府によって推進されることに価値を置く傾向がある。銃規制反対派は，個人の自立と自衛権に価値を置いた主張を行った。これらの価値観は，都市と農村の人口動態と連動している。いずれかの側にいる特定の個人によるこれらの価値観の重みづけは，エビデンスによって，あまり影響を受けることはないだろう。カハン（Kahan, 2003）は，代わりに，私たちの文化的差異について，よりオープンで制約のない議論を推奨している。彼は，人々が自分の価値観や文化的差異を自由に表現できるような，より表現力豊かな議論を提唱した。しかし，「銃規制の議論を実証的な議論に限定することで争いを少なくできるという希望は，実際には無為なものである」と指摘した上で，「ほとんどの学者，政治家，そして一般市

民が，文化の違いを率直に語り合うことに消極的であることが，結局は銃の議論における険悪さを深めている」とカハン（Kahan, 2003, p. 10）は警告している。

　戦略的優位性とマイサイドバイアスの組み合わせが，カハン（Kahan, 2003）が推奨する文化に関する表現力豊かな議論に対して，認知エリートを抵抗させるものになっているのだと考える。認知エリートは，事実に関する推論によって論争が解決されるのであれば，事実と推論の専門家である自分たちが必ず勝つと考えるのである。これは彼らのマイサイドバイアスを明らかにしていると考えられる。相手が反対するのは無知だからであり，事実に訴えればその無知が暴かれると信じている。しかし，これまでの章で見てきたように，認知エリートも非エリートと同じくらい，検証できない直感信念をエビデンスに投影してしまうことを避けることができない。

　政治的な議論となると，認知エリートは，いずれのほうが事実をより正確に把握しているかという点から議論の重要性を過大評価し，党派的な意見の相違の多くが，実際のところ，価値観の衝突なのであるという点を過小評価しがちである。私たちは幾十年もの進歩を経ており（Pinker, 2011, 2018），そのなかで，実証的なもののみに基づく社会問題，ゼロサムではない解決策を持つ問題（ある人が，その解決策によって，他の人が損失を被ることなく，利益を得ることができる）は，ほとんどすでに軽減されている。残されているこのような社会的争点は，私たちがすでに持っている知識や事実の使用によって解決することが特に困難な問題である。ある問題が政治の領域において正面切って争点化されている場合，それはおそらく「単なる事実の問題」では**ない**のだろう。

　私は 2018 年に，気候変動，貧困，公害，暴力，テロ，分断社会，所得格差などの現代世界の問題を解決するために知能やその他の思考スキルが果たす役割を論じるということで，ジャーナル・オブ・インテリジェンス誌の特集号（Sternberg, 2018）に参加した。私は，このリストにある問題の多くは，非常に異なるカテゴリーに分類される可能性があると論じた。貧困や暴力のように，より合理的な政策によって解決可能なものもあるのだろう。実際これらの問題は，時間の経過とともに大きく改善され**きている**（Pinker, 2011, 2018）。

　しかし，気候変動，公害，テロ，所得格差，分断社会など，このリストにある他の問題は，貧困や暴力とはまったく異なるものであるかもしれない。おそらく，これらの問題のなかには，知性や合理性，知識によって解決できると期待する問題ではなく，多様な世界観を持つ社会のなかで，価値観の対立によって生じる問題と捉えることができるだろう。例えば，公害削減や地球温暖化防止には，経済成長を抑制する副作用のある対策が必要な場合が多い。公害や温暖化を大幅に削減するために必要な税金や規制は，貧しい人々に不釣り合いに負担を強いることが多い。例えば，渋滞緩和地帯の設置，自動車税やガソリン税の引き上げなど，自動車を運転するコストを上げることは，富裕層よりも貧しい人々の移動を妨げることになる。同様に，地球温暖化を最小限に抑えることと，経済生産高（つまり雇用と繁栄）を最大化することを同時に実現する方法はない。環境保護と経済成長をトレードオフにしている「パラメータ設定」をどこに置くかは，人によって異なる。このような違いは，知識不足によるものとは限らない。そうではなく，世界観の違いに基づくものである。

　気候変動や公害防止などの問題はトレードオフの関係があるために，人々が抱く価値観の違いから，どちらの側に立つ人たちも喜ぶことに**ならない**妥協が生じるのは当然とも言える。もし今反対している人たちが，もっと知的で合理的で賢かったら，自分たちが設定しているのと同じようにトレードオフの設定をするだろうと考えるならば，マイサイドバイアスの極みである。実際，知識や知能や熟慮が高くても，こうしたゼロサム的な価値の不同意を解決しないことを示す経験的証拠がある（Henry & Napier, 2017; Kahan, 2013; Kahan, Jenkins-Smith, & Braman, 2011; Kahan et al., 2017; Kahan, Peters et al., 2012）。

　所得格差の場合は，社会問題解決に伴うトレードオフの関係を示すもう1つの例となる。所得格差をめぐる政治的論争は価値観の対立であり，知識のある人とない人の対立ではない。ある国にとって**最適な**所得格差の水準などといったものは存在しないのである。

　例えば，過去数十年間，ほとんどの先進国，第一世界の国々で所得格差が拡大しているにもかかわらず，同じ期間に**世界水準**の所得格差の指数は**減少している**という事実がある（Roser, 2013）。この2つの傾向は，貿易と移民の効果を通じて，十分に関連している可能性がある（Borjas, 2016）。**世界の所得**

格差の減少を支えているのとまったく同じメカニズムが，米国**内部**の不平等の増加を支えている可能性が十分にある（Krugman, 2015）。2つの格差指標（世界と米国）のどちらに注目したいかは，当然ながら価値判断である。

　同様に，過去30年間の米国における所得格差に関する以下の事実を考えてみよう。所得と資産において人口の上位10％は，中間層が貧困層を引き離す以上に，大きく中間層を凌駕していた（OECD, 2011）。そのため，ジニ係数のような包括的な統計に影響を与えるような形で全体的な所得格差を軽減しようとする場合，これらの格差のうちどれにより集中すべきかという価値判断が必要とされる。より大きな平等を主張する者にとって，「**両方の格差に取り組みたい**」という当たり前の答えは，単に通用しない。これらの格差の1つを縮めることに焦点を当てた政策のなかには，もう一方の格差を増大させる方向に働くものも十分ありうる（Reeves, 2017）。私たちが不平等に反対すると言うとき，これらの格差のうちどちらが私たちにとってより重要であるかという価値判断をしなければならない。

　要するに，所得格差というのは一元的な解決策を持たない「問題」なのである。所得格差をめぐる意見の対立は価値観の違いから生じるものであり，ある層が持たない知識を他の層が有しているからではない。リストにあるもう1つの社会問題である「分断社会」は，知性，合理性，知識，知恵などを強調することによる解決が最も困難な「問題」の典型である。社会における政治的分裂は，価値観の対立によるところが大きい。政治的分裂が，認知容量を高めることによって解決されると考えるのは，マイサイドバイアスの盲点の典型のように思われる。もう少し平易に述べると，保守派の人が，もし私たちが皆，非常に知的で，非常に合理的で，非常に知識があり，非常に賢明であれば，私たちは皆，共和党員になるので，すべての分裂はなくなると考えるのは，マイサイド思考の極致であるように思われる。リベラル派が，もし私たち全員が非常に知的で，非常に合理的で，非常に知識があり，非常に賢明であれば，すべての分裂はなくなり，私たちは皆，民主党員になるだろうと考えることもまったく同様である。

　認知エリートとして，私たちはマイサイドバイアスを抑制することができる。多くの場合，ある事実（チェリー・ピッキングにより，私たちがたまたま知っている事実）が政治的敵対者には驚くほど知られていないと考えることは，実際

には，私たちが議論している問題が価値の対立であることを隠すための，知識に関する利己的な議論でしかないことを認識することである。自分の価値観が優先されるべきだという確信から注意をそらすために，単に相手の「無知」に焦点を当てているのだ[1]。

自分のなかにも
対立する価値観があると認識すること

　リベラル派は，グリーン・イニシアチブに反対する保守派を見て，保守派は地球温暖化の将来への影響を理解していないと非難する。一方，保守派は，リベラル派が高価な環境対策を支持しているのを見て，リベラル派は経済成長の鈍化が，社会の最も弱い人々の貧困や経済的苦難の増加につながるという事実を理解していないと非難する。どちらの側も，これは誤った認識である。保守派の多くは，環境の状態や地球温暖化の影響について気にかけている。リベラル派の多くは，経済成長が苦難を防ぎ，貧困を減らすことを理解している。多くの場合，どちらのグループも事実を知っているが，将来の地球温暖化の影響への懸念と最大限の経済成長の維持という価値のトレードオフに異なる重みを与えているにすぎない。どのような問題であっても，そこには考慮すべき価値のトレードオフがあることに気づくほど，私たちはマイサイドバイアスを減じることができるだろう。

　そのような価値観の衝突が，党派のグループ**間**だけでなく，時には**自分自身のなか**も起こっていることを認識することで，第3章で取り上げたフィリップ・テトロック（Tetlock, 1986）の研究からも示唆されるように，個人レベルで私たちのマイサイドバイアスを減じることができるかもしれない。テトロックの研究目的である分化的複雑性の測定は，ちょうどマイサイドバイアスの指標の逆であり，マイサイドバイアスを**回避**することができるプロセスを操作化しているものであった。彼の研究では，環境保護，犯罪防止，医療といった，マイサイド処理が強く働きがちな問題について，参加者が推論を行った。テトロック（Tetlock, 1986）は，特定の問題について，参加者が示す分化的複雑性の予測因子として，個人差変数が不十分であることにより，

かなりの領域特異性を見いだした。その代わりに，ある特定の問題で示される分化的複雑性は，その問題を熟考する際に参加者が経験する価値観の葛藤の度合いによってより強く予測されたのである。例えば，政府の監視に関する意見を推論するとき，テトロックの参加者たちはプライバシーと国家安全保障の両方を重視している場合，より少ないマイサイドバイアスで推論を行った。

　リベラル派が気候変動対策を優先させることについて，マイサイドバイアスをあまり持たないようにするには，経済成長の鈍化の最初の犠牲者となる貧しい人々をも気にかけていることを思い出させるのである。同じように，保守派に，気候変動を優先させるべきかどうか，マイサイドバイアスをあまり持たずに考えてもらうには，彼らが自分の子どもや孫のために住みやすい環境を求めていることを思い出させるのである。

　例えば，サマラ・クラー（Klar, 2013）は，普段は性犯罪者を含む犯罪者の減刑，テロ対策への支出削減，および，社会福祉への支出増加について非常に協力的な民主党の支持者が，親としての役割に関連した価値観を強調されると，この3つの政策への支持をすべて減らすことを見いだした。子どもの保護と，子どもが住むことになる未来を深く思うことによって，これらの民主党支持者たちも，犯罪者への同情を減らし，将来のテロや財政赤字により関心を寄せるようになったのであろう。親の役割を思い起こさせることで，これらの問題と自身の立場についてのトレードオフを含む価値観の葛藤に気づかせることになったのだろう。

　残念ながら，通常行われている政治というものは，クラー（Klar, 2013）の研究で構成されたような状況とはまったく異なっている。政治家と政党員は，価値観のトレードオフなどまったくないかのように争点を示しているのだ。1つの問題だけが重要であることを示し，もし，その価値観を持ち，最も党派的な立場を取れば，私たちが関心を持つかもしれない他の問題については何も失われないと考えるのだ。この誤謬は，イデオロギー的に分断された有権者の両方の側において持たれているものであり，それゆえ，この認知的なトリックが皆に働いていることを認識し，意識することによって，マイサイド的な政治的議論を減らすことができるだろう。

マイサイドバイアスが意見の領域では心の肥満症をもたらすことを認識する

　自分の信念に対してより懐疑的に考えるようにさせることは，（信念が確信に変わるのを防ぐことによって）その人が示すマイサイドバイアスを減じさせる傾向があるだろう。自分の信念は，それ自体が複製的な利益を持つミーム複合体であることを理解すれば，信念に対する懐疑心を養うことに役立つであろう（第4章参照）。私たちの脳に居座っているミーム複合体は，それに敵対する考えを取り入れない傾向がある。なぜなら，その敵対する考えは，現在の考えと取って代わってしまうかもしれないからだ。

　第4章で見てきたように，新しい変異対立遺伝子が協力者でない場合には，生物は遺伝子的に欠陥を持つことになる傾向がある。ミームの論理は少し異なるが，同じようなことである。ミーム複合体内で相互に支持し合う関係にあるミームは，矛盾するミームが脳のスペースを獲得するのを防ぐ構造を形成しやすいだろう。同化しやすく，以前から存在するミーム複合体を強化するようなミームは，非常に容易に取り込まれる。ソーシャルメディアも従来のメディアも，深い意味においてこの論理を利用してきた。私たちは今，同化しやすい，性質の合うミームを提示するように特別に構築されたアルゴリズムによって送られる情報を浴びせかけられている（Lanier, 2018; Levy, 2020; Pariser, 2011）。そうして，私たちが収集したすべての好都合なミームは，単純に検証可能な信念を確信に変えてしまう傾向のあるイデオロギーへと凝集していくのだ。

　以前の著書，『ロボットの反乱』（Stanovich, 2004）で，私は，自由市場が遺伝子とミームの両方の熟慮的ではない一次的欲求にいかに奉仕するようになるかという同じような論理を描いた。先史時代に生き残るよう設計された遺伝子のメカニズムは，現代において不適応となりうる（Li, van Vugt, & Colarelli, 2018）。例として，脂肪を貯蔵し利用するための私たちの遺伝子メカニズムは，それが生き残りに重要であった時代に進化した。しかし，これらのメカニズムは，マクドナルドがあらゆる街角にある技術社会に生きる現代の人々のサバイバル欲求には，もはや役立たない。市場の論理は，脂肪分の多い

ファストフードを好むことが，間違いなく便利であることを保証している。なぜなら，そうした嗜好は普遍的であり，安価に満たすことができるからである。市場は，無批判な一次的選好を満足させることの利便性を強調する。

　市場は，私たちがすでに持っている信念と一致するミームに対するあなたの嗜好とまったく同じことをするのだ。そして，市場は，そうしたことを安価に，容易に入手できるようにする。例えば，FOX ニュースのビジネスモデル（ニッチなミーム市場を狙う）は，右派・左派の両方の他のメディア，CNN，ブライトバート，ハフポスト，デイリー・コーラー，ニューヨーク・タイムズ紙，ワシントン・エグザミナー誌などにも広がっている。この傾向は，2016 年の米国大統領選挙以降，加速している。ニューヨーク・タイムズ紙は，選挙で負けた側の有権者が，自分の信念を強化するメディアに群がっていると表現している (Grynbaum & Koblin, 2017)。ある有権者は，MSNBC にますます惹かれるのは「見ていて補強されるから。私が女性の行進に参加して行進する理由と同じです。自分が信じているから，同じものを信じている他の人たちに囲まれていたいのです」(Grynbaum & Koblin, 2017) と述べている。活動家で作家のグロリア・スタイネムは，「私が MSNBC を見るのは，ジョイ・リード，クリス・ヘイズ，レイチェル・マドウ，ローレンス・オドネルをジャーナリストとして信頼しているから，賛同して見ているのです。……ジャーナリストの仕事はバランスを取ることではなく，正確であることです」と電子メールに書いた (Grynbaum & Koblin, 2017)。

　要するに，私たちの体が利己的な複製子のサバイバルの論理を持つ遺伝子によって作られているために，体によくない脂肪の多い食べ物を貪るがごとく，文化的複製子も同様のサバイバル論理を持つので，私たちにすでにある信念に適合するミームを貪るようになっているということである。医学的に，米国で脂肪を含む食物の過剰消費による肥満症が蔓延しているように，私たちは気の合うミームを過剰消費することで，同じようにミーム的肥満症になっているのだ。複製子の 1 組は，私たちを医学的危機に導いたが，もう 1 組は，コミュニケーションにおけるコモンズの危機を招き，私たちはマイサイドバイアスにつながる多くの確信を持ってしまうために，真実に収束することができないでいる (Kahan, 2013, 2016; Kahan et al., 2017)。そして，自己複製するミーム複合体が自分とは異なるミームを拒絶するために，私たちの信

念ネットワークに一貫性がありすぎて，過大にマイサイド的確信を持つのである。

　このような心の肥満の流行に対する解毒剤は，自分の信念には自分の利益があることを認識し，この洞察を利用して，自分と自分の信念の間に少し距離を置くことである。その距離によって，確信のいくつかが検証可能な信念に変化するかもしれない。信念が確信ではなくなるほど，私たちはマイサイドバイアスを示すことが少なくなるだろう。

「あなたがその方向に向けて考えたわけではない」と気づくことで，信念を自分の所有物扱いしない

　この節のタイトルは，2012年7月，オバマ大統領が選挙戦で語った有名な "You didn't build that"（あなたがそれを作ったわけではない）を模したものである。「あなたが成功してきたとして，自分だけでそれを成し遂げたのではない。……自分が賢いからだとだけ考える人に驚かされたものだ。……あなたが成功したとしたら，あなたの人生に沿って，あなたに支援を与えていた誰かがいたはずだ。あなたの人生のどこかに偉大な教師がいたのだ。誰かが道路や橋に投資してくれて，もしあなたがビジネスをしていたとしたら，あなたがそれらを作ったのではない。誰かがそれを実現させたのだ。インターネットは，勝手に生まれたものではない。政府の研究がインターネットを作り出し，すべての企業がインターネットからお金を稼げるようになったのだ」とオバマ大統領は語った (Kiely, 2012)。大統領の発言は，この党派的な時代に論争を巻き起こしたが，もちろん，議論の余地はないはずだ。ここでの要点は非常に明確で，事実，社会心理学の文献で確立されているものである。心理学者は「基本的帰属錯誤」(Ross, 1977) として知られる現象を研究してきた。そこでは人は，自身の行動において状況からの決定因を過小申告しがちだということである。

　オバマ大統領の言を模した私のバージョンは，私たちの強い信念（確信）に拡張したものであり，それは彼のひいた例よりもさらに深いところまでいく。私たちに住まう信念は，他の人の考えと相互作用した結果である。私た

ちの生涯の経験の産物なのだ。しかし，何十年にもわたる認知科学の研究により，私たちの情報処理の多くは，私たちの意識外で行われていることが分かっている。特に，新たな情報が脳内の既存の生物学的基質とうまく融合する場合，その傾向は事実となる。私たちは，意識的な推論によって，自分の信念に至るまでどれだけ意識的に考えてきたかを過大評価する傾向がある。自分の富がいかに自分独自の創造性と努力によるものであるか過大評価するビジネスマンのように，多くの人は，自分の強い意見や確信に到達するのにどれだけ意識的に考えてきたかを過大評価する傾向がある。

　この洞察を十分に処理することで，私たちは，党派的な起源を持つ確信ではなく，新しいエビデンスに検証可能な信念のみを投影するという戒めを，より容易に聞き入れることができるようになるかもしれない。確信が所有物でなくなれば，新しいエビデンスに不適切に投影される可能性は低くなる。自分が意識的に理屈上そうなったのではないことに気づけば，自分の信念に所有感をあまり抱かなくなるだろう。しかし，この点から何が帰結しないかを理解することも重要である。第一に，自分の確信に至る道を考えなかったということは，その確信が無意味であることを意味しない。それどころか，あなたが自分の信念を大切にするのは，それなりの理由があるからだ。実際，あなたの信念は，あなたの行動的／心理的気質を構成する生物学的基質を反映しているだろう。また，あなたの信念は，家族のなかでの経験，仕事での経験，恋愛の経験など，あなたの人生経験を反映しているだろう。これらのことすべては，あなたにとって重要な意味をもたらし，あなたの一部をなすものである。しかし，あなた側での**思考**を必ずしも反映したものではないことを理解することが大切である。あなたの現在の信念は，あなたの人生の大切な一部であるが，それでもそれをあなたが**意識的**に選んだものだと考えて，価値づけることをしてはならない[2]。

曖昧で複雑な環境において，
マイサイドバイアスが花開くことに注意する

　第1章で触れたカイル・コプコら（Kopko et al., 2011）の研究は，選挙で争わ

れた投票の妥当性に関する裁定が党派的バイアスに感染していることを明らかにした。この研究からは，さらに重要な知見が得られている。コプコら（Kopko et al., 2011）は，投票用紙を分類するルールが具体的か曖昧かによって，パフォーマンスが変わるかどうかを検討し，その結果，ルールが曖昧であればあるほど，マイサイドバイアスが示されることを見いだした。これは驚くような結果ではないかもしれないが，それでも重要な結果である。この発見は，私たちが自分のマイサイドバイアスをコントロールするために使える，ある種のメタ意識を強調するものである。マイサイド的推論をコントロールするためには，曖昧さは敵となる。

　曖昧な状況がマイサイドバイアスを生み出すものであることは，残念なことである。複雑さは曖昧さを拡大し，私たちが経験しているインターネットを燃料として増殖する情報の宇宙は，世界の複雑さを増大させている。いろいろなタイプ——よい，悪い，あちらの立場，こちらの立場——と，実証的エビデンスが多いほど，そこからマイサイドバイアスによって選択しやすくなるだろう。インターネットによる社会的交流の複雑化と量の増加によって，世界で実際に起こっていることを確証するのは格段に難しくなっている。ツイッター〔訳注：現在のX〕アカウントのうち，どれくらいの割合が実際ロシアのボットであるのか知りたいと思うだろうし，何百万の人たちがフェイスブックで何千もの偽りの政治的広告を見たのか，その広告はどこから来ているものであるのかを知りたいと思うだろう。ある種のソーシャルメディア・ハラスメントが増加しているのか減少しているのか，そのハラスメントはどこから来ているのか，ハラスメントの発信源は誰なのか知りたいと思う。このような質問の答えを知りたいわけであるが，私たちは，次のような事実を含む文脈でこれらの質問をしている。①おそらく15％ほどのツイッターアカウント（4700万）が実際にはボットであり（Varol et al., 2017），②同じ日にフェイスブックにログインする人の数は最近10億人に達したという（Levy, 2020）。

　このような状況では，これらは最高の科学者でさえ自分だけで対処できる問題ですらなくなっている。実際，これらの現在のソーシャルメディアやインターネットに関連するトピックについての疑問は，いわゆるビッグデータのリソースやインフラを持つものでなければ答えられない。ジェフ・ホー

ウィッツ（Horwitz, 2020）は，ソーシャルメディア上のフェイクニュースの性質や程度を研究しようとする際に，研究者が直面する困難について述べている。2018年，フェイスブックは「ソーシャル・サイエンス・ワン（Social Science One）」と呼ばれるプロジェクトで，学術研究者がプラットフォーム上でどのように情報が共有されているかを研究し，フェイクニュースの拡散のパターンを調べることができるように，10億ギガバイトの情報へのアクセスを提供し，協力すると発表した。研究者たちは，プロジェクト開始後2カ月ほどで機能するデータセットを手に入れられると期待していた。ところが，2年間も機能するデータセットを手に入れることができなかったのである。そのほとんどの期間をフェイスブックとの交渉に費やしたという。政治的な影響を受けるような，しかも最終的にデータセットを管理するのは私企業であるため，結局失敗に終わるかもしれないようなプロジェクトにこれだけの時間を費やす余裕のある学術研究者はほとんどいない。

インターネットやソーシャルメディア上のコミュニケーションパターンについての疑問は，その複雑さと曖昧さにおいて前例のないものである。そうなると，それは間違いなく高レベルのマイサイドバイアスが示される領域ともなる。私の補足的研究テキスト（Stanovich, 2019）の初期版で，どんな研究者でも最小限のリソースで心理学の研究の再現に着手できるという意味で，オープンプロセスとしての心理学研究の再現について私は述べた。これは残念ながらもはや真実ではなく，インターネット上の行動について，より多くの疑問に答えるためには，ビッグデータリソースが必要になってきている。これらの疑問に対して，巨大なデータセットを扱うためのロジスティクスや，大企業の独自アルゴリズムによって活動の性質が不透明になっているため，ほとんどの研究者がアプローチできない（Levy, 2020; Pariser, 2011）。例えば，フェイスブックが，同社のプラットフォーム上の政治的な広告を通じた2016年の選挙へのロシアの干渉に関する調査を開始したとき，同社の研究者は，毎日何百万もの異なる広告を作成していた当時の500万人の広告主の活動から検索を開始しなければならなかった（Levy, 2020）。

インターネット・コミュニケーションの規模が非常に大きいため，アルゴリズムによるターゲティングを伴う質問（「正確に誰が何を見たか，正確に誰が送ったか」という類の質問）に答えるのは，たとえ不可能ではないにしても極めて困

難である。2018 年に，クラウド・ソフトウェアの会社であるドーモは，人は 2.5 クインティリオン（2.5×10^{30}）バイト以上のデータを毎日，生成していると報告した（Domo, 2018）。この指数関数的なインターネット上のデータの増大は，技術の複雑さと結びついて，曖昧な環境を増加させ，その結果，自分のマイサイドバイアスを投影することによって，それを整理し，「明確化する」ことになる。フェイスブックはすでに 10 億以上の偽アカウントを削除しているが（Facebook, n.d.），陰謀論やフェイクニュースに対する懸念がすぐになくなることはないだろう。数年前，現代生活の特定の状況を示すために，「インフォデミック」（「疫病」という言葉をもじったもの）という言葉が作られた（Zimmer, 2020）。この用語は，正確なものもあれば不正確なものもある情報が氾濫し，人々が正確な結論を出すことが実際に難しくなっている状況を指している。インターネット上で「サイバー攻撃」や「ヘイトキャンペーン」が起きているかどうか，あるいはそのような攻撃の特定の主張がデマであるかどうか（Neuding, 2020），平均的な市民が確認することはほとんど不可能である。その結果，真実を判断するために，一般市民はメディアの「専門家」に完全に依存することになる。ただし，どの専門家に耳を傾けるかの選択は，完全にマイサイド的な独断に委ねられることになる。

　争点は党派的でなくても，インターネット上の誤った情報に絡め取られることがある。自閉症が子どもたちのはしか，おたふく風邪，風疹の初期のワクチン接種と関係しているという疑似科学的な説は，ジャロン・ラニアーが用いたフレーズ「パラノイアの仲間たち」（Lanier, 2018）によって生き続けてきたし，今も生きている。この説は誤りだ。膨大なエビデンスによって反証されているが（Grant, 2011; Nyhan et al., 2014; Offit, 2011），インターネットという制御不能なミームの世界に流れるこのような誤った知識に基づく会話を鎮めることは不可能である。

　曖昧さは，個人がより大きな事象の集合のなかの小さな部分について議論しようとするときにも生じる。例えば，ある特定の気象現象が気候変動によるものかどうかという議論は，マイサイドバイアスが強く働く可能性がある。なぜなら，より大きな集合体における**特定**の事象の因果関係の歴史は，しばしば非常に曖昧だからである。しかし，特定の気候の大きな集合体については，因果関係がそれほど曖昧ではない。したがって，地球温暖化そのも

のを，何年にもわたる**総体的な**パターンとして議論することは，はるかに曖昧でなく，マイサイド的に解釈しなくてもよいはずである。**現在の**経済の動向に関する議論は，短期的なものであるため曖昧で，とてもマイサイドバイアスに左右されがちである。しかし，より長い期間にわたる総合的な経済動向は，曖昧なものではないため，マイサイドバイアスが入ることは少ない。

無原則な問題の束ね方に抵抗し，確信の活性化を回避する

　マイサイドバイアスは，私たちが持つ確信によって引き起こされるが，その確信の多くは党派性によって引き起こされる (Leeper & Slothuus, 2014)。本節では，マイサイドバイアスの発生要因としての党派性の不思議な性質をいくつか探ってみる。党派性が生み出すマイサイド的な行動のいくらかは，ある意味で不要なものであるということを見ていく。つまり，党派的なグループの立場を知らなかったとしたら，多くの問題でマイサイド的な行動をする確信などなかったということである。強い党派的な考え方は，私たちがささやかな自信を持って有していたかもしれない検証可能な事前信念を，確信の強さを持って固執する防御された直感信念に変えてしまう。多くの場合，独立した考えをもってすれば，そのような党派的確信にたどり着くことはなかっただろう。

　研究によると，ほとんどの人はそれほどイデオロギー的ではないことが分かっている (Kinder & Kalmoe, 2017; Mason, 2018b; Weeden & Kurzban, 2016)。人は一般的な政治的原則についてあまり考えず，特定の問題については，その問題が個人的に影響する場合に限って特定の立場を持つ。それゆえ問題ごとの立場では一貫しない傾向があり，意識的に考え，理路整然として，首尾一貫した政治的世界観によってまとまっているわけではない。研究によると，政治に深く関わっている人，あるいは非常に高い教育を受け，ハイレベルなメディアを見続けている人に限って，問題に対する立場が一貫してイデオロギーのようにまとまっていることが示されている傾向がある。このようなイデオロギーのある少数派とは対照的に，ジェイソン・ウィーデンとロバー

ト・クルツバン（Weeden & Kurzban, 2016）は，彼らが調査したサンプルの 80%
を「名目上のイデオロギー」にすぎないものとして分類している。彼らは，
「リベラル」「保守」といったイデオロギー的なラベルを意味のあるふうに用
いて，自らをそのように分類しているが，さまざまな領域における問題につ
いての立場において，イデオロギーの一致をほとんど示さない。宗教的な領
域で「リベラル」である場合，経済的な領域でも「リベラル」である傾向は
ほとんどなく（相関は .02〜.05），社会的な領域の問題でリベラルな立場をとる
場合，経済的な領域の問題でリベラルな立場をとる傾向は中程度であり（相
関は .35〜.45），また宗教と社会の両方の領域でのイデオロギー的一貫性もほと
んど見られなかった（相関は .05〜.10）。

　一方，サンプルの 20% となる純粋にイデオロギー的であると思われる回
答者たちでは，宗教と経済の領域で 0.20 から 0.30，宗教と社会の領域で 0.20
から 0.35，社会と経済の領域で，0.55 から 0.60 の相関を持つイデオロギー
的一貫性を示した。重要なのは，この 20% のサンプルは，高水準の教育を
受け，知識や認知能力に関するテストで高い得点を獲得しており，彼らは要
するに認知エリートと言える。こうした認知エリートの間においてのみ，イ
デオロギーの一貫性があった。例えば，ウィーデンとクルツバン（Weeden &
Kurzban, 2016）の研究で調査された 3 つの期間にわたって，純粋にイデオロ
ギー的であったこの 20% のサンプルにおいて，政党支持は個々の争点に対
する立場によって中程度から強い範囲で予測された（重回帰分析における R^2 に対
して，その貢献はそれぞれ .258，.360，.476 であった）。しかし，残りの 80% のサン
プルでは，同じ 3 回の時期にわたって政党支持は，争点に対する立場からあま
り強く予測されなかった（R^2 について，.083，.126，.194）。

　ウィーデンとクルツバン（Weeden & Kurzban, 2016）は，サンプルのうち認知
エリートである 20% の人たちについては，イデオロギーの一貫性が時間の
経過とともに高まっていることを見いだした。しかし，この傾向は，サンプ
ルの残りの 80% では見られなかった。他の研究は，人口の大部分は名目上
イデオロギー的であるだけで，問題に対する立場は原理的な整合性を欠いて
いることを示し，彼らの知見と一致していた（Kinder & Kalmoe, 2017; Mason,
2018a, 2018b）。しかし，このことは，ほとんどの人が米国の政治で観察してい
る党派的な反感や分極化の高まりを理解するという点で，疑問を示している

（Westwood et al., 2018）。人々がイデオロギー的でないなら，なぜ私たちは社会として政治的に分極化を示しているのだろうか。

　多くの人がイデオロギーの一貫性を欠いているということは，米国がますます怒れる党派性を特徴とするようになったという事実と，純粋に矛盾しているように思われる。政治学者は長年，党派間の感情的分極化という現象を測定してきた。感情的分極化を測定するために用いられてきた質問紙や指標は数多くあるが，そのすべてにおいて，過去数十年，特に過去 10 年の間に党派間の反感が著しく高まっていることが示されている（Iyengar et al., 2019; Pew Research Center, 2019）。第 5 章で取り上げた「感情温度計」を用いた研究では，1978 年には感情的分極化の差が温度計の上でざっと 23 度くらいであったのに対し，2016 年にはおよそ 41 度とほぼ倍増している（Iyengar et al., 2019）。重要なのは，分極化の増加のほとんどは，人々が支持政党に対する肯定的な感情を高めるよりも，むしろ対立する政党への否定的感情を高めること，いわゆる「ネガティブな党派性」の増大に由来しているということである（Abramowitz & Webster, 2016, 2018; Groenendyk, 2018; Pew Research Center, 2019）。社会的距離の測度も類似の結論を支持する。1960 年，自分の子どもが他の政党の人と結婚したら動揺すると答えた米国人は 5％未満だった。2008 年から 2010 年にかけて，その割合は 25％から 50％になっている（Iyengar, Sood, & Lelkes, 2012; Iyengar et al., 2019）。2008 年の米国人は，1960 年に比べて，対立する政党の党員は自分の支持政党の党員よりも知性が低いと考える人たちが 8 倍になり，利己的であると考える傾向が 2 倍にも強くなっていた（Iyengar, Sood, & Lelkes, 2012）。

　このように，研究が示すところでは，私たちの多くは，投票者として，イデオロギーとして極端にも一貫性を高めるようにもなっていないにもかかわらず，米国では政治的な分極化が進んできているのである。この一見パラドックスに思える現象の背後に何があるのだろうか。ここでの重要な洞察は，実際にはこれはパラドックスでも何でもないということである。第一に，増大する党派性は，人々のイデオロギーの先鋭化やイデオロギーの一貫性を保つところからもたらされるのではない。そうではなく，部族の役割と特徴の上に立つことで党派性やイデオロギーから影響を被るからである（Clark & Winegard, 2020）。第 2 章でリリアナ・メイソン（Mason, 2018a）の研究に

触れたが，それは政治的党派のグループ間の感情的分極化の程度が，「問題に根ざした」イデオロギーではなく，「アイデンティティに基づいて」引き起こされるという結果であった。党派的アイデンティティは，特定の問題での実際的な差異よりもずっと強力な統計的予測因子になることを見いだして，メイソン（Mason, 2018a, p. 885）は，このように結論している：「イデオロギー的な内集団への選好を予測するのに『リベラル』や『保守』といったラベルの裏側にある力は，ラベルに結びついた態度構造ではなく，集団への同一化に大きく基づいている」。そして彼女は「争点を欠いたイデオロギー」（Cohen, 2003 と Iyengar, Sood, & Lelkes, 2012 を整合的な知見として参照）を論文のタイトルとした。

　メイソン（Mason, 2018a）は，ほとんどの米国人が，政治学者が問題に対して「制約のない態度」（イデオロギー的に一貫したふうにまとまっていない態度）と呼ぶものを保持しているというよく再現された知見を指摘し，党派スタンスは政策態度の反映だけではなく，自身のアイデンティティと対立する政党と異なることを示す方法となりうると論じた。アイデンティティとしての党派は，単に包摂と排除の感覚，つまり私たち対彼らという感覚を示すものかもしれないと彼女は示唆する（Greene, 2013; Haidt, 2012 も参照）。私たちの党派意識は，特定の問題に対するスタンスではなく，同じ志を持つ他者とのつながりを感じるものであるとメイソン（Mason, 2018a）は結論づけた。彼女の議論は，党派性が問題に根ざす道具的な計算によるものではなく，アイデンティティに基づく表現であることを示す他の研究知見と一致する（Huddy, Mason, & Aaroe, 2015; Johnston, Lavine, & Federico, 2017）。

　メイソン（Mason, 2018a, 2018b）の知見は，先に述べたウィーデンとクルツバン（Weeden & Kurzban, 2016）の知見と斉合し，米国が認知エリートによって感情的分極化に導かれているという大きな結論に行き当たる。ウィーデンとクルツバン（Weeden & Kurzban, 2016）のサンプルでは，参加者の5分の4が領域横断的なイデオロギー的一貫性をほとんど示さず，その一貫性の程度は時間の経過とともに変化していないようだった。一方，サンプルの20％である認知エリートの領域横断的な一貫性は非常に高く，さらに重要なことに，それは時間の経過とともに増加した。このことは，比較的イデオロギーの弱い人々が，認知エリートが支配する政党との同一化を通じて，そうでなければ

支持しないような問題に対する立場を支持するように導かれるモデルを示唆している。

　ウィーデンとクルツバン（Weeden & Kurzban, 2016）の結果の意味を理解することは，特定の問題におけるマイサイドバイアスを回避するのに役立つだろう。彼らの結果は，ある問題から別の問題に移るとき，その政治的反対者は**同じ人たちではない**ことに気づかせてくれる。領域間の相関が緩やかであることから，統計的に，問題Aの政治的敵対者は問題Bの敵対者とはまったく異なる人々のサブセットであることが分かる。このことを心に留めておけば，部族的でなくなり，マイサイド的推論に陥りにくくなるだろう。

　さまざまな研究結果によると，米国の有権者の多くは，特定の問題に対するスタンスの背後にある原理を明確にすることができず，多くの問題に対する自分のスタンスは，自分の党派グループが支持するスタンスを聞くまで分からないことが多い。ここでは，ジェフリー・コーエン（Cohen, 2003）の研究が関連している。福祉政策に対する態度を焦点として，彼は，政策の実際の内容よりも，政策に対する党派の推薦が，参加者の支持をより強力に予測することを発見した。まるで，どの政党がその政策を支持しているのかを知らされるまで，参加者はその問題に対する自分の立場を知らないかのようだった。イデオロギーの一貫性を高めることが感情的分極化を促進しないという縦断的な調査結果を報告したイフタック・レルケス（Lelkes, 2018）は，多くの党派が，ほとんどの問題について意見がさして不一致でないときでさえ，お互いを嫌っていると指摘した。

　多くの人が抱える問題ごとの矛盾は，党派的な偏向によって引き起こされるマイサイドバイアスを緩和するための有効なツールかもしれない。私がお勧めするのは，**非**エリートのリードに従うことだ。自分が支持する政党の視点から「矛盾」していることをやってみる。なぜなら，政党を定義するために一緒にされている問題の多くは，**なんら一貫した原則によって結びついているわけではない**からである。その代わり，両陣営の党派的エリートが政治的便宜のために束ねたものである[3]。クリストファー・フェデリコとアリエル・マルカ（Federico & Malka, 2018）が指摘するように，「政治エリートは，実質的に異なる政治的選好を戦略的に束ねる。……これらの束をイデオロギーとして一般大衆に『売ろう』とする……このようなメニュー依存的かつ表出

動機によって，時には『自然な対応では』好むであろう立場とは反対の立場を採用してしまうことがある」(pp. 34-35)。

　もし，主要な政治問題が本当に強く互いに一貫していないのであれば，部族に基づくマイサイドバイアスを飼い慣らしたい私たちにとっては (Clark & Winegard, 2020)，自分たちの政党がとる立場だからといって，それ以外何も知らない問題に対してある立場をとることに懐疑的になるべきだろう。党派が行う立場の束づくりに潜む恣意性[4]と便宜性を理解することは，党派性によって検証可能な信念が直感信念へと変わることを回避するのに役立つはずである。

　重要なのはいかにこのことに気づくかであり，選挙に有利になるようにあなたの支持する政党の政治家たちが意見を束ねたという事実がなければ，とらなかっただろう立場をあなたが支持して，党派的になってしまうことが多いであろうということである。最悪の場合，党派的であることによって，実際には自分が信じていないものを支持することになる。リシケシュ・ジョシ (Joshi, 2020) は，この問題を哲学的に分析し，現代の党派性にまつわる認識論的な課題で，党派間の感情的分極化を導く問題として，銃規制，警察の検分，中絶，企業規制，最低賃金，炭素排出量課税，不法移民，同性婚，人種に基づく大学入学などを挙げている。彼はまず，これらの問題の多くは，相関があるのと同じくらい互いに独立して直交している可能性が高いことから指摘を始めている。ジョシは，皮肉なことに，党派的認知エリートにとって認識上の課題が最も大きいのは，問題間で最も高い党派的相関を示すのが彼らだからだと論じている (Lelkes, 2018; Mason, 2018a; Weeden & Kurzban, 2016)。それぞれの政党の立場と高い整合性を持っているため，両側の党派的認知エリートは，実際には互いにまとまらない――実際には対立する――さまざまな立場を支持している。

　第5章で検討した，政治的分断の両側の党派が，知識，推論能力，認識傾向においてほとんど違いを示さないという研究に照らせば，ジョシ (Joshi, 2020) の論文のタイトルにある言葉を借りれば，どちらの党派も「すべてについて正しい」ということは極めてありえないことなのだ。そうであるならば，ジョシの分析から，問題間の相関が高い人々は，どちらの側であっても自分の信念を穏健化するための最大の合理的または反省的圧力を感じるはず

であることが分かる。

　したがって，本書の読者や著者のような者こそ，党派性を緩和するような圧力を最も感じるべきだろう。認知資本の少ない素人ではなく，党派との課題整合性のレベルが高いのは私たちやすべての認知エリートなのだから（Weeden & Kurzban, 2016）。実際，現代の意見の束やフェデリコとマルカ（Federico & Malka, 2018）が呼ぶ「メニュー」に亀裂を見ることは比較的たやすい。実際，並置されているもののなかには，まさに支離滅裂に見えるものもある。例えば，保守的な共和党員が伝統的価値観，安定した家族，結束力のあるコミュニティ，自由市場資本主義を支持すると言っていることを考えてみよう。問題は，これら４つのうち最後のものが，単純に最初の３つと一致しないことである。無制限な資本主義ほど，世界を破壊する力の大きいものはない。新聞や電子メディアのビジネス面では，資本主義の「創造的破壊」
（より効率的で新しいものを生み出し，促進するために，古い生産方法を捨てていくこと）が，私たちの印象的な物質的豊かさを生み出していると常に語っているわけであるし，それは確かに事実かもしれない。しかし，資本主義による「創造的破壊」とされるもののなかで最も注目すべき破壊されるものは，伝統的価値観，安定した社会構造，家族，結束力のあるコミュニティである。非正規労働の増加やジャストインタイム生産などによって，日々の雇用の時間や場所が不安定になり，家庭生活が崩壊させられてしまう。大型店舗や電子商取引は，小さなダウンタウンの商業地区を破壊してしまっている。保守的な共和党が歴史的に支持してきた伝統的な価値観と，まさに共和党が信奉するグローバル資本主義が産み出した社会的崩壊とは，戦火を交えているのだ（Lind, 2020）。

　同様に，民主党のリベラリズムの特徴として，自分自身と対立する問題意識を持つことが挙げられる。例えば，民主党は，将来の地球温暖化に対処するための法案を率先して推進している。多くのリベラルな都市では，自動車での通勤をより困難で高価なものにすることで，人々の自転車や大量輸送を促すという形で法整備が行われている。しかし，民主党は常に貧しい人々の味方であるとも主張するが，それと，都市レベルでのグリーン・イニシアチブの推進は，かなり葛藤する問題である。車の運転が割高になることで最初に被害を受けるのは，米国の貧しい人々であり，彼らは車からバスに乗り換

え，車を必要とする仕事から排除されることになる。富裕層は，陸運局の手数料，自動車税，渋滞税，交通課金の増額を支払って運転を続ける。このように，民主党の持つ気候変動への関心と，貧困層への支持は，あたかも共和党のグローバル資本主義の支持と家族的価値観擁護の葛藤のごとく，互いに対立するのである。

　実際，党派的な議論では，どちらの側も，**相手側**の立場が一見すると支離滅裂に並んでいることを納得のいく形で論じることが多く，そうした指摘はかなり効果的に使われる。中絶の議論では，選択を支持する側の支持者が，胎児の命は守りたいが死刑囚の命は守りたくないという生命尊重論者の矛盾を指摘するのはよくあることだ。この議論は，しばしば効果的であり，説得力がある。しかし，死刑制度に反対する選択擁護論者の矛盾を指摘する生命尊重論者の対抗的な主張は，中絶を支持する，つまり，犯罪者の死は受け入れがたいと問題とするが，胎児の死は問題に**しない**のは矛盾だ，というものである。選択擁護論者は，多くの無実の人が処刑されたと論じるが，そのとき反対派は，生まれていない者は**全員**無実であると指摘する。相手側の矛盾を主張することで，選択擁護論者も生命尊重論者も，説得力を持たせているようである。ここで規範的な提言は，ジョシ（Joshi, 2020）に倣い，両者がこれらの問題の両方ではないにせよ，少なくとも一方について意見を緩和することであろう。両者がこの2つの問題で一貫性のない立場をとっているのは，それぞれの党派のリーダーたちがこの2つの問題をしっかり束ねてしまったからであり，本来これらの2つは，予想されるよりもずっと独立した問題なのである。

　ミシェル・フーマー（Huemer, 2015）は，現在の政治における一見奇妙な立場の束ね方のいくつかのケースを論じている。動物の権利の擁護者は，人間よりも感覚が鈍く，生物学的に複雑でないものにも，道徳的関心の傘を広げたいと望んでいる。それならば，動物の権利の活動家は，生命の支持者でもあるように思えると，フーマー（Huemer, 2015）は論じている。胎児は，感覚も生物学的な複雑さも劣るため，動物愛護の立場の中心である道徳的保護の拡張を必要とする生物の最前線であるように思われる。しかし，政治的態度の実証的研究結果を見ると，その相関関係は，ややショッキングなことに，一貫して逆の方向にあることが分かる。人間よりもはるかに複雑でなく，感

覚的でない動物の保護を支持する人々は，生まれてくる人間の胎児の中絶を支持する傾向が**強い**。例えば，菜食主義者のなかには，ミツバチに与えるかもしれない道徳的なダメージのために蜂蜜を食べない人がいるが，それは無制限の中絶を声高に支持する人であったりする。

　これらの問題の相関関係が負であるべきかどうかについては議論はあるだろうが，この2つの問題を**肯定的な**方向に結びつける首尾一貫した道徳原理は，なかなか思いつかない。はっきり言って，私は，これらの**特定の**問題についての立場の**いずれか**が間違っているとか，不合理であると主張しているのではなく，この2つの衝突する道徳的判断を並置させていることは，それぞれの立場について独立に思考した結果であるというよりも，人々が党派的に束ねたものを受け入れた結果である可能性が高いということを強調したいのである。

　その他の争点の立場の束ね方も同様に奇妙である。学生ローンの債務を免除することは，より豊かな人に有利な富の移転を意味するのに，なぜ富の不平等を嘆く政党である民主党の立場なのかは不明である（Looney, 2019）。チャータースクールの拡大は，民主党とその白人有権者の多数が反対している（Barnum, 2019）。しかし，民主党はマイノリティの擁護者であると称しているが，実際にはアフリカ系やヒスパニック系米国人が民主党の白人よりもはるかに大きな割合でチャータースクールを支持しているので，この問題の立場をめぐって束ねることの葛藤が生じる。もちろん，ここでの選挙対策は周知の事実である。民主党は，連携する教員組合をなだめたいのである。しかし，私の言いたいことは，この束ね方は，原則的な理由ではなく，政治的な理由で行われているのであるということだ。

　争点に対する立場の束ね方が政治的便宜の理由から行われることは，両陣営の政党内で生じる政策上の立場の変化の速さと程度からも強く示唆される。共和党がオバマ大統領の時代に財政赤字に批判的な立場から，トランプ政権下で巨額の赤字を容認する立場に変わるまでに，わずか数年しかかからなかった（Alberta, 2019）。民主党が，不法移民は低技能労働者の賃金を下落させるという理由で反対する立場から，聖域都市の党〔訳注：米国などで不法移民の滞在に寛容な政策をとる都市をこのように形容する〕となり，すべての不法滞在者の擁護者となるまでに，それほど長くはかからなかった（Borjas, 2016; Lind,

2020)。こうした変化は，政治的原則の適用ではなく，選挙戦略の変化によって引き起こされるという認識によって，私たちは自身のマイサイドバイアスを弱めることに役立つだろう。

　あなたの支持する政党は，抽象的なイデオロギーではなく，社会的アイデンティティのように機能しているのだと理解すれば（Voelkel & Brandt, 2019），あなたではなく，政党自らの利益のために問題を束ねているということが分かるだろう。ここから導かれる提言は，あなたにとって比較的新しい問題に遭遇したとき，高い事前確率の確信を投影する直感信念ではなく，せいぜい中程度に非一様な事前確率を持つ検証可能な信念のように扱うことである。党派的な確信を新しい争点に外挿することで，つまり，本当は強い事前信念ではなく，尤度比に基づいて経験的に決定されるべき問題から，第2章で述べたような悪い種類のマイサイドバイアスが発生してしまうのである。例えば，医療貯蓄口座やチャータースクールの有効性について，支持政党の立場があるからといって，それだけで特別の確信を抱いてはならないのである。

　ここで誤解を避けるために強調したいのは，政党の熱心なメンバーであることは何ら悪いことではないということだ。あなたがその政党に属することは，あなたにとっての確信であるかもしれない。なぜなら，第4章で論じたように，その確信はあなたの遺伝的背景と経験を反映している可能性が高いからだ。しかし，政党への忠誠はあなたにとっての確信かもしれないけれども，検証可能な問題の技術的詳細について知識がない場合，その問題が政党の立場の「メニュー」の一部だからといって，この問題について自信に満ちた事前信念を投影すべきではないことを理解したほうがよい（Federico & Malka, 2018）。

政治的問題よりも党派的部族主義がマイサイドバイアスを引き起こしていることを自覚する

　政治的な問題について議論するとき，相手はあなたが思っている以上にあなたに近いところにいるかもしれない。それは，多くの場合，問題が真の問題なのではなく，部族性が問題だからである。つまり，現代社会の分裂は，

人々が実際の立場においてより極端になることや一貫することよりも，所属する政党によって引き起こされるということである。このようなことが起こりうる統計的な論理を理解することが重要だ。米国社会に対する基本的な信念の相違よりも，メディアのビジネス戦略や政党の選挙戦略のほうが，感情的な疎遠感の原因になっていることを知れば，同胞に対してより同情的になれるのではないだろうか。

　私たちの社会では，数十年前から同じような考えを持つ人たちのコミュニティが地理的に分けられる，いわゆる「ビッグ・ソート」（Bishop, 2008 参照）が起きていることはよく描かれている。私たちは，人口統計学的に共通する人々だけでなく，個人的な習慣，レクリエーションの選択，ライフスタイル，そして政治などにおいて自分と似ている人々と一緒に生活し，交流することがますます増えている。ビッグ・ソートの結果，政治やライフスタイルの選択において，クラスター化された興味深いパターンが見られる。例えば，2012 年の選挙で，バラク・オバマは，ホール・フーズ・マーケット〔訳注：健康志向で無農薬などの良質のやや高額の品揃えを提供しているエスタブリッシュ層が好むスーパーマーケット〕がある米国の郡の 77％を獲得したが，クラッカー・バレルのレストラン〔訳注：古きよき米国の料理や雰囲気が味わえるシニア層や家族連れに人気のレストラン〕がある米国の郡の 29％しか獲得できなかった（Wasserman, 2014, 2020）。このように，私たちは政治的に同じ意見を持つ人々の近くに住むことが増えている（Golman et al., 2016）。例えば，ビル・ビショップ（Bishop, 2008）は，大統領選挙で一方の候補者が 20％以上の差をつけて勝利した郡，いわゆる「ランドスライド（地滑り）郡」に住んでいる米国人がどれだけいるかを計算した。その結果，1976 年の大統領選挙では，26.8％の米国人がランドスライド郡に住んでいたが，2008 年の大統領選挙では，47.6％，およそ半数の米国人が，どちらかの政党に極端に傾いているこのランドスライド郡に住んでいることが分かった。

　もう 1 つの選別として，人々は特定の問題に基づいて政党により一貫して集まるようになっている。このような仕分けによって，各政党はライバル政党との違いを強めているが，この現象から，人々が問題にしている争点についてより**極端になる**ということは起こら**ない**と理解することが重要である。争点による党派的な仕分けは，態度の分布にまったく変化がなくても起こり

うる。また，単に党派に基づく仕分けだけでは，必ずしも個人のなかにある
信念の一致を高めることにはならない。

　ここでは，いくつかの概念がかなりインタラクティブな形で作用している
ため，小規模な統計シミュレーションを使って説明することが役立つと思わ
れる。表6.1は，16人の仮想データセットで，各人の政党へのもともとの同
一化（政党A対政党B），共通の人口統計学的変数（社会経済的地位，性別，人種な
ど）に関する集団成員性（グループX対グループY），2つの争点（問題1，問題2）

表6.1　政党選別の効果を示すデータシミュレーション

参加者	もともとの同一化	集団成員性	問題1	問題2	変化後の同一化
1	A	X	5	8	B
2	A	X	4	3	B
3	A	X	9	6	A
4	A	X	8	5	A
5	A	Y	6	5	A
6	A	Y	8	9	A
7	A	Y	10	6	A
8	A	Y	7	8	A
9	B	X	6	4	B
10	B	X	7	8	B
11	B	X	3	2	B
12	B	X	2	5	B
13	B	Y	8	6	A
14	B	Y	7	4	B
15	B	Y	2	5	B
16	B	Y	8	6	A

相関係数 は以下のようになる。
　政党（もとの）と問題1 = .37
　政党（もとの）と問題2 = .33
　政党（もとの）と集団成員性 = .00
　問題1と問題2 = .45
　政党（変化後）と問題1 = .76
　政党（変化後）と問題2 = .40
　政党（変化後）と集団成員性 = .50

に対する1〜10点の態度の尺度，10点はその問題で示される政策への最大の賛成，1点はその問題で示される政策への最大の反対を意味する形で示している。

表6.1では，もとの政党は集団成員性とは相関がないものの，政党Aに所属していることは，問題1に対する立場と .37 の相関が**あり**，問題2への立場と .33 の相関があることが示されている。問題1と問題2の立場は相関があるが，その相関は中程度である（.45）。つまり，このシミュレーション・データでは，党派は軽度の差別化要因にすぎない。この2つの問題に対する立場とは中程度の関係しかなく（.37 と .33），人口統計学（集団成員性に関する1つの指標）とはまったく無関係（相関は .00）である。さらに，このシミュレーション・データセットでほとんどの人は，どちらの問題についてもそれほど極端ではない（問題1については16人中4人が1〜2点または9〜10点，問題2については16人中2人が1〜2点または9〜10点をつけているだけである）。

ここで，これらの参加者のうち，ごく一部の人が政党を変えたとする。表6.1の右端の列は，16人の参加者のうち4人だけが政党を変更した場合の党員の状態を表している。表では，右端の列で，参加者 #1 と #2 が政党Aから政党Bに変更したことを示している。これは，政党Aに所属していることが問題1の**高得点**と相関しており，この2人の参加者がこの問題に対する支持がかなり低い（4と5）ことから理解できる。また，右端の列では，参加者 #13 と #16 が政党Bから政党Aに変化したことを示している。これは，政党Aにいることが問題1の高得点と相関しており，この2人の支持がかなり高い（2人とも8）ためであると理解できる。

16人中4人が政党を変えたというのはかなり少ない人数であるが，このシミュレーション・データの政党の並び替えの特徴に大きな影響を与えていることに注目してほしい。現在，政党と問題の相関はより高くなっている。問題1と政党Aの相関は著しく強くなり（.37 から .76 へ上昇），問題2と政党Aの相関はわずかに強くなった（.33 から .40 へ上昇）。しかし，それ以上に重要なのは，以前は政党と集団成員性はまったく関係がなかったのに（相関 .00），政党が集団成員性と中程度の相関（.50）を持つようになったことである。Xグループの8人のうち6人が今や政党Bに，Yグループの8人のうち6人が政党Aに所属するようになった。党に所属することは，この2つの問題への強

いつながりだけでなく，自分の人口統計学的集団へのつながりを含むようになった。この集団成員性が，その人にとってのアイデンティティとしていかほどのものであったとしても，そのアイデンティティは，今や政党の一員であることとより強く結びついているのである。

　表6.1に示したシミュレーションから得られる重要なポイントは，人々の問題そのものに対する立場をまったく変えることなく党派性を強めることができるということである——つまり，**問題の党派性**と**問題の整合性**は同じではない（Baldassarri & Gelman, 2008; Westfall et al., 2015）。具体的には，シミュレーションでは，人々は問題1について以前よりも極端にはならず（16人の参加者のうち12人は問題1について中程度の見解，3から8の範囲），問題2についてもソート前よりも極端にはならない（16人の参加者のうち14人は問題2について中程度の見解，3から8の範囲）。重要なのは，問題1と問題2の相関が，ソート前とまったく同じ（.45）であることだ。この2つの問題に対する立場は，以前と同様，中くらいの相関しかなく，しかしながら両者は政党（変化後）との相関がそれぞれ高くなっている。

　表6.1のシミュレーションは，私たちの選挙民で**実際**に起こっていることを説明している（Baldassarri & Gelman, 2008; Groenendyk, 2018; Johnston, Lavine, & Federico, 2017; Mason, 2015）。政党は，問題の立場や人口動態との関連性が非常に高くなっている。政党所属が人口統計学とより高く相関しているため，多くの研究が過去数十年の間に感情的分極化が増加していることを示している（Iyengar, Sood, & Lelkes, 2012; Iyengar et al., 2019; Pew Research Center, 2019）。例えば，リリアナ・メイソン（Mason, 2018a）は，党派への同一化が，特定の問題に関する実際の違いよりも，感情的分極化のはるかに強い予測因子であることを見いだした。先に紹介した研究では，イフタック・レルケス（Lelkes, 2018）が，反対派は問題について実際，それほど不同意でなかったとしても，党派的な憎しみが問題の反対派への否定的な感情をかき立てることがあることを発見した。

　表6.1は，なぜ私たちの政治が，メイソン（Mason, 2018a）の用語を用いれば，このような「争点を欠いたイデオロギー」局面を迎えたのか，つまり，国民の間であまり意見の相違がない問題でも悪質な政敵が対立することになりがちなのかを統計的に示している。政党再編が起きると，人口動態やライ

フスタイルの相手との違いがより顕著になり，ささやかな政策の違いにもかかわらず，相手との距離感が遠くなる。これは結局，問題に対する抽象的な哲学的立場を，直感的に感じられる社会的アイデンティティに変えてしまうことになる（Mason, 2015）。問題の不一致の大きさはまったく変わっていないにもかかわらず，私たちはより激しく意見をぶつけ合うことになるのである。

　党派選別が行っているのは，政党を超えたいわゆる「横断的アイデンティティ」の崩壊である（Bougher, 2017; Iyengar et al., 2019; Johnston, Lavine, & Federico, 2017; Lelkes, 2018; Mason, 2018b）。数十年前，米国の民主党は，少数派ながらもかなりの生命尊重主義者を包含していたが，今はそのようなことはずっと少なくなっている（生命尊重側の民主党候補が国政に出ることは事実上考えられない）。こうした横断的アイデンティティが，以前は党派的な憎悪を減衰させていたのである。その代わりに現在，リリアナ・メイソン（Mason, 2015）が発見したのは，表 6.1 のシミュレーションが説明したように，問題についての立場の分布の変化とは無関係に，党派的怒りが相互連携とともに増大することである。メイソン（Mason, 2015）が指摘するように，このように立場がそろったアイデンティティ（党派的アイデンティティと人口統計学的アイデンティティと争点ポジションの整合）は，そろっていない場合よりも強いアイデンティティとして働く。それゆえ，私たちの政治には部族的な性質があり，「争点の立場だけでは説明できないほど，メンバーが偏り，怒っている選挙民」（p. 140）ができてしまうのだ。

　したがって，特定の政策の立場についての推論に，分極化の**社会的**要素を漏らさないようにすることが重要である。社会的・部族的な忠誠心が働くと，私たちは，ジョナサン・ハイト（Haidt, 2012）の用語を使えば，より「集団的に（groupish）」行動する傾向があり，その「集団性」の一側面として，私たちは確信を投影し始める傾向があり，より非規範的なマイサイドバイアスを示す傾向がある。メイソン（Mason, 2015）の比喩を使えば，私たちは，投資先を選ぶ銀行員よりも，スポーツファンのように振る舞い始めるのである（Johnston, Lavine, & Federico, 2017 参照）。よりよい推論をするためのツールを私たちに与えるという観点から，ここによい知らせがある。つまり，特定の問題についてのマイサイドバイアスを少なくするということである。ここでの教訓は，特定の問題に関して，部族に基づく忠誠心やライフスタイルの社会

的レベルから見えるよりも，私たちは同胞の市民に近いということである。

　ビショップ（Bishop, 2008）がもともと提唱した人口統計学的ビッグソートが，政治の世界にも波及しているのである。事実上，政党が行ったことは（私たちが理解できるたとえで言えば），あなたが高校時代に嫌いだったあらゆるタイプの子どもを集めたということである。あなたが嫌っていた子どもたちは大人になり，当然のようにあなたとはまったく違う外見で，あなたとは違うライフスタイルを持ち，あなたが嫌いなライフスタイルを持つ他の人たちと連携し，そして彼らは**みんな**，あなたと**異なる**政党に入党したのだ！

　しかし，それにもかかわらず，調査が示しているのは，目下の具体的な問題については，それが何であれ（未成年の子どもへの税控除，チャータースクールの拡大，最低賃金など），そういった人たちがあなたとそれほど違わないように思っている可能性があるということだ。もしあなたが争点の主張を穏健に支持しているならば，たとえ彼らが反対したとしても，それも穏健にしか反対していない可能性がある。ライフスタイル全体では**なく**，**特定の問題**に焦点を当てる限り，あなたは反対側の人たちとそれほど大きな隔たりはないのだ。そしてもちろん，問題に焦点を当て，自分の確信を投影する誘惑に抵抗することは，政治的議論においてマイサイドバイアスを避けるために，まさにやるべきことである。

マイサイドバイアスを助長する
アイデンティティ政治に反対する

　マイサイドバイアスが社会の公の議論におけるコモンズを燃え上がらせた火だとすれば，アイデンティティ政治は，抑え込めるような火を激しい大火に変えてしまうガソリンと言えるだろう。ジョナサン・ラウシュ（Rauch, 2017）は，アイデンティティ政治を「政党，イデオロギー，金銭的利害によるものではなく，人種，ジェンダー，セクシュアリティといった特性による，政治的動員」と定義している。しかしながら，マイサイドバイアスの助長にアイデンティティ政治がどのような役割を果たしているのかを理解するという目的にとっては，このラウシュの定義は広義で味気なさすぎるもので

あり，有益なものとは言えない。文化的あるいは政治的言説において，いかにアイデンティティ政治が有害なものとなるかを理解しようとするならば，特に知的な議論を害するパターンに焦点を当てる必要がある。これにより，大学キャンパスは，意見を活発にぶつけ合う討論場から集団思考を行うたまり場へと変わってしまった。

　グレッグ・ルキアノフとジョナサン・ハイト（Lukianoff & Haidt, 2018）の貢献は，「共通の人間性」の類と「共通の敵」の類の2種類のアイデンティティ政治を明確に区別したことである。キング牧師が実践したような「共通の人間性」に基づくアイデンティティ政治とは，皆が目指すべき普遍的な共通基盤を強調しつつ，普遍的な社会概念のもとで誰もが持つべき尊厳と権利を，特定の集団の人々は否定されていることを指摘するものである。

　共通の人間性に基づくアイデンティティ政治は，大学という議論におけるコモンズでの筋の通った議論にとって何の問題もないものである。もし，アカデミアに普及しているアイデンティティ政治のパターンがこちらであれば，アカデミアに危機が訪れることはないだろう。実際のところ，もし大学キャンパスで共通の人間性に基づくアイデンティティ政治が実践されているならば，ヘテロドックスアカデミー〔訳注：キャンパス内の多様性の欠如に対抗するための非営利団体〕や教育における個人の権利財団（FIRE）のような団体は必要ではないだろうし，FIRE などの団体の年次報告書に記されているような，講演者へのやじ，議論の場からの排除，「偏見対応チーム」からの脅迫といったものもないだろう（Campbell & Manning, 2018; Kronman, 2019; Lukianoff & Haidt, 2018; Mac Donald, 2018）。移民，男女差，教育格差，中絶，家族構成，貧困，子育て，性的指向，犯罪率といった重要な文化的・社会行動的トピックスについて，政治的に正しい結論を支持しない知見や理論を主張したことで，教授たちが時に厳しい職業上の代償を支払うような必要もなくなるだろう（Clark & Winegard, 2020; Crawford & Jussim, 2018; Jussim, 2018, 2019a, 2019b, 2019c; Kronman, 2019; Murray, 2019; Reilly, 2020 を参照）。そうした教授たちは（Amy Wax とは異なり，Lukianoff & Haidt, 2018; Mac Donald, 2018 を参照），同僚から糾弾されることなく，これらの，あるいはこのような他のトピックスに関する論説を書くことができるだろう。また，他の教授がその議論を「危険なもの」として拒絶したり，授業に出席しないようにと学生に促したりするようなことなく，

教授が政治的に正しい「多様性に関する声明」を書かされる現状に異議を唱えることもできるだろう（Thompson, 2019 を参照）。要するに，キング牧師が推進したようなアイデンティティ政治であれば，大学キャンパスでの知的な議論を抑圧しようと蔓延するマイサイドバイアスにさらに燃料を投下するようなことはないだろう。

　しかし，**共通の敵を持つ**アイデンティティ政治**は**燃料を投下する。これについてはグレッグ・ルキアノフとジョナサン・ハイト（Lukianoff & Haidt, 2018）が詳細な議論で述べており，ここでは簡単なレビューにとどめておく。大学におけるアイデンティティの考え方は，マルクス主義のさまざまな系統に，ヘルベルト・マルクーゼの著作（Wolff, Moore, & Marcuse, 1969, pp. 95-137 を参照）から「抑圧的寛容」をかなり取り入れ，「インターセクショナリティ（交差性）」や批判理論といった近代の学術的流行を加えてごちゃ混ぜにされてきた（Pluckrose & Lindsay, 2020）。その結果できあがった理論の「ごった煮」は事実上，キング牧師の共通の人間性に基づくアイデンティティ政治に対するアンチテーゼとなっている。

　共通の敵を持つアイデンティティ政治によると，非常にざっくりとした人口統計学的カテゴリーに対して強く働く社会的な力によって，社会が構成されていると見なされる。この力というのは主に，人口統計学的特性（人種，性別，性的指向など）の組み合わせによって，人々を「特権的」（「支配する力を持つ」と定義）にしたり「抑圧的」にしたりする力関係のことである。それまで取り残されていた集団に共通の権利が与えられても誰も損はしない共通の人間性を訴える集団に基づく政治とはまったく異なり，共通の敵を持つ権力に基づく政治は厳密なゼロサムゲームであり，特権者の力を削いで，それを特定の「被害者集団」に再分配することを特に意図するものである。特定の人口統計学的カテゴリーやその組み合わせは，他のカテゴリーよりも多くの被害者を含むものと見なされる（その結果については，多くの異なる研究者たちが「誰がより抑圧されているかを競い合う『抑圧オリンピック』」と表現している；Chua, 2018; Lilla, 2017 を参照）。これらの被害者集団の構成員は皆，その人口統計学的プロファイルに応じて程度の差こそあれ，同じ共通の敵（白人，異性愛者，男性）によって抑圧されているのである。

　共通の敵を持つアイデンティティ政治は，特定の被害者集団を社会的ある

いは文化的に統合しようとするのではなく，特に政治や議論といった文脈において，特定の集団に**優先権**を与えることを求めている。共通の敵を持つアイデンティティ政治の非普遍性には，マイサイドバイアスを助長して知的な議論を打ち切りにしてしまうという効果があるので，ここでは議論に焦点を当てる。現在の大学キャンパスで繰り広げられている「インクルージョン[5]」や「多様性の尊重」という概念には，自分を不快にさせるようなアカデミックな言説は決してあってはならないと学生に思わせるような効果がある（これについては Kronman, 2019 や Lukianoff & Haidt, 2018 でよく論じられている）。これは，共通の敵を持つアイデンティティ政治の階層[6]のなかの特定の被害者グループに特に当てはまるもので，そうした人々は，自分が不快な気持ちになっていると述べることで，議論自体が終わる，もしくは，議論の相手が自身の意見を尊重すべきであると信じ込まされている。

　このように，共通の敵を持つアイデンティティ政治は，2つの意味でマイサイドバイアスを助長する。あらゆる問題をアイデンティティというレンズを通して見るよう人々に促すことで，検証可能な命題に関する単純な信念を完全な確信（直感信念）に変え，それを新たなエビデンスにも投影するような流れを生み出している。アイデンティティというのは，自分自身について述べる際にその中心にあるもので，確信というのは多くの場合，自身のアイデンティティを中心にしてその周りにあるものである。しかし，だからと言って，私たちが遭遇するすべての問題が自身のアイデンティティに関連しているわけではない。多くの人はこの違いを知っており，単純で検証可能な命題を確信であるかのように常に扱ったりはしない。しかしアイデンティティ政治（これ以降，私が「共通の敵」のほうについて話していることは明らかであろう）は，これを信奉する人たちに対し，力関係は**あらゆるところで**働いていることに気づいて，その結果，確信として扱われるような主張のカテゴリーを拡大させるようにと働きかけるものである。そして，実際の知的な議論の場で意見の相違が生じたときには，特定の被害者グループの人々の確信は，自分たちが「公式な」被害者だという主張により，そちらが勝者だと見なされる。

　こうして，学生たちはどのような議論であっても，それぞれのアイデンティティ集団（またはその組み合わせ）の立場から捉えるということに慣れていく。「Xとして話すと[7]」と言う特定の人口統計学的カテゴリーから見たと

きの議論の枠組みを大学教授たちが耳にすれば，次に何が起こるかはよく分かっている。教授の視点から言えば，このような方略は教室内での議論を大きく後退させるものだ。教授が学期を通じて育もうとしてきた認知スタイル（論理と実証的エビデンスへの信頼，操作的に定義された用語の使用，多角的な視点の使用）も直ちに覆されてしまう。

　共通の敵を持つアイデンティティ政治においては，主張を高く評価したり評価しなかったりする特別なやり方がある。そのやり方とは主張の論理的内容や実証的内容に基づくものではまったくなくて，その発話者が抑圧を受ける人たちの階層のなかでどこに位置するかに基づくものである。実はこれはポストモダンの学術的思想における古い考え方であり，「抑圧された者の認識論的特権」と呼ばれる（私がこの言葉を初めて聞いたのは1990年代初頭の読書教育学会だ）。この理屈に従えば，被害者オリンピックでランクの高いメダルを獲得した人ほど，その主張は重視される。次に，抑圧されてもいない人が発言を続け，自分の意見を通そうとする状況にどう対処するかを考えることになる。ここでマルクーゼの「抑圧的寛容」，つまり寛容には不寛容が必要という概念が登場し（Wolff, Moore, & Marcuse, 1969, pp. 95-137参照），キャンパスでこの10年に「やじ」や発言者に対する「議論の場からの排除」が気の滅入るような頻度で発生していることがこれで説明できる（Ceci & Williams, 2018; Jussim, 2019c; Lukianoff & Haidt, 2018; Mac Donald, 2018を参照）。共通の敵を持つアイデンティティ政治をキング牧師の共通の人間性に基づくアイデンティティ政治と著しく異なるものとする決定的な特徴は，その使命である。平等の回復ではなく，力関係の**逆転**を意図しているのである。あるいは，ルキアノフとハイト（Lukianoff & Haidt, 2018, p. 66）が説明するように，「マルクーゼ的革命の目的や目標は，平等ではなく，権力の逆転である」。

　もちろん，このようなことは教授陣が大学で教えようとしていることと相反するものであるはずだが，それについては次の節で詳しく述べる。ここでは，ほぼすべての社会文化的なものについて，これを信奉する人たちのアイデンティティに関連させることで，アイデンティティ政治が検証可能な命題を確信に変えていくやり方に焦点を当てることにしよう。なぜなら，自分のアイデンティティに関するものであればそれは常に確信となり，自分が話すすべてのことについてマイサイドバイアスを助長することになるからだ。

フィリップ・テトロック (Tetlock, 1986) の研究 (この章の「自分のなかにも対立する価値観があると認識すること」の節で述べられている) がこれに関連している。ある問題について考える際に, そこに対立する価値観があることを自覚すれば, マイサイドバイアスを最も容易に回避できるとテトロックは気づいた。実際, 彼は「一元論的イデオロギー」について警告している。そこでは, すべての価値観は単一の視点から生まれ, 互いに対立したりしないため, 強力にマイサイドな推論になるというのである (Tetlock 1986, p. 820)。他の「一元論的イデオロギー」と同様, アイデンティティ政治は, これを信奉する人たちに自身のアイデンティティ集団の単一の視点から価値観を形成することを促すため, 社会におけるマイサイドな推論をより悪化させる可能性がある。

　アイデンティティ政治によって通常の社会的やり取りが手詰まり状態となることを物語る事例が, 話題となった2018年のポッドキャストで見られる。作家でポッドキャスターのサム・ハリスとエズラ・クラインが, 知能や知能の差をテーマにした, サムのチャールズ・マレーとのインタビューについて議論を行った(Harris, 2018)。やり取りの重要な部分は次のようなものだ。

　エズラ・クライン：他のみんなは部族的に考えているけど自分はそうではない, と言い続けておられますが, そこが私たちの意見が異なる点だと分かっていないから, 困惑しているのでしょう。
　サム・ハリス：いや, 私は自分が部族的な考え方をしていないことは分かっていますので……。
　エズラ・クライン：ええ, そこが私たちの意見の異なるところです。マレーとのことが始まったばかりの頃, マレーを見れば自分に何が起こるか分かると言いましたね。あなたはとてもよく分かっていて, 彼に起こったことを目にすれば, 自分にも何が起こるか分かるということですね。
　サム・ハリス：これは部族主義ではありません。これは, 公の場で考えを話すということです。
　エズラ・クライン：私たちは誰もがさまざまなアイデンティティを持っており, そこに常に属するものです。私だってそうです, あなたが呼び出すことのできるアイデンティティはすべて持っています。もちろんどれ

もが私の考えに影響を及ぼすわけですが，問題は，どのアイデンティ
ティが優勢で，どうすれば情報収集やそれを判断するプロセスを通じて
それらのバランスをとれるか，ということです。あなたの核となるアイ
デンティティは，ポリコレ集団から不当な扱いを受けていると感じてい
る人，というものだと思うのですが。

　このような手詰まり状態に，部族主義者（クライン）と反部族主義者（ハリ
ス）という，共通の敵を持つアイデンティティ政治によって生み出されたパ
ラレルワールドを見ることができる。クラインは，ハリスに自分も部族の一
員だと認めさせ，アイデンティティ政治を行おうとしている。ハリスは，ア
イデンティティ政治のゲームに参加する気はない。彼はクラインに対して，
誰もが平等な立場にある，アイデンティティから独立した視点から社会問題
にアプローチするということに同意してほしいと思っている。彼はクライン
に，少なくとも中立的な視点，つまり哲学者トマス・ネーゲル（Nagel, 1986）
の言うところの「どこでもないところからの眺め」から議論しようとするこ
とを求めているのである。クラインはそのようなスタンスの存在を否定し，
これはハリスが自分も自身のアイデンティティという偏った見方から発言し
ていること，つまり彼の部族的視点を明らかにしないための方便にすぎない
と考えている。
　ハリスがここで難色を示している理由は明らかである。クラインが自分に
「裕福な白人異性愛者」といったアイデンティティを付与し，アイデンティ
ティ政治お決まりのやり方で，そのテーマ（知能の個人差）についてのハリス
の意見は疑わしいものだとして切り捨てようとしているのが分かっているか
らだ。クラインも白人だが，ハリスは，被害者となるアイデンティティ政治
集団の味方の立場から彼らの代表として，クラインが「Xとして話すと」を
発動しようとしていることに気づいている。これは理性的な議論という観点
から言えば，アイデンティティ政治の最も有害な戦略である。
　この戦略について論じたマーク・リラ（Lilla, 2017, p. 90）は次のように述べ
ている。「これは当たり障りのない文言ではなく，自分はその問題に関して
特権的な立場から話しているということを聞き手に伝えるものである。……
そしてそれはその場を力関係がものを言う場に変える。つまり，議論で勝つ

のは，道徳的に優位に立てるアイデンティティを発動し，議題に対し最も怒りを表明した者である」と。このような戦略は議論の際にアイデンティティに重きを置くものであるが，真に学生が大学で学ぶべきは，無関係な文脈や無関係な個人の特性を議論から切り離す方法である。優れた大学教育とは，このような切り離されたスタンスというものを自然な習慣とするよう学生に教えるものである。しかしアイデンティティ政治は，大学教育の目的についての考え方を100年ほど後退させ，特に，知的な議論の場において，変えることのできない人口統計学的特性を特に重視することを学生に奨励しているのである。

アンソニー・クロンマン（Kronman, 2019）は，気持ちや感情が議論のなかで重視されるべきだと考えるような人は，議論での対話を打ち切ってしまうと述べている。クロンマン（Kronman, 2019, p. 115）は次のように指摘する。「このような考え方を持ち出す学生は，それを自分で考え出したわけではない。彼らは，本来もっと分別のあるべき教授陣の指導に従っているだけである。教授陣は，公平な視点からの評価をしようとするのではなく個人的な経験の力に従うよう学生を誘導し，ソクラテスに背を向けようとしている」。感情によって正当化されたものの価値は完全に内面的なものであるため，他者が評価することはできず，そのため，どのような批判からも免れやすい。クロンマン（Kronman, 2019）は，全員の共通基盤に基づいて評価が可能な学術的命題で議論を裏づけることを教授陣は学生に教える必要があると指摘しているが，これはすべての教授が知っておくべきことである。実際のところ，本来のエートスに忠実な大学が許可すべき「Xとして話す」は，「理性的な人間として話す」ことだけであるが，残念なことに多くの大学教員がこのエートスを放棄してしまっている。

先のポッドキャストでは，サム・ハリスはその帰結がどうなるのかを十分すぎるくらい分かっており，それが自分のアイデンティティ集団[8]を認めろというエズラ・クラインの要求を拒んだことの説明になる。リラ（Lilla, 2017）は，「Xとして話す」というのは，実際には，議論における特権的な立場の主張であると述べている。なぜなら，「勝者」は道徳的に優位なアイデンティティを発動させた者であるからだ。このクラインとのやり取りでのハリスの反抗的な態度は，議論のレベルがこのような前近代的なところまで落

ちてしまうという恐怖感からではないだろうか。私が考えるに，誰も格別の特権を主張したりしない議論をハリスが求めていたのは間違いない。ハリスは，双方が「理性的な人間として話す」スタンスをとることを望んでおり，そうすれば，自分ではどうにもできない特性への特別な加点はなしに，それぞれのよい点に基づいて議論が評価されることになるだろう。

　1970年代後半に私が心理学部で批判的・科学的思考法を教え始めた頃，ハリスがクラインに望んだような思考法を学生に教えることは，すべての教授にとっての理想だった。そこでの「ベストプラクティス」は，科学的な世界の見方の根底にある「どこでもないところからの眺め」が直感には反するものの優れていることを学生に教え，知識に関する主張を判断する際に，最近よく言われるところの「生きた経験」に依存することの落とし穴を指摘することであった。学生たちとは，科学において知識に関する主張の真偽は，それを主張する個人の信念の強さや，直感，権威，あるいは当時私たちが「個人的経験」と呼んでいたものによって決まるのではないということを話し合った。実証ベースではないすべての信念体系の問題は，相反する主張をどう解決するのかのメカニズムがないことである。ある議論において，全員が生きた経験に基づいて自分の主張を行っているにもかかわらずその主張が対立する場合，誰の生きた経験こそが実際に真実を反映するものだとどうやって決めればいいのだろうか。残念ながら，このような対立は大抵が権力闘争に帰結することを歴史は教えてくれる。

　科学は，個人的な経験に頼るのではなく知識に関する主張を公的なものとし，全員が納得できる方法で対立する考えを検証できるようにしてくれる。真に科学的な主張とは公の場でなされるもので，そこで批判，検証，改善され，時に否定されることもあるだろう。このため，全員があらかじめ納得している平和的なメカニズムによって，理論の取捨選択が行われることになる。こうして科学は人類の歴史において，議論を決着させるための主な役割を果たしてきたのである。

　1970年代当時雄弁な新米教員だった私は，学生の注意を授業資料の重要性に向けようと，「科学は皆さんの個人的な経験など気にしない！　皆さんのお気持ちなど気にしない！」と叫んだこともあったはずだ。それは実際に学生の注意を引いた。もし今授業でこんな発言をしたら，学生たちはきっと，

私が彼らの「生きた経験」の意味を否定していると考えるだろう。そして，「偏見対応チーム」が私のもとへとやって来て，学長への釈明文を書くことになるのである。

　皮肉なことに1970年代には，学生を個人的な視点から科学的な視点へ，つまり，自分中心的な視点（「Xとして話す」）から「どこでもないところからの眺め」へと移行させることが政治的に**革新的**だと考えられていた。人々が置かれている状況に関する客観的な真実を明らかにすることは，公正な社会の構築を妨げるのではなくむしろ助ける，というのが大前提だったのだが，このような考え方は現代の大学では失われてしまった。

　少なくとも大学当局の公式な方針としては，事実である主張を科学的根拠で強固に擁護することは，もはや大学内での規範として受け入れられるものではない。そして，社会科学や人文科学の教授は，それを明らかに規範としないポリティカル・コレクトネスが漂う空気のなかで仕事をしないといけない（そのため，ヘテロドックスアカデミーや教育における個人の権利財団のような団体が不可欠となる）。サム・ハリスがエズラ・クラインと経験したのがニュー・ノーマルである。今や大学はクラインの側につく可能性が高い。広範な「ダイバーシティ（多様性）」と「インクルージョン（包摂）」という大学運営の基本的指針は，大学の役割が，世界中で受け継がれてきた最高の思考を取り込みつつ自分なりの独自のモデルを学生が構築するのを助けることであるとはもはや想定していない。むしろ，多様性という基本的指針は，社会的な力によって学生にはあらかじめ決められたアイデンティティが付与されており，大学の役割は，学生のそのアイデンティティへの愛着を肯定することであると想定している。

　ポリティカル・コレクトネスとアイデンティティ政治にふけったために，大学はエビデンスを中立的に判断する機関としての世間の信頼を失ってしまった。もし議論におけるコモンズの残念な状態を改善しようとするならば，真実を追究する機関として大学を正しいあり方に戻す必要がある。政治の領域では誰であれアイデンティティ政治を行うのは自由である。**政治的な**議論として「あなた方は長い間権力を手にしてきた。そろそろ私に譲ってほしい」と言うのはフェアなことだろうし，このような主張が道徳的な力を持ち，相手を納得させることを望む[9]。あるいは，**政治的な**議論として「私の

マイノリティ集団を合わせるとあなた方の集団より大きいのだから，私と私の集団に権力を与えてほしい」と言うのもよいだろう。このような文脈であれば，アイデンティティは権力政治を行うために発揮されているし，少なくともこのような場合，アイデンティティ政治は適切に用いられている。しかし私たちが論理的に考える際には，合理的な議論と正当化された信念に焦点が当てられるべきで，意見の主張のためのアイデンティティは，論理的な考えと真の信念に忠実であるべき大学にふさわしいものではない。

マイサイドバイアスを正すものとしての 大学を再構築する

　前の節では，マイサイドバイアスを回避するために必要となる認知的な切り離しのスキルを学生が習得するのを，アイデンティティ政治が妨げているという問題に焦点を当てた。この節では，そうしたスキルを学生に教える上での大学の役割[10]について検討する。大学の最近の動向として，マイサイドバイアスを回避するために必要となる切り離しや脱文脈化といったスキルを学生に教えるのが難しくなっているということについて論じていこう。

　認知的な切り離しとは何であり，なぜそれがマイサイドバイアスを回避する上で中心的な役割を果たすのか。切り離しによって，抑制と持続的なシミュレーションという2つの重要な機能が可能になる。1つめの機能である自動的な反応の抑制というのは，実行機能に関する分野で研究されている抑制のプロセスに似たものである（Kovacs & Conway, 2016; Miyake & Friedman, 2012; Nigg, 2017）。切り離しが果たす2つめの重要な機能とは，仮説推論を可能にすることである（Evans, 2007, 2010; Evans & Stanovich, 2013; Oaksford & Chater, 2012; Stanovich & Toplak, 2012）。仮説推論を行うというのは，世界に関する仮のモデルを作成し，そのシミュレーション世界のなかで行動を検証することである。アリストテレスは，以下の引用において，仮説的思考に言及している。「受け入れずして思想をたしなむことができれば，それが教育された精神の証である」。

　しかし仮説推論を行うためには，現実の世界における表象と，想像上の状

況における表象とを混同しないようにする必要がある。表象を世界から切り離すことは，まさにこれを可能にする。このような「二次的表象」を扱うこと，つまり「切り離し」を維持することは，認知能力という面ではコストがかかるものである。しかし，シミュレーションのためにこのような切り離しを行う**傾向**というのは気質に関する変数であり，認知能力とは別物である（Stanovich, 2011）。この特性は，経験と訓練によって発達させることができるもので，論理や推論といった場面での訓練だけでなく，大学の学問分野の多くで行われているようなインフォーマルな形の脱文脈化思考の訓練においても発達させることができる。

　さまざまな研究者の多くが，高次な思考を発達させるにあたっての脱文脈化の重要性を強調している。ピアジェ（Piaget, 1972）が概念化した形式的操作思考では，脱文脈化のメカニズムが最重要視されているし，また，批判的思考に関する分野の研究者の多くは（例えば，Neimark, 1987; Paul, 1984, 1987; Siegel, 1988），脱文脈化の方法として，脱中心化，客観化，脱人格化を合理的思考の基礎的スキルとして強調している。そこで大きく取り上げられているのが，自分以外の視点を取り入れる能力である。マイサイドバイアスの回避は，このような視点切り替えの能力や特性に依存している。

　しかし，私たちヒトの脳は認知的倹約家，つまり，情報処理コストの低い処理メカニズムをデフォルトとして使うという特性があるため，視点切り替えの能力は制限を受けることになる。これは，心理学と認知科学の過去50年の研究を通じて確立されている研究テーマでもある（Dawes, 1976; Kahneman, 2011; Simon, 1955, 1956; Shah & Oppenheimer, 2008; Stanovich, 2018a; Taylor, 1981; Tversky & Kahneman, 1974）。認知処理が倹約家傾向であるのは，処理の効率性という進化的には真っ当な理由のためだが，まさにその効率性の観点から，マイサイドバイアスを避けるための視点切り替えというのは決してデフォルトの処理動作にはならないこととなる。よく知られているとおり，他人の視点に立って情報処理をするのは認知への負荷が高いためである（Gilbert, Pelham, & Krull, 1988; Taber & Lodge, 2006）。したがって，マイサイドバイアスを避けるために必要な視点切り替えは，それが習慣となるまで訓練を重ねる必要がある。しかしアイデンティティ政治は，その集団の成員として自動的に生じる視点から切り替えないようにさせたり，あらかじめ決められている集団の立場に基づ

く文脈化を行わせたり，切り離しによる視点切り替えは支配的な父権社会に対する裏切りだと見なしたりすることによって，これを阻んでいるのである。

　真の視点切り替え，つまり新たなやり方で世界を概念化するために枠組みを考え直すことは，ある意味では自己から遠ざかることを必要とする。そのためには，モデル化しやすい視点，すなわち必然的に自分自身や自分にとって重要で親密な集団の視点からの枠組みは時に避ける必要がある。第2章で述べたとおり，デフォルトの枠組みが常に間違っているというわけではないが，青年期にある大学生というのは，ちょうど**その他**の枠組み化戦略を学ぶべき人生の段階にいる。

　認知心理学の講義をするときに，私はブロッコリーとアイスクリームのたとえを使う。認知のプロセスには，負荷は高いが必要なものがある。それがブロッコリーだ。その他の思考プロセスは私たちが自然に行えるものであり，認知的に負荷の高い処理ではない。これがアイスクリームだ。講義では，ブロッコリーにはチアリーダーが必要だが，アイスクリームには必要ないと学生たちに話す。これが，教育がブロッコリーのほうの思考プロセスを強調する理由である。このような思考プロセスのためには，自然と「アイスクリーム」型思考をデフォルトとしがちな傾向を克服するためのチアリーダーが必要なのである。

　視点の切り替えとは，認知的「ブロッコリー」の一種である。自身のアイデンティティや所属のアイデンティティという安全地帯の外へと学生を連れ出すことは，かつては大学教育の重要な目的の1つと考えられていた。しかし，大学に入学するずっと以前から学生が持っているアイデンティティを単に肯定するだけでは，大学によって付加されるような価値というのももはやなさそうに思える。アイデンティティ政治に重きを置くというのは，大学は単にアイスクリームのチアリーディングをしているにすぎない。そうではなくて，学生は，長年持ってきた視点という安全さや快適さを手放すことにはリスクよりも利点がある，つまり，長い目で見れば，マイサイドな認知処理では自分が生きる世界の深い理解には決して至らないということを教わる必要がある。

　カハン（Kahan, 2016, p. 19）は，議論におけるコモンズにおいて切り離しを促

進するためには，「政策に関連するような事実を，対立する所属集団やそこへの忠誠心からくるものだと捉えるような望ましくない社会的意味から切り離す」必要があると提言している。そして，これを行うために設計された機関こそが大学である。前の節のサム・ハリスとエズラ・クラインとのやり取りで述べたように，大学は機関として，かつてはハリスの立場をとっていた。私たちの文化における大学というもの独自の認識論的役割というのは，問いに対して主張やエビデンスをどのように提示するかを学生が学べる場を設け，所属集団への忠誠心からくる確信が，検証可能な問題に関するエビデンスを評価する際に影響を及ぼすことのないように教えることであった。大学教員は，アイデンティティ政治の台頭を，立論やエビデンス評価の際の切り離しを教えるにあたっての脅威と認識すべきであった。単一の視点のみですべての価値が決まる一元論的イデオロギー（Tetlock, 1986）として，アイデンティティ政治は検証可能な命題の多くをアイデンティティベースの確信に取り込んでしまう。カハン（Kahan, 2016）の提言の逆をいく，つまり，政策に関連するような事実に対する立場は，所属集団に基づく確信からくるものだと捉えることで，マイサイドバイアスを助長するのである。ここ数十年のとても気の滅入るような社会の流れとして，大学が持つ知的使命の核心を攻撃する信念体系であるアイデンティティ政治の**支持者**に大学がなってしまっているというものがある。

　予想されるとおり，現代の大学において見られるマイサイドバイアスは，「抑圧学なんてものが広まるのは，科学的責任の放棄に等しい。大学が探究心よりもイデオロギーを優先するのであれば，科学に対する懐疑主義も必然的なものとなる[11]」というブレット・ワインスタイン（Weinstein, 2019）のツイッターのコメントにも見られるように，機関としての大学への信頼を損なっている。

　重要な社会問題や公共政策上の問題についての真実に収斂できる社会を実現しようとすることで「科学コミュニケーションにおけるコモンズの悲劇」（Kahan, 2013; Kahan et al., 2017）を正そうとするのならば，エビデンスが確信の影響を受けることをよしとしないことで切り離しを促進するような機関が必要である。かつては大学がその役割を担っていたが，今や大学は知性を失わせるアイデンティティ政治を育成し提供する主な機関となっており，その思

考様式は近年では企業の世界にも広く浸透している。グーグルのジェームス・ダモア事件はその典型で，かなり正確な社会科学の知見に基づく性差についての真っ当なコメントが含まれる文書を回した従業員が解雇されたというものだ（Damore, 2017; Jussim, 2017b）。

2016年の米国大統領選挙において大学当局や教員による不適切な党派的立場が広く見られたことも，公共政策に関わる論争において，大学がエビデンスの公正な裁定者となることに失敗していることを強く示唆するものだ（この例についての詳細なリストはCampbell & Manning, 2018を参照）。全米の多くの教員が授業を休講にし，あるいは別の教員は授業で公然と選挙結果を批判した。ミシガン大学のマーク・シュリッセル学長は，選挙の後「沈痛なお通夜」に出席して結果に動揺する学生を「慰め」，次期大統領を攻撃して学生たちの失望や怒りをさらに煽ることとなった（Fournier, 2016）。これが州の公的機関の代表者であるシュリッセルの政治的立場に過半数が反対票を投じた州（ミシガン州）で起こったのが皮肉であるのは言うまでもないが，これは公的機関として完全に不適切な行為である。

機関として不適切な行動の例はキャンベルとマニング（Campbell & Manning, 2018）に記録されているが，これらはジェームス・ハンキンス（Hankins, 2020, p. 12）が言うところの転換点に大学があることを示唆しており，それはつまり「政治的ではない機関において，もしも同僚全員が革新的（もしくは政治的急進派のあらゆる類）であるならば，その機関を政治利用する，つまり機関の本来の目的とは無関係な政治的目的を達成するために機関の力を利用する，という誘惑に抵抗することは難しくなる」のである。この抗しがたい誘惑に屈した結果，ワインスタインが「大学が探究心よりもイデオロギーを優先するのであれば，科学に対する懐疑主義も必然的なものとなる」と警告していたところまで私たちは来てしまっている。

政治色の濃いような話題で政治的に正しくない結論を大学で発表するのが職業的に難しくなれば，世間の人々は，**その他**の政治色の濃い話題も学内の雰囲気によってエビデンスが歪められているのではないかと疑うようになるだろう。ブルジョワ的価値観の促進が貧困層を救うと主張する大学教員に対して同僚の教授たちが制裁を促すのを目にした世間の人たちが（エイミー・ワックス事件；Lukianoff & Haidt, 2018, p. 107参照），貧困や所得格差に関する大学の

研究に対して懐疑的になっても不思議ではないだろう。学術誌でトランスレイシャル〔訳注：自身の人種を，生まれつきのものとは異なると自認する人たち〕とトランスジェンダーの概念を比較した教授に対し，何十人もの同僚がその論文の撤回を求める公開書簡に署名するのならば（レベッカ・トゥヴェル事件；Lukianoff & Haidt, 2018, pp. 104-105参照），子育て，結婚，養子縁組のように論争になりがちな研究テーマに関する大学の研究に対して世間が懐疑的になるのも非難はできない。男女が持つ興味関心の違いに関するエビデンスを論じる人物に対し，大学の教員たちがインターネット上での荒らし行為を行っているなら（ジェームス・ダモア事件；Jussim, 2018参照），気候変動に関する大学発の研究に対して世間の人々が懐疑的になっても驚きはしないだろう。要するに，大学の研究を完全に信頼しているのはもはや民主党だけで，共和党も無党派層もかなり懐疑的な立場なのだが，それも当然なのだということである（Blank & Shaw, 2015; Cofnas, Carl, & Woodley of Menie, 2018; Funk et al., 2019; Gauchat, 2012; Pew Research Center, 2017）。

　つまり，アイデンティティ政治左派のメンバーたちは，学内における研究で特定の結論を禁止にし，すべての大学教員（特に若手や任期つきの教員）に対して，気に入らない結論を発表したり公に広報したりするのを非常に難しくすることに成功したのである。今や大学教員は，さまざまなテーマに対し自主的な検閲を行っている（Clark & Winegard, 2020; Honeycutt & Jussim, 2020; Peters et al., 2020; Zigerell, 2018）。アイデンティティ政治の信奉者たちは，自分たちが気に入らない見解を抑圧するというキャンパスでの戦いに勝利したのだ。しかし，まさにその政治的になった教員や学生たち（そして，最近では大学当局も）は分かっていないようだが，その勝利の代償として，論争になりがちな研究テーマに関して大学が出す**いかなる**結論に対しても，世間は強く懐疑的になってしまった。たとえその結論が，信奉者たちが賛同する政治的立場に合致したものであっても，である。

　アイデンティティ政治に結論を左右されるようなあらゆる研究テーマに関して，大学の研究は今では普通に信頼できないものばかりであり，しかもそのような研究テーマはかなり存在する（移民，人種差別，同性婚，所得格差，入学者選抜の格差是正バイアス，性差，知能の差，などときりがない）。ある文化は他の文化よりも人類の繁栄を促進するのか，男性と女性では興味や性癖が異なるのか，貧

困率に文化が影響するのか，知能は部分的に遺伝するのか，男女の賃金格差は主には差別以外の要因によるものなのか，人種ベースのアドミッションポリシーは意図しない結果をもたらすのか，伝統的な男らしさは社会にとって有益なのか，犯罪率は人種間で異なるのか……。現代の大学ではこれらはすべて，研究結果の出る前に結論が決まっている研究テーマである（Campbell & Manning, 2018; Ceci & Williams, 2018; Jussim, 2018, 2019c; Lukianoff & Haidt, 2018; Mac Donald, 2018; Murray, 2019; Pluckrose & Lindsay 2020）。あるいは，クロンマン（Kronman, 2019, p. 179）が述べるとおり，アカデミアの外では多くの人々がこれらのテーマについて活発に議論をする準備が整っているが，「壁の内側でそれをするのは孤立と不名誉に至る道」である。

　特定の研究テーマに関しては大学公認の立場というものがあることを世間が知るようになればなるほど，当然の帰結として，大学が発信する研究に対する信頼は失われていく。私たちは大学でポパーの反証主義的な思考を学んで知っているとおり，ある命題について，研究からのエビデンスがそれを科学的に支持するためには，その命題自体が「反証可能」である，つまり，誤りであると証明することが可能である必要がある。しかし，アイデンティティ政治に関連する研究テーマの多くについて，今や大学では望ましい結論というものがあらかじめ指定され，開かれた探究のなかでそれが誤りであると示すことはもはや許されないということが，世間でもますます認識されるようになってきている。今では，学部全体で研究よりも社会運動に専念しているような学部もある（「不満研究」学部，Heying, 2018; Pluckrose, Lindsay, & Boghossian, 2018 参照）。そのような学部に「反証可能性マインドセット」を持って入った人は，レールから外れてしまうだろう。当然にして，特定の命題に関する結論がそのような学術的な組織から発信されても科学的に価値がなくなるのであるが。もし大学の研究者が同僚に対し，Aでない結論を主張することを躊躇させたり，Aでない結論を支持するデータの発表に対して評判を著しく損なわせたりするといった抑圧的な雰囲気を作り出すのならば，それは結論Aを支持するデータの価値を低下させることとなる[12]。

　アイデンティティ政治は，アカデミアから発信される公共政策に関するエビデンスを信頼できないものにしてしまっている[13]。公共政策の問題を判断する上で，大学発のエビデンスに対する信頼性がこのように失われている

ことは，アカデミア自体の運営構造のなかで広まってしまった非科学的な実践に対する認識が高まることで，さらに悪化している。近年，その大学のポリシーの推進のために，「マイクロアグレッション」「ヘイトスピーチ」「レイプカルチャー」「社会正義」「白人の特権」といった言葉が多くの大学で採用されている。しかしこれらの言葉はいずれも，科学の最も基本的な基準，つまり，共通の測定方法という点において最低限合意された操作的定義がある，ということを満たしてはいない。つまり，「ヘイトスピーチ」には最低限合意された定義というものがない (Ceci & Williams, 2018; Chemerinsky & Gillman, 2017; Fish, 2019)。また，キャンパスにおけるオーウェル的な「偏見対応チーム」のターゲットの１つである「マイクロアグレッション」は，概念的に混乱している用語であり，一貫した操作的定義も存在しない (Lukianoff & Haidt, 2018)。マイクロアグレッションという概念に関し，スコット・リリエンフェルド (Lilienfeld, 2017, 2019) は，ただの政治上の武器となっている現状のそれを行動科学の概念へと変えるために何をすべきかを徹底的に説明したが，それをなしうるための努力はほぼ何もなされていない。

　実際，現在の大学において支配的な道徳的原理と政策概念である「多様性」という語は，曖昧で定義が不明確なまま，教育目的ではなく政治目的で使われている。おそらく，大学でのその概念は，1978 年のカリフォルニア大学理事会対バッキー裁判におけるルイス・パウエル裁判官の意見によるものであるという少し変わった由来があるせいだ (詳細については Kronman, 2019 を参照)。さらに，大学内で使われるようになった多様性の概念は，公平な入学のための学生対ハーバード大学裁判 (Hartocollis, 2020) において，ハーバード大学側が，多様性という道徳概念の名のもとに，入学者の選抜においてアジア系米国人を差別する旨を (言葉で明示したわけではないが) 実質的に主張する根拠となるほどにグロテスクにねじ曲げられている。ハーバード大学は，入学者の選抜にあたって人種は入学の可能性の「助けになることはあっても，妨げになることはない」と主張するにとどまっているが (Hartocollis, 2018; Ponnuru, 2019)，当然ながら，ゼロサムである入学者選抜という文脈においてこのような主張がまったくお話にならないことは高校生でも分かっているだろう。結局のところ，操作的定義をする気もない用語を守るために，名門大学が非論理的な議論をしているにすぎないのである。喫緊の問題についての

研究が，このように自分たちこそが日常的に利己的なマイサイドバイアスに陥っている大学から発信されたところで，そんなものは信用できないという世間の人々を批判することはできない。

このように大学がその学術的責任を果たせていないことは，私たちが期待し，望んできたこととは正反対のものである。私たちが大学に望むのは，マイサイドバイアスを強めるような知的戦略について学生に教え，彼らがそのような戦略に頼るのを避けられるような環境を整えることだろう。しかし，大学が議論におけるコモンズとしての責任をまったく果たさずにいるせいで，この逆のことが起こっている。

例えば，「格差の誤謬」(Clark & Winegard, 2020; Hughes, 2018; Sowell, 2019) を取り上げてみるが，これは，アイデンティティ政治のいずれかの被害者集団にとって不利があると見なされるような結果変数のいかなる差も，差別によるものに違いないとする考えのことである。この誤謬は，よく一般的なメディア（実際，近年ではニューヨーク・タイムズ紙がその熱心な推進者となっているようだ）や政治的な議論によって促進されている。情報があふれる現代の環境において，自分の集団が被害者であるように見えるような格差を見つけるのはかなり簡単であるため，格差の誤謬はマイサイドバイアスの主な原因となっている。大学は，この誤謬によって燃料が投下されるようなマイサイドな議論を減らすのを助けることができるはずである。心理学，社会学，政治学，経済学などの学部には，格差が差別以外の変数で説明できるかどうかを検証するのに必要となる，回帰分析，因果関係分析，交絡要因の検出といった道具はすべてそろっている。しかし大学は誤謬が蔓延るのを抑制すべくこれらの道具を積極的に活用するのではなく，むしろ誤謬を**提供する側**になっている。もちろんこれは，急増する「不満研究」学部で特に見られることであるが，しかし心理学や社会学のような，ちゃんと分かっているはずの真っ当な学部にも当てはまることである。

例えば政治的な運動として，「男性が1ドル稼ぐのと同じ仕事をしても女性は77セント（もしくは79セント，81セントなど数字はさまざま）しか稼げない」というインチキな考えが喧伝されても驚きはしない。しかし，学生の多くが，この77セントの話を実際に大学での有益な学びの1つだったと考えて大学を卒業していくなどは言語道断である。この社会では，「男女の賃金格

差」に気づいていることが，文化的に洗練されていることの証であるとさえ見なされている。大学に行った証として，バーで若者が披露できるような類のものだ。

　当然のことながら，77 セントという「事実」は，格差の誤謬の一例である。77 セントという数字は，すべての働く女性の平均所得を，すべての働く男性の平均所得で単純に割り算したものである。女性のほうがこの数字が低いからといって，それだけでは，同じ仕事をしているのに女性のほうの賃金が低いということにはならない。これは，仕事内容も大きく異なる 2 つの集団の，さまざまな職業をまとめて平均した単なる総収入の値である。職業選択，職歴，正確な労働時間，資格，残業代，賃金以外の手当をもらうかどうか，急な仕事を引き受けるかどうかといった，さまざまな要因に関して（社会科学系の学部ならどこでも当たり前の上述の回帰分析の手法を用いて）補正して初めて，この数字が差別によるものだという仮説は支持される。そのような補正が統計的に適用されると，いわゆる男女賃金格差というものはほとんど消滅してしまう。1 ドル対 77 セントが賃金率における男女差別によるものだとは政治的な文脈で頻繁に主張されているが，これに関する明確なエビデンスはないのである（Bertrand, Goldin, & Katz, 2010; Black et al., 2008; CONSAD Research Corporation, 2009; Kolesnikova & Liu, 2011; O'Neill & O'Neill, 2012; Phelan, 2018; Solberg & Laughlin, 1995）。気候変動に関する世間の誤った情報を正すことには（当然）熱心な大学教員も，伝統的なメディアや政治的な運動で定期的に見られるこの誤った情報を正そうとすることには，そこまで積極的ではない。

　格差の誤謬は，アフリカ系米国人は警察に殺害される割合が高いという主張のなかでも見ることができる。この主張は政治的に非常に有用なものとされているが，これもまた，全体的な犯罪率や警察との遭遇率といったものを補正していない統計を使ったことに由来するものである。適切な基準率を用いて計算すると，アフリカ系米国人が警察に射殺される確率は，実際には白人のそれよりも高くはないことをデータは示している（Fryer, 2019; Johnson et al., 2019; Lott & Moody, 2016; Miller et al., 2017）。しかしやはり，格差を差別の直接的な指標として用いることは政治的に有用であるため，メディアは格差に関する主張を使い続け，さらに悲惨なことに，それこそその誤りを明らかにし，そこから導かれる推論を正すために必要となる分析方法を教えることが

期待されている大学の学部でも同様なのである。

　格差の誤謬は今や，党派的な議論の場でマイサイドな主張を行うために用いられる主要な道具の1つとなっている。このような誤謬が大学自体においても見られることは，マイサイドバイアスと戦うための道具を提供すべき環境である大学が，マイサイドバイアスに満ちた議論におけるコモンズを浄化することに失敗していることをここでも示している。例えば，大学教員のほとんどが，研究ではなく，社会運動の役割を担う学部や研究所やセンターを設置するのはよい考えではないということに同意するであろう。そして当然ながら，このような社会運動の罠というのは，不満研究センターのアイデンティティ政治に限られる話ではない。この罠にはまった研究者は，ある宗教の研究からその宗教の活動家へ，もしくはある経済システムの研究からその経済システムの活動家へと，簡単に陥ってしまうのである。しかしいずれの場合も，研究の使命が社会運動へと傾いたときには，大学はそれを支援するのをやめて，研究を始める前から結論が決まっていることなどない，開かれた探究の場としての大学の使命というものを再確認し，強化する必要があるのである。

　大学内の考え方が画一的であることを批判する人々の間でも，さまざまなイデオロギーに関して均等な割合ずつの採用を必須とするようなクオータ制を望むような人はほとんどいない。実際のところイデオロギーに関するクオータ制は，人種に関するクオータ制と同様に，こうした批判者の多くから忌み嫌われるものである。しかし，今では大学内のイデオロギーを画一化するための大学公認のメカニズムというものが存在し，それがマイサイドバイアスの最悪の動力源となっているのだが，これが組織としての重大な過ちであることは誰もが認めるところであろうと思われる。大学教員の採用に応募する際や昇進時に志願者に求められる，多様性，公平性，包摂性に関する声明は，その一例である。

　多様性に関する声明を書くよう求められた現職の教員や教員採用への応募者は，「多様性」が**知的**多様性を意味するものと解釈してはならないことは確実に分かっている[14]。リー・ユッシム（Jussim, 2019a）は，こうした声明は社会的正義の名のもとの事実上の政治的差別のようなものの表れであると主張している。彼は，授業での言論の自由と検閲，ヘテロドックスアカデミー

のメンバーであること，教育における個人の権利財団に対する発言，ウォール・ストリート・ジャーナル紙，キレット誌，アレオ誌でアカデミアの不寛容を批判した論説，アカデミアでの政治的不寛容に関する自身の研究，といった論述を特に強調した声明を彼が提出することを想像してみてほしいと述べている。このような声明では，現在の大学において教員の新規採用や昇進の候補者として直ちに失格となることを，つまり，ユッシム（Jussim, 2019a）が述べるように，今や大学が「基本的に，社会的正義に関わる運動に公然と参加することを要求する」ようになっていることを誰もが知っている。

　「多様性」という語を，アカデミアにおいて多様性を育むといった古典的で昔から用いられてきた意味，つまり，あらゆる学生やあらゆる視点を統一的かつ公平に授業で受け入れようと教員が努力するような，キング牧師の共通の人間性に基づくアイデンティティ政治のような意味で解釈してはならないということも教員たちは知っている。そのような古典的な枠組みで多様性に関する声明を書いた教員採用の応募者は，このような声明の評価に用いられるカリフォルニア大学方式の評価基準（University of California, 2018）で非常に悪い評価を受けるだろう。この評価基準では，「私は常にあらゆるバックグラウンドを持つ学生たちが自分の研究室に参加することを歓迎し，実際に何人かの女性も指導してきました」といった申請書は，**最低**の評価カテゴリーに位置づけられことになる。同様に，「多様性は科学にとって重要である」も最低のカテゴリーの評価を得る。一方最高評価は，「民族，社会経済的状況，人種，性別，性的指向といった，多種多様なアイデンティティに基づく広範な次元の多様性への関心……このような理解は**個人的経験**によってもたらされるものである」（強調は引用者によるもの）に与えられる。アビゲイル・トンプソン（Thompson, 2019）は，この評価基準は，人を集団の代表者としてではなく個人として扱うという古典的なリベラルの信条に従う人々を不利に扱うものだと主張し，そのような信条に従うのではなく，「応募者は，人を固有の個人としてではなく，ジェンダーや民族といったアイデンティティの代表者として扱うという特定の政治的イデオロギーに従う必要がある」と指摘している。

　現職の教員や教員採用の応募者が，米国において特定の人口統計学的な集

団が他の集団から抑圧されているという共通の敵を持つアイデンティティ政治の基本原理を受け入れているのかどうか，また，その人の政治的信念は批判的人種理論のそれと一致したものであるのかどうかをあぶり出すためのものが多様性に関する声明であることを，このような評価基準は明らかにしている (Pluckrose & Lindsay, 2020)。このような多様性に関する声明は，開かれた探究を目指す機関にあるべき他の多くの社会理論ではなく，特定の社会理論を支持することを教員に強いており，それは，探究の道を開こうとするのではなくそれを閉ざそうとするような試みである。教員は，他の多くの候補者たちと競っているなかで，ある特定の社会理論への忠誠を誓うことを余儀なくされているため，このような声明は，1950年代の忠誠宣誓などよりもさらに優等生的な型にはまったものとなっている。

　かつては，特定の信念を植えつけることではなく，開かれた探究こそが大学の必須条件であった。多様性に関する声明の出現により，今やその目的は，教員や学生に特定の政治的コンテンツへの忠誠を求めるという，部族的なものになったように思われる。州立大学が多様性に関する声明を求めるのをやめるまで，州議会も助成を取りやめるべきである。大学当局や教員組合は，私のこの忠告を大学全体に対する攻撃と見なすかもしれないが，しかしそうではない。むしろ，多様性に関する声明を州立大学から廃止させ，私立大学にもその例に倣うことを納得させることは，すべての大学をその本来の使命へと戻すべく導く，社会からの有効な一手となると期待される。そのとき初めて大学は，議論におけるコモンズを破壊するマイサイドバイアスを阻止することが可能となるであろう。

注

【第1章の注】

[1] カハンとホフマンら（Kahan, Hoffman et al., 2012）は，実際には，単純な保守・リベラルの社会的態度よりも複雑で多次元的な政治的態度を測定したが，この説明のために彼らの研究を単純化している。

[2] 例えば，エヴァンス（Evans, 1989）の陽性効果やクレイマンとハ（Klayman & Ha, 1987）の陽性試験戦略などである。確証バイアスの初期の研究で人々が調べたことの多くは，**賛成する仮説を有利にするよう情報処理するという意味でのマイサイドバイアスではなく**，非動機的な要素だった。確証バイアスは，世間での使用が増えるにつれ，その語の多くの問題が生じている。私がマイサイドバイアスと呼んでいるもの（賛同する仮説に有利な方法で情報を処理すること）の同義語として使われるもある。ここでの主な問題は，確証バイアスが必ずしもマイサイドバイアスを意味するわけではないことである（Eil & Rao, 2011; Mercier, 2017）。**焦点となる仮説を検証している人が，必ずしもその人の好む仮説に有利な方法で情報を処理しているわけではない**

[3] 認知科学における規範的な意味とは，完全合理性のモデルに従って最適なパフォーマンスであり，「規範」の意味で，最も一般的な反応**ではない**ことに注意。

[4] ベイズの定理で捉えられる重要な推論原理は，エビデンスの診断性（尤度比）の評価であり，焦点となる仮説に有利な事前オッズの評価とは独立して行われるべきであるというものである（例：De Finetti, 1989; Earman, 1992; Fischhoff & Beyth-Marom, 1983; Howson & Urbach, 1993）。

[5] 心理学における「バイアス」という言葉をめぐる複雑さについては，ハーンとハリス（Hahn & Harris, 2014）を参照のこと。

[6] マシュー・フィッシャーとフランク・ケイル（Fisher & Keil, 2014）は，議論を通じて自分の信念を正当化する能力を判断する際，人はうまく調整できないことを発見した。マイサイドバイアスの研究に最も関連するのは，信念が確信に近いほど，参加者はうまく調整できず，実際にはできないのに，ほとんど常に自分の確信に対してよい議論を提供できていると信じていることであった。

[7] マイサイドバイアスと希望的観測は，動機づけられた推論に関する一般的な文献のなかでは，どちらも同じ下位カテゴリーの効果であるが，いくつかの点で異なっている。希望的観測は，将来または未知の結果が自分の**選好**と一致すると考えることであり，希望的観測は，私たちが起こると思うことが，まさに起こってほしいと**望む**ことである。マイサイドバイアスは，私たちが強く**信念**あるいは確信として持っていることと整合するような方法でエビデンスを解釈することを含む。希望的観測は，**起こってほしいことについての思考**

であり（実用的関心），それに対してマイサイドバイアスは，**真実**であってほしいと望む信念（認識論的関心）についてのものである。

[8] ウェイソン（Wason, 1966）の4枚カード選択課題の抽象的バージョンでは，参加者に4つの長方形を見せ，それぞれがテーブルの上に置かれたカードを表すとする。参加者は，それぞれのカードが片面に文字，もう片面に数字を持っていると言われ，ルールを与えられる：「文字のほうに記されているのが母音であれば，反対側の数字は，偶数である」。2つのカードでは文字が見えていて，2つのカードは数字が見えている。参加者の課題は，どのカードを裏返せばルールが正しいのか，あるいは間違っているのかを判断することである。参加者に示される4枚のカードが，K，A，8，5という刺激であったとする。正答はAと5（このルールが誤りであることを示すことができるただ2つのカード）であるが，参加者の大多数は間違って，「Aと8」と回答する。（これは，いわゆる「マッチングバイアス」を示している（Evance, 1989, 2010 参照）：いくつかの研究では，ルールの内容を，（「メニューの片方に魚があるときは，もう片方にワインがある」）が用いられ，ある研究では，承認や禁止されるべき行為を管理するルール（「30ドル以上の売上は，課長の承認（裏書き）が必要」）が用いられている。

[9] 「一見して」という表現を使ったのは，第2章で見るように，ここでの規範的な問題は最初に現れたものよりも複雑だからである（Hahn & Harris, 2014 参照）。

[10] 経験的なエビデンスとは別に，思考実験によって，なぜそうなるのかを考えることができる。リスクとベネフィットの散布図の4つの象限を想像してほしい。4つのセルのうち，1つはリスクが高く，ベネフィットが低い活動で，自然環境下では圧倒的に減じてくるだろう。この種の活動は通常採用されず，権威から禁止されていることが多い。このような活動は，リスクに対するベネフィットの割合が非常に低いため，ほとんどの生態系で選択されない（淘汰される）可能性があるだろう。ハイリスク，ローベネフィットの象限が少ない場合，リスクとベネフィットの実世界での分布では，全体として正の相関を有することになるだろう（Finucane et al., 2000 参照）。

[11] ここでの私の議論とは関係ないが，ニューヨーク・タイムズ紙はこの3点目で間違っていたようだ（Martinelli, 2017 参照）。

[12] 第2章で見ていくように，これは検証可能な信念ではなく，問題のある直感信念によって引き起こされるマイサイドバイアスである。メルシアとスパーバー（Mercier & Sperber, 2016, 2017）は，私たちは，マイサイドバイアスなしにエビデンスを評価することが得意だと言う領域（検証可能な信念の領域）とは，まさにマイサイドバイアスがあまり問題とならない状況のなる。その一方で，私たちがマイサイドバイアスを抑えるのが下手だという領域（直感信念の場合）は，まさに規範的に最も問題がある場所なのである。

【第2章の注】

[1] ここで第1章での注意を繰り返すと，認知科学では規準的という意味は，完全な合理性のモデルに従って最適となるパフォーマンスのことであり，「規範的」ということで最も一般的によく見られる反応を意味してはいない。

[2] 明確にするために，本書の残りの部分を通して，「知識投影」という用語と，その同義語である「事前確率を投影する」という表現は，新しい情報の解釈を枠づけるのに事前知識を使用することを意味するように用い（Cook & Lewandowsky, 2016; Gershman, 2019; Jern, Chang, & Kemp, 2014），情報源の信頼性を確認するために新しい情報と事前確率との間の差異を使用することである（Druckman & McGrath, 2019; Gentzkow & Shapiro, 2006; Hahn & Harris, 2014; Koehler, 1993; Tappin, Pennycook, & Rand, 2020）。

[3] 表1.1に挙げたさまざまなマイサイドバイアスのパラダイムは，事前信念の投影が規範的

に是認される程度が異なるという注意が重要である。例えば，エビデンス評価のパラダイムは，情報源の信頼性を評価する際には知識の投影が正当化されるというケーラー（Koehler, 1993）やハーンとハリス（Hahn & Harris, 2014）の議論に非常に関連がある。ここで，マイサイドバイアスは内集団ひいきと変わらない程度にすぎないというパラダイムがある点に注意が必要で，ピーター・ディットら（Ditto et al., 2019b）の指摘する研究では，選挙運動の汚い手口は自党が行ったほうが不愉快ではないと判断されることや，争いのある投票について，自党の候補者に有利な方向に判断される結果などを示している，この問題は，認識論的合理性ではなく，道具的価値（本章で後述）のトレードオフの問題である。例えば，自集団とその政治を支持するという道具的価値と，社会における公正な手続き上の扱いを支持するという道具的価値のトレードオフである。

[4] ベン・タッピン，ゴードン・ペニークック，デイビッド・ランド（Tappin, Pennycook, & Rand, 2020; Tappin & Gadsby, 2019 も参照）は，政治的に動機づけられた認知の原因を考えることを含む方法論的困難について論じ，具体的には，尤度比の査定を直接変えるかどうか，事前確率を介した操作によってその効果を間接的に発揮するのかという問題がある。ダン・カハン（Kahan, 2016）は，この理由と挙動の２つを区別することの実際的・理論的重要性を論じている。政治的に動機づけられた推論が尤度比を直接操作するのは明らかに規範から外れる。タッピン，ペニークック，ランド（Tappin, Pennycook, & Rand, 2020）は，動機づけられた政治的推論が事前確率の働きに影響すると，実際にはベイズ主義と一致することを指摘した（つまりケーラーの証明Bの意味において規範的である）。しかし，カハン（Kahan, 2016）が指摘するように，そのような推論は，ベイズ推論と一致するものの，真実に収束するわけではない。本章で私が使用する意味において一般的合理性はない。したがって，このタイプの政治的動機に基づく推論は，規範的観点から言えば，非常に限られた意味で合理的であるにすぎない。

[5] ここで「選択」という語を用いることで，これらの議論が仮説を**意識的**に考え，結論に到達しているということを意味してはいない。本節では，人々が真であることを望む仮説やエビデンスに従って，意識的に選択するように見える実例を示すつもりである。しかし，多くの場合には，そんなふうに自身の持つ事前確率に達していることに気づいているわけではない。その特定の事前確率を得るに至った推論行動は，ほとんどの人にとって意識的にアクセスできるものではなく，エビデンスに基づく仮説よりも個人的に有利な仮説を選択することについて自覚が伴わないだろう，そして，逆もしかりである。エビデンスに基づいた知識の投影と自分が個人的に好む仮説に基づく知識投影の葛藤は意識に基づいて議論されるものではない。

[6] 直感信念が必ずしも世界観であるとは限らないという懸念がある場合，別の用語として，「周辺信念（peripheral beliefs）」（検証可能な傾向がある）と「中核信念（core beliefs）」（確信であるため検証不可能な傾向がある）と表現することもできる。

[7] これらの複雑さは，証言エビデンス，情報源の信頼性，信頼，ジェフリーの条件つき確率に関するベイズの文献でカバーされており，ここで扱う範囲を超えている（Bovens & Hartmann, 2003; Gentzkow & Shapiro, 2006; Hahn & Harris, 2014 を参照；Howson & Urbach, 1993; Jeffrey, 1983, chapter 11; Kim, Park, & Young, 2020; O'Connor & Weatherall, 2018; Schum, 1994; Schwan & Stern, 2017; Talbott, 2016; Tappin, Pennycook, & Rand, 2020）。この文献はエレガントな形式的分析であふれているが，多くは類似のテーマを共有している。自分の仮説がある程度の精度を持つ環境では，自分の事前信念と新しいデータとの間の不一致を利用して，新しいエビデンスの信頼性を評価することは理にかなっている。また，自分の事前信念と別の研究者の事前信念との間の不一致を利用して，その研究者の新しいエビデンスの信頼性を評価することも理にかなっている（O'Connor &

Weatherall, 2018 参照）。しかしこれらの規範的傾向は，マイサイドバイアスと信念の分極化につながる恐れがある。

[8] ケーラー（Koehler, 1993）とジャーン，チャン，ケンプ（Jern, Chang, & Kemp, 2014）の分析は，私が1999年の著書『誰が合理的？』で指摘した「大合理性論争」（Stanovich, 2011）における特別赦免（Panglossian）の立場の弱点をいくつか共有している。ケーラー（Koehler, 1993）は事前信念の起源に制限を課さず，ジャーン，チャン，ケンプ（Jern, Chang, & Kemp, 2014）は参加者がエビデンスの解釈に持ち込む異なる枠組みに制限を課さない。どちらの場合も，参加者の解釈は受け入れられる。局所的合理性を確保するために，参加者のどんな解釈でも問題に繰り入れることは，受け入れられてしまう。しかし，この寛容な戦略を用いることで，彼らはより大きな問題を別の分析レベルに押し上げただけであり（「なぜ参加者はこのような変わった解釈をするのか」），より大きな問題はまったく手つかずのままとなる。このため，私はこれを特別赦免のピュロスの勝利（割に合わない勝利）と呼んだ（Stanovich, 1999）。非合理性の非難から推論能力を守るために，代替的な課題解釈の考え方が使われるとき，それはしばしば，非合理性を問題表現の段階に移しただけである。非合理性自体は解決されずに，異なる認知操作に送り込まれただけである。特別赦免の防衛する解釈の多くは，その誤りを弁解しようとする場合よりも，さらに戸惑うようなものである。なぜなら，それらは「反応の論理に関する問題点を問題が変わらないまま，より早い段階に移行させるようなもの」（Margolis, 1987, p. 20）であるからだ。

[9] 最近の多くの論者は，私たちの社会のソーシャルメディアやインターネットの使用をめぐって，同じようなコモンズのジレンマが取り巻いているのだと論じていた。シリコンバレーの起業家であるロジャー・マクナミー（McNamee, 2019）は，「ほとんどのユーザーはフェイスブックが好きで，グーグルも好きだ。それ以外に，毎日利用する膨大な人数を説明する方法はない。フェイスブックやグーグルは自分にとっては素晴らしいが，社会にとっては悪いものかもしれないというダークサイドを意識した人はほとんどいなかった」（p. 163）と述べている。

【第3章の注】

[1] もちろん，第2章で述べたケーラー（Koehler, 1993）の議論を無視すれば，直感に反するというだけである。もし，事前に持っている信念を新しいエビデンスに投影することがある程度規範的であるならば，認知能力の高い人ほどその傾向を強く示すことが期待できるかもしれない。

[2] カハンとピーターズら（Kahan, Peters et al., 2012）は，実際にはもっと複雑で多次元的な方法で政治的態度を測定しているが，ここでは説明の目的上，彼らの研究を簡略化している。

[3] 認知的熟考性課題（CRT）を用いた研究においては，私はCRTを認知能力に数的能力を加えた複合指標として扱っており，また，CRTによって測定される複雑な心理的要素に関する節約的－非節約的思考傾向の指標としても扱っている（Liberali et al., 2012; Patel et al., 2019; Sinayev & Peters, 2015; Stanovich, West, & Toplak, 2016; Toplak, West, & Stanovich, 2011, 2014aを参照）。

[4] もう1つの違いは，多くの場合で信念バイアス課題は，マイサイド課題よりも明示的に，推論が事前の信念に影響されないようにと参加者に教示することであるが（Stanovich, West, & Toplak, 2013），これは常にそうであるわけでもない。

[5] 多重肯定性を維持する反応が，少なくとも統計的にはより最適な反応である可能性が高い理由についての具体的な議論については，スタノヴィッチ（Stanovich, 1999）およびスタ

ノヴィッチとウェスト（Stanovich & West, 2000）を参照。

[6] 信念の強さがマイサイドバイアスの予測因子であるという結果は，多くの先行研究で報告されているパターンを再現するものである（例えば，Bolsen & Palm, 2020; Druckman, 2012; Edwards & Smith, 1996; Houston & Fazio, 1989; Taber & Lodge, 2006）。

【第4章の注】

[1] 作家のデイビッド・フレンチ（French, 2018）は，スコット・アレクサンダー（Scott Alexander）のブログ「Slate Star Codex」での，ある想像上の対決について解釈している。そこでは，あるリベラル派が「リベラル派はゲイや黒人，ヒスパニック，アジア人，トランスジェンダーが心から好きなのだから寛容なのだ」と主張した。ある保守派がそのリベラル派に「それならあなたはゲイに対してどういう反対意見があるのか？」と尋ねたところ，リベラル派はその質問に愕然とし「当然ながらゲイに対して反対意見はない，私は同性愛恐怖症者ではないので」と言った。このやりとりは，リベラル派が寛容とは何かを誤解していることを示していると，フレンチは主張する。このようなリベラル派に対して，フレンチは「実のところ君は何に対しても寛容になっていない。寛容を仲間意識か部族意識と勘違いしている。当然ながら寛容という言葉には，寛容になるべきものがあることを意味している」と言う。フレンチが主張するポイントは，何も大目に見るべきものがないときは，行使すべき寛容もない，ということだ。このケースのリベラル派は，「自分たちの部族主義という悪習を，偽りの寛容という美徳に転化している」とフレンチは主張する。

[2] 今後の研究では，これらの異なる可能性を検討する必要があるが，ザック・ゴールドバーグ（Goldberg, 2019）による調査研究分析が特に関連性が高いかもしれない。ゴールドバーグは，「白人リベラル派は，最近，米国で外集団バイアスを示す唯一の人口集団になった——つまり，調査したすべての異なる集団のなかで，白人リベラル派は自分たちよりも他の人種や民族のコミュニティへの選好を表明した唯一の集団である」ことを見いだしたのである。

[3] 行動経済学の研究は，道具計算の構成要素として，信念を単なる間接的価値ではなく，直接的な効用価値を持つ資産（Bénabou & Tirole, 2011）や投資（Golman, Hagmann, & Loewenstein, 2017）と見なすなど関連した比喩を用いている（Eil & Rao, 2011; Loewenstein, 2006; Sharot & Sunstein, 2020）。この概念の動きは，サンクコストや寄付効果などの概念から信念の持続性の分析を開くものである。

[4] もう少し専門的になるが簡単に説明すると，ミームという用語は，文化的な情報の単位を指し，遺伝子にほぼ類似したものとして理解されることを意図している。私が考えるミームの定義は，「別の脳に複製されたとき，根本的に新しい行動や思考を引き起こす可能性のある脳の制御（あるいは情報）状態」である（Stanovich, 2004, p. 175）。ミームの複製は，もとのミームと類似した制御状態が新しい宿主に複製されることで行われている。ミームは，遺伝子と同じ意味で，真の利己的複製者である。遺伝子と同様に，「利己的」という言葉を使うのは，ミームが人を利己的にするという意味ではなく，複製者として，（遺伝子と同様に）ミームが自らの「利益」のために行動するという意味である。

[5] 自己複製子の活動を擬人化して説明することは，生物学的な著作においては単なる省略形のメタファーにすぎないということを理解しておく必要がある。私はここで，自己複製子と遺伝子が秘密裏に「利害関係」を持っているという比喩的な表現を使う習慣を続けるが，これは単なる省略表現であることを読者が理解してくれることを確信している。ブラックモア（Blackmore, 1999, p. 5）が指摘するように，「『遺伝子がXを欲しがる』という略語は，常に『Xを行う遺伝子はより多く受け継がれる』と説明することができる」が，

複雑な議論をする際には，後者の言葉は面倒になるのである。したがって，私はドーキンス（Dawkins, 1976, p. 88）に従って，「遺伝子に意識的な目的があるかのように語ることを許し，必要に応じて，いいかげんな言語を立派な用語に翻訳し直すことができると常に自分に言い聞かせている」のである。ドーキンス（Dawkins, 1976, p. 278）は，これが「たまたまそれを理解するのに不向きな人々の手に渡らない限り無害」であると指摘し，さらに，原子が嫉妬しないのと同じように，遺伝子は利己的になりえない，と生物学者を戒める哲学者の言葉を引用している。ドーキンスの哲学者とは逆に，読者にこのことを指摘する必要はないと私は信じている。

[6] これら4つの理由は，進化心理学（Atran, 1998; Sperber, 1996; Tooby & Cosmides, 1992），遺伝子・文化共進化（Cavalli-Sforza & Feldman, 1981; Durham, 1991; Gintis, 2007; Lumsden & Wilson, 1981; Richerson & Boyd, 2005），およびミーム学（Aunger, 2000, 2002; Blackmore, 1999; Boudry & Braeckman, 2011, 2012; Dennett, 1995, 2017; Lynch, 1996）の文献において議論されている。

[7] 「ミーム球体」という用語はデネット（Dennett, 1991, 1995）のものである。批判的思考の文献がいかに分離のスキルを強調しているかの例としては，以下（Baron, 2008; Paul, 1984, 1987; Perkins, 1995; Stanovich, 1999）を参照のこと。

[8] ブラックモア（Blackmore, 2010）は，ブラックモア（Blackmore, 2000）でとった立場を撤回した。

[9] 文化の二重継承モデルを支持する理論家たちは，ミーム概念に対するデネットの熱意を必ずしも共有していないが，それでも文化の発展の多くは意識的な取り込みでは説明できないことを認識する重要性については彼の考えと一致している（Richerson & Boyd, 2005を参照のこと）。

[10] リバタリアンはビッグファイブなどのパーソナリティ尺度ではリベラル派に近い得点をとる傾向があるが，道徳的基盤の尺度では両者のコアは異なる（Haidt, 2012; Iyer et al., 2012; Yilmaz et al., 2020も参照のこと）。また，社会的なリベラリズムと保守主義の心理的基盤は経済的なリベラリズムと保守主義のそれとは異なる可能性があることを指摘する。なぜながら2種類のイデオロギーは基準変数と異なった相関を示すことが多いからだ（Baron, 2015; Carl, 2014b; Crawford et al., 2017; Everett, 2013; Federico & Malka, 2018; Feldman & Johnston, 2014; Malka & Soto, 2015; Pennycook & Rand, 2019; Stanovich & Toplak, 2019; Yilmaz & Saribay, 2016; Yilmaz et al., 2020; 本書第5章も参照）。

[11] 例えば，ジャレット・クローフォード（Crawford, 2014）は，保守派は身体的安全に対する脅威により敏感であるのに対し，リベラル派は権利に対する知覚された脅威により敏感であるというデータを報告している（Federico & Malka, 2018も参照のこと）。クローフォード（Crawford, 2017）は，関係する概念を洗練させた後のモデル（補償的政治行動モデル）を開発し，以下の結論に統合した：リベラル派と保守派は同様に自分の価値やアイデンティティに対する脅威の影響を受けるが，経済保守派ではなく社会保守派は身体的脅威に対してより敏感である。

[12] 政治的推論の研究（例えば，Kahan et al., 2017; Lupia et al., 2007; Van Boven et al., 2019）において最もよく観察される，認知的洗練度がマイサイドバイアスの**大きさ**と相関するという時折見られる知見は，本書でこれまでレビューした文献を考慮すると，さまざまな解釈を認めることができる。そのなかには，確信の投影は私たちが考えていたよりも合理的であること，認知的に洗練された人々はたいへん博識であるため，事前の信念が実際に検証可能な信念である可能性が非常に高いこと，認知的に洗練された人々は，集団保存のための議論を見分ける能力がより鋭いことなどがある。他にも議論はあるが，ここでは紙幅の関係で議論しない。

[13] 応用合理性センターが開発したダブル・クルックス戦略（Sabien, 2017）は，事前確率を形成するにあたり，私たちが確信ではなくエビデンスに基づいて検証可能な信念を使う可能性を高めるために，確信をやや弱めるのだという私の提言と類似している。ダブル・クラックスの状況では，命題Aを信じる人と命題 ~A を信じる人（命題Aは確信となる傾向がある）の２人が存在する。ダブル・クラックス戦略では，何組もの個人に対し，一方が命題Bを，他方が命題 ~B を信じるといったような，意見が対立するさらに別の発言を生成させる。両者ともに，命題Bは命題Aを支持し，命題 ~B は命題 ~A を支持することに同意しなければならない。重要なのは，両者が命題Bのほうが「具体的で，根拠があり，よく定義されている」ことに同意することである。つまり，命題Bが私がここで言う「より検証可能」であることに両者が同意するということになる。）

[14] ポール・チャーチランド（Churchland, 1989, 1995）が強調しているように，認知科学の進歩は，人々が自分の認知過程をどう吟味し，それについて語るかに大きな影響を与える可能性がある。実際，過去の心理学的理解の進歩はこのような影響を及ぼしてきた。人々は日常的に内向性や外向性といった事柄を口にし，「短期記憶」といった言葉を使って自分自身の認知パフォーマンスを検討しているが，これらはすべて100年前には利用できなかった自己分析用の言語的ツールである。このように，科学的知識の普及に呼応する形で，私たちの心に関する言語は進化していることを認識しておくことは重要である。）

[15] この枠組みは，二重過程理論において非常に怠惰なシステム２が存在することと類似している。二重過程理論とは，ダニエル・カーネマン（Kahneman, 2011）が提唱したもので，システム２の活動の大部分が，無意識で自動的な過程によってなされた意思決定の合理化（Evans, 2019; Haidt, 2012; Mercier & Sperber, 2011, 2017）を積極的に行うというものである（Baumard & Boyer, 2013; Stanovich, 2004, 2011; Kraft, Lodge, & Taber, 2015; Taber & Lodge, 2016）。

[16] 「信念の特性」という言葉によって，私はその信念が検証可能な信念なのか確信なのかということ，そしてもし確信なのであれば，その確信がどの程度強く保持されているのか，ということを意味している。さらに，ある種の問題は，時に非対称な信念を生み出し，肯定的か否定的かの価値観によって，異なる程度のマイサイドバイアスをもたらす（Stanovich & West, 2008a; Toner et al., 2013 を参照）。

【第5章の注】

[1] 知能と偏見に相関を示す研究では，保守主義者は知能が低い（偏見は保守主義の代わりとなるという仮定のもとで）と捉えられがちであるが，ブラントとクローフォード（Brandt & Crawford, 2016）は，これらの相関は，これまで見てきたとおり，評価されているターゲット集団の種類に依存することを示した。例えばブラントとクローフォードによると，ターゲット集団がヒスパニック系（−.15），黒人（−.09），不法移民（−.09）のときの知能と偏見の負の相関は，ターゲット集団がキリスト教原理主義（+.19），大企業（+.14），軍隊（+.12），労働者階級の人々（+.08）への偏見と知能の正の相関とほぼぴったり合うのだ。知能の高い人々は低い人々よりも全般的に偏見が低いわけではなく，彼らの偏見は単に異なる集団に対して向けられているだけなのだ（Brandt & Van Tongeren, 2017 も参照）。

[2] 認知能力，思考特性，数理能力と関連する複雑な尺度である認知能力テスト（Cognitive Reflection Test; CRT）を用いた研究（Sinayev & Peters, 2015; Stanovich, West, & Toplak, 2016）では，知能に関する結果と類似した結果が示されている。認知能力テストの成績が経済的保守性と相関することはほとんどなく，相関したとしても，その相関は負であったり正であったりして安定しない（Baron, 2015; Yilmaz & Saribay, 2016, 2017; Yilmaz,

Saribay, & Iyer, 2020)。認知能力テストの得点と社会的保守性との間には，一貫性はあるが小さな相関があり，経済的保守性と社会的保守性を区別しない研究では非常に小さな相関がある（Burger, Pfattheicher, & Jauch, 2020; Deppe et al., 2015; Yilmaz & Saribay, 2016, 2017; Yilmaz & Alper, 2019; Yilmaz, Saribay, & Iyer, 2020)。全体として，認知能力テストにおいてリベラル派と保守派の間に強い差異があることは示されていないが，リバタリアンはリベラル派と保守派の**両方**を上回る得点をとることが多い（Pennycook & Rand, 2019; Yilmaz, Saribay, & Iyer, 2020)。

[3] ガンザック，ハノッチ，コーマ（Ganzach, Hanoch, & Choma, 2019）は，トランプに対する温度計の評価値を多くの変数を入れて回帰分析を行った結果，圧倒的に高いベータ値は支持政党（.610）であり，その予測変数が，性別（−.091）や言語能力（−.061）といった他の有意な予測変数よりも桁違いに強かったことを明らかにした。

[4] 合理性の絶対水準の問題は，概念的にもっと複雑である（Caplan, 2007; Fuller, 2019; Lomasky, 2008 参照）。

[5] 世界観を含む，関連する政治的な区別については，多くの異なる著者によって議論されている（例えば，Goodhart, 2017; Haidt, 2016; Lind, 2020）参照）。

[6] サンダースはまた，不法移民が低技能労働者の賃金を抑制することを以前から懸念しており，2007 年のインタビューで「この国で貧困が増え，賃金が下がっているのであれば，米国の労働者よりも低い賃金で働き，今よりもさらに賃金を下げることになる移民労働者が数百万人もなぜこの国に入ってくる必要があるのか分からない」（Frizell, 2016 参照）と述べている。サンダースは 2015 年のエズラ・クラインとのインタビューでも，政治的左派による国境開放論への流れを批判し，これは富豪のコーク兄弟が推している「右派の提案」でもあると警告した上で，「あなたは国民国家の概念をなくそうとしていて，そんなことを信念とする国は世界にないと思う」（Lemon, 2019 参照）と主張した。

[7] 私は 2017 年以降，この疑問について，より統制された条件下でデータを収集してきた。同僚のマギー・トプラックと私が集めたデータ（Stanovich & Toplak, 2019）と合わせて，Prolific（Palan & Schitter, 2018）から募集した参加者グループに，テッド・クルーズ対アル・シャープトンの問いを投げかけてみた。参加者は全員，英語を第一言語として話し，全員が米国民であった。私たちのサンプルでは，2016 年にドナルド・トランプや第 3 党の候補者ではなく，ヒラリー・クリントンに投票したであろう参加者が 332 人いた。これら 332 人のクリントン投票者のうち，実に 90.4％が，もし選択肢があればテッド・クルーズよりもアル・シャープトンに投票しただろう。

[8] ダニエル・クライン（Klein, 2011）は，アトランティック誌に寄稿したエッセイのなかで，自分が使用したオリジナルの尺度が，いかにマイサイドバイアスに満ちていたか，つまり，質問内容が保守主義的な信念よりもリベラルな信念を否定することが多く，その結果，リベラル派の得点が低くなってしまったと説明している。クラインは，自分がリバタリアンであるため，左派の人々が経済に関して誤った信念を持つ可能性が特に高いと考えやすかったと告白している。このようなもともとのバイアスがあるため，質問項目の選択がリベラル派の考えと逆方向に偏ったものであることを認識しにくかったのだ。「誰がより知識が豊富か」という類のメディアや学術研究の多くは，テスト構成者のバイアスを反映した項目選択から多大な影響を受けることになる（Lupia, 2016 参照）。

[9] 科学ライターでコミュニケーション学教授のマシュー・ニスベット（Nisbet, 2020, p. 27）は，この研究の偏ったそして意図的な性質が，場合によってはリベラルの目的を損なわせていると警告している：「賛同者のコミュニティとして，私たちは保守派が『否定者』であるというイメージに固執してきた。……この研究は，次に主流派のジャーナリズムや論評に影響を与えた。そしてガーディアン紙やワシントン・ポスト紙など主流派ジャーナリズ

ムの読者は一貫して左派となり，『反科学的』で『否定派』の共和党員は，ホロコースト否定派のように，クリーンエネルギー政策のために論理的に考えたり妥協をすることができない，という印象を持つに至った」。ニスベットは，こうした戦略が逆効果であると指摘している。なぜなら「現在ある，共和党が『否定』の党であるという普遍的でネガティブなブランディングは，中道右派の人々に，気候やクリーンエネルギーの解決策に対する反対の強度を大幅に過大評価させ，誤った認識を自己強化してしまうスパイラルを生み出している」（Nisbett, 2020, p. 27）からである。

【第6章の注】

[1] 地球温暖化の議論において，信念の問題に焦点を当てる（「気候変動否定派」がそうであるように）のは，その一例である。人間活動が地球温暖化の実質的な原因であることを認めることが，そのままどの程度の経済成長をトレードオフにしてどの程度の炭素排出量を削減することが必要かまったく決めるわけではない。

[2] この章の後のほうで，私たちが特定の問題に対する信念を意識的に選択しなかったかもしれないもう1つの方法があることを見てみよう。私たちは党派的な立場を決めた後，党のエリートが私たちのために特定の問題の立場を束ねることを許す傾向が見られる。

[3] 統計的に言えば，複数の政党が存在する政治システムのほうが，より首尾一貫した課題の束ね方に到達しやすい。米国の政治システムにおける二大政党の優位性は，首尾一貫しない束ね方をもたらす可能性が非常に高い。

[4] 論点の束ね方やつながりにおける歴史的変化が文化的に偶発的であることも，争点における立場間の結びつきが，深い政治哲学に基づくものではなく，現在の地域的な選挙条件を反映していることを示唆している（Federico & Malka, 2018）。

[5] 大学の多様性に関して最近よく使われる「インクルージョン」という言葉は，特別支援教育の分野においてはずっと真っ当な歴史があり，そこでは，共通の人間性に基づくアイデンティティ政治の精神で用いられてきたものである（Lipsky & Gartner, 1997 を参照）。障害を持つ個人とその支援者は，障害を持たないクラスメイトと同じになれるだけの教育上の特権を望むというものだ。これに対し，キャンパスで使われる「インクルージョン」という言葉は，共通の敵を持つアイデンティティ政治の策略を体現しており，特定の集団のお気持ちだけに特別なステータスを与えるものである。これによりその集団は，特別に，共通の敵を黙らせる権利を持つことになる。

[6] 社会学者のブラッドリー・キャンベルとジェイソン・マニング（Campbell & Manning, 2018）が，共通の敵を持つアイデンティティ政治は被害者の文化の反映，共通の人間性に基づくアイデンティティ政治は尊厳の文化の反映と表現するのはこのためである。

[7] デイビッド・ランドール（Randall, 2019）は，「私が見ている世界はあなたには見えない」「あなたの見方だと私は排除されているような気分になる」「あなたは自分の特権を守りたいだけ」といった，「Xとして話すと」のバリエーションをいくつか挙げて，これらによって，誰もが誠実に議論に参加しているという必須となる前提が破壊されていると指摘している。

[8] 私はアイデンティティ政治の論理に関する論説で（Stanovich, 2018b），サム・ハリスはアイデンティティを選ぶことには同意すべきだが，そこで自分に提示されているものから選ぶべきではないと述べた。アイデンティティ政治のゲームを阻止する1つの方法としては，自分に当てはまるアイデンティティのリストを受け入れないことがあるのではないだろうか。私は，エズラ・クラインが支持する党派的政治集団（例えば，民主党）にとってよくない結果となる可能性を示すことで，自分から仕掛けたアイデンティティ政治の罠にクライン自らがかかるようにすればよいと考えた。実際のところ，ハリスは次のように答

えるべきであろう。「分かりました，そうしましょう。私もアイデンティティの視点をはっきりさせるようにします。自分の部族を告げて，その視点から論じることにします。私の部族は，人口統計学的カテゴリー（人種，性別，民族，宗教，性的指向，SES など）に基づくどのアイデンティティよりも，国民としてのアイデンティティが重要である米国国民です。この部族のことを "Citizen American（米国の国民）"，略して "C-Amer" と呼びましょう」。私の論説では，科学における理性主義を訴える人々が社会問題へのアプローチとして主張したいことの多くが，C-Amer の視点，つまり国民レベル（米国人）で分類される個人（国民）に焦点を当てた視点から代わりに行われた場合には，ほとんど歪みを受けないことを指摘している。C-Amer のアイデンティティは，単純な信念を，マイサイドバイアスを煽るような確信に変えたりはしない。C-Amer というアイデンティティは，クラインがハリスに仕掛けようとするゲーム，つまり，自身のアイデンティティに基づくバイアスを宣言させ，それを集合的被害者のルールに従って割り引いて考えたり割り増して考えたりするゲームが，選挙でどのような危険性を持つかを明らかにするものである。もともとはアイデンティティを持たなかった米国人たちに望まないゲームに無理やり行わせて，彼らの多く（共和党支持者，バーニー・サンダース支持者，アイデンティティ政治の批判者，ジャクソンもしくはモイニハン支持の民主党支持者，無党派層の投票者）が C-Amer としてのアイデンティティを選ぶことになると，それは民主党にとっては最高の結末にはならないだろう。C-Amer は，共通の敵を持つアイデンティティ政治が集団に基づいて行う計算どおりには自分の意見を軽視させないようにと考えるかもしれない。私は，このような線に沿った何かが，2016 年の米国大統領選挙での驚くべき結果に貢献しているのではないかと考察している（Zito & Todd, 2018 を参照）。

[9]　「**フェアなことだろう**」というのは，アイデンティティについての主張が政治の世界でも**よい主張であると言いたいわけではない**。私はただ，このような主張はまったくお呼びでない大学という場とは異なり，少なくともこのような主張が行われてよい場であると述べているだけである

[10]　ここでは大学に焦点を当てているが，当然のことながら，メディアにおいてマイサイドバイアスが増加していることも憂慮すべき流れである。FOX ニュースのようなメディアで見られる偏向報道の問題は，他のネットワーク（CNN，MSNBC）やニューヨーク・タイムズ紙のような伝統的メディアも，（特に 2016 年の選挙の後に）そのビジネスモデルを採用したり模倣したりして，増加している（Frost, 2019; McGinnis, 2019; Paresky et al., 2020）。

[11]　ブレット・ワインスタイン（Weinstein, 2017）は，2017 年に，白人の学生と教員はその日 1 日大学に入らないとするキャンパスアクションの案に反対したエバーグリーン州立大学の進歩的な教授である。彼は学生たちから「人種差別主義者」と呼ばれ，標的にされたデモの対象となった。ワインスタインはその生涯にわたって進歩的な政治的主張を支持していたにもかかわらず，彼が白人至上主義の支持者であるという馬鹿げた告発が行われた（Campbell & Manning, 2018）。学長含む大学当局は，彼の誠実さとキャンパスアクションに反対する権利を守ることを拒否した。教授陣は臆病にも，このような学生の暴動にあたって，彼に対してほとんど何の支援も提供しなかった。最終的に，ワインスタインと，共に同大学の教授であった妻は，辞任という解決を受け入れた（Campbell & Manning, 2018; Lukianoff & Haidt, 2018; Murray, 2019）。

[12]　当然ながら，このような研究が一般メディアで報じられると，信憑性のなさは倍増する。例えば，ある大学教授はニューヨーク・タイムズ紙で，同性婚をもっと増やすべきだという結論に至る研究を紹介している（Coontz, 2020）。なぜか。ある大学の研究で，同性婚のほうがストレスが少なく，不安感も少ないことが分かったからである。しかし世間では，異性愛者である大学の男性研究者が，同性カップルのほうが異性カップルよりもストレス

や不安感が**強い**ことを明らかにしたら，彼は排斥されることになるという認識が広まってきている。さらに，万が一奇跡的にそのような知見が社会科学系の学術誌の査読を通ったとしても，ニューヨーク・タイムズ紙が「同性婚のマイナス面：ストレスと不安感の増加」といったタイトルで目立つ記事として掲載するようなことは絶対になく，一方で，実際に掲載された記事（「同性カップルは満足度がより高い」）は諸手を挙げて歓迎されているものだということにも，世間は気づいてきているのである。ニューヨーク・タイムズ紙の読者はその結論を聞きたいのであって，逆を聞きたいわけではない。アカデミアもニューヨーク・タイムズ紙も，マイサイドバイアスに喜んでお金を払ってくれるお得意様に対してただサービスしているだけなのだ。どちらも，このような特定のトピックに関するエビデンスを中立的に判断できる立ち位置にはなく，そのことには世間も次第に気づいてきている。

[13] 自身の専門である社会学が，公共政策に影響を与えられるその能力を自ら台無しにしてしまっていることを懸念するジョナサン・ターナー（Turner, 2019; 次も参照：al Gharbi, 2018）は，この分野が社会科学から社会運動へと転換したせいで，この分野の真の科学者の多くがやる気を喪失してしまっていると指摘している。このような流れは，いずれの社会科学にとってもよいことではないだろう。実際，心理学の分野は考え方が画一的な文化であるせいで，「心理学部は，民主党が『ある研究によると……』と言うために存在している」という古典的なジョークも真実になってしまっている。さらに深刻なことに，近い将来，州立大学の資金源である州議会や納税者に加え，助成機関もイデオロギー的なバイアスをもっと意識するようになるだろう。

[14] 大学で「多様性」という言葉がどう使われているかについてデイビッド・ロザド（Rozado, 2019）が2019年に行った量的研究では，**知的**多様性を育むためではなく，人口統計学上のカテゴリーに基づく集団に焦点を当てるために用いられていることがはっきりと示されている。

引用文献

Abelson, R. P. (1986). Beliefs are like possessions. *Journal of the Theory of Social Behaviour*, *16*(3), 223–250.

Abelson, R. P. (1988). Conviction. *American Psychologist*, *43*(4), 267–275.

Abelson, R. P. (1996). The secret existence of expressive behavior. In J. Friedman (Ed.), *The rational choice controversy* (pp. 25–36). Yale University Press.

Abelson, R. P., & Prentice, D. (1989). Beliefs as possessions: A functional perspective. In A. Pratkanis, S. Breckler, & A. Greenwald (Eds.), *Attitude structure and function* (pp. 361–381). Erlbaum.

Abramowitz, A. I., & Webster, S. W. (2016). The rise of negative partisanship and the nationalization of U.S. elections in the 21st century. *Electoral Studies*, *41*, 12–22.

Abramowitz, A. I., & Webster, S. W. (2018). Negative partisanship: Why Americans dislike parties but behave like rabid partisans. *Political Psychology*, *39*(S1), 119–135.

Abrams, S. (2016). Professors moved left since 1990s, rest of country did not. *Heterodox Academy* (blog), January 9. https://heterodoxacademy.org/professors-moved-left-but-country-did-not/.

Aczel, B., Bago, B., Szollosi, A., Foldes, A., & Lukacs, B. (2015). Measuring individual differences in decision biases: Methodological considerations. *Frontiers in Psychology*, *6*, Article 1770. doi:10.3389/fpsyg.2015.01770.

Adorno, T. W., Frenkel-Brunswik, E., Levinson, D. J., & Sanford, R. N. (1950). *The authoritarian personality*. Harper.〔田中 義久・矢沢 修次郎・小林 修一(訳)(1980). 権威主義的パーソナリティ(現代社会学体系第 12 巻). 青木書店.〕

Ahn, W.-Y., Kishida, K., Gu, X., Lohrenz, T., Harvey, A., Alford, J., ... Montague, P. (2014). Nonpolitical images evoke neural predictors of political ideology. *Current Biology*, *24*(22), 2693–2699.

Akerlof, G., & Kranton, R. (2010). *Identity economics*. Princeton University Press.〔山形 浩生・守岡 桜(訳)(2011). アイデンティティ経済学. 東洋経済新報社.〕

Alberta, T. (2019). *American carnage*. HarperCollins.

Alford, J. R., & Hibbing, J. R. (2004). The origin of politics: An evolutionary theory of political behavior. *Perspectives on Politics*, *2*(4), 707–723.

al-Gharbi, M. (2018). Race and the race for the White House: On social research in the age of Trump. *American Sociologist*, *49*(4), 496–519.

Alloy, L. B., & Tabachnik, N. (1984). Assessment of covariation by humans and animals: The joint influence of prior expectations and current situational information. *Psychological Review, 91*(1), 112–149.

Altemeyer, B. (1981). *Right-wing authoritarianism*. University of Manitoba Press.

Anderson, E. (1993). *Value in ethics and economics*. Harvard University Press.

Andreoni, J., & Mylovanov, T. (2012). Diverging opinions. *American Economic Journal: Microeconomics, 4*(1), 209–232.

Atran, S. (1998). Folk biology and the anthropology of science: Cognitive universals and cultural particulars. *Behavioral and Brain Sciences, 21*(4), 547–609.

Atran, S., & Henrich, J. (2010). The evolution of religion: How cognitive by-products, adaptive learning heuristics, ritual displays, and group competition generate deep commitments to prosocial religions. *Biological Theory, 5*(1), 18–30.

Aunger, R. (Ed.). (2000). *Darwinizing culture: The status of memetics as a science*. Oxford University Press.〔佐倉統・巌谷薫・鈴木崇史・坪井りん（訳）（2004）．ダーウィン文化論：科学としてのミーム．産業図書.〕

Aunger, R. (2002). *The electric meme: A new theory of how we think*. Free Press.

Babcock, L., Loewenstein, G., Issacharoff, S., & Camerer, C. (1995). Biased judgments of fairness in bargaining. *American Economic Review, 85*(5), 1337–1343.

Baker, S. G., Patel, N., Von Gunten, C., Valentine, K. D., & Scherer, L. D. (2020). Interpreting politically-charged numerical information: The influence of numeracy and problem difficulty on response accuracy. *Judgment and Decision Making, 15*(2), 203–213.

Baldassarri, D., & Gelman, A. (2008). Partisans without constraint: Political polarization and trends in American public opinion. *American Journal of Sociology, 114*(2), 408–446.

Bar-Hillel, M., Budescu, D., & Amor, M. (2008). Predicting Word Cup results: Do goals seem more likely when they pay off? *Psychonomic Bulletin and Review, 15*(2), 278–283.

Barnum, M. (2019). New Democratic divide on charter schools emerges, as support plummets among white Democrats. *Chalkbeat*, May 14. https://chalkbeat.org/posts/us/2019/05/14/charter-schools-democrats-race-polling-divide/.

Baron, J. (1985). *Rationality and intelligence*. Cambridge University Press.

Baron, J. (1988). *Thinking and deciding*. Cambridge University Press.

Baron, J. (1991). Beliefs about thinking. In J. Voss, D. Perkins & J. Segal (Eds.), *Informal reasoning and education* (pp. 169–186). Erlbaum.

Baron, J. (1995). Myside bias in thinking about abortion. *Thinking & Reasoning, 1*(3), 221–235.

Baron, J. (1998). *Judgment misguided: Intuition and error in public decision making*. Oxford University Press.

Baron, J. (2008). *Thinking and deciding* (4th ed.). Cambridge University Press.

Baron, J. (2015). Supplement to Deppe and colleagues (2015). *Judgment and Decision Making, 10*(4), 1–2.

Baron, J. (2019). Actively open-minded thinking in politics. *Cognition, 188*, 8–18.

Baron, J., & Leshner, S. (2000). How serious are expressions of protected values? *Journal of Experimental Psychology: Applied, 6*(3), 183–194.

Baron, J., & Spranca, M. (1997). Protected values. *Organizational Behavior and Human Decision Processes, 70*(1), 1–16.

Baron-Cohen, S. (2003). *The essential difference: The truth about the male and female brain*. Basic Books.〔三宅真砂子（訳）（2005）．共感する女脳，システム化する男脳．日本放送出版協会.〕

Barrett, J. L. (2004). *Why would anyone believe in God?* AltaMira Press.

Bartels, D. M., & Medin, D. L. (2007). Are morally-motivated decision makers insensitive to the consequences of their choices? *Psychological Science, 18*(1), 24–28.

Bartels, L. M. (2002). Beyond the running tally: Partisan bias in political perceptions. *Political Behavior, 24*(2), 117–150.

Baumard, N., & Boyer, P. (2013). Religious beliefs as reflective elaborations on intuitions: A modified dual-process model. *Current Directions in Psychological Science, 22*(4), 295–300.

Bazerman, M., & Moore, D. A. (2008). *Judgment in managerial decision making* (7th ed.). John Wiley.〔長瀬 勝彦(訳)(2011). 行動意思決定論：バイアスの罠. 白桃書房.〕

Bell, E., Schermer, J. A., & Vernon, P. A. (2009). The origins of political attitudes and behaviours: An analysis using twins. *Canadian Journal of Political Science, 42*(4), 855–879.

Bénabou, R., & Tirole, J. (2011). Identity, morals, and taboos: Beliefs as assets. *Quarterly Journal of Economics, 126*(2), 805–855.

Benoit, J., & Dubra, J. (2016). A theory of rational attitude polarization. *SSRN.* March 24. https://ssrn.com/abstract=2754316 or http://dx.doi.org/10.2139/ssrn.2754316.

Berezow, A., & Campbell, H. (2012). *Science left behind: Feel-good fallacies and the rise of the anti-scientific left.* Public Access.

Bering, J. M. (2006). The folk psychology of souls. *Behavioral and Brain Sciences, 29*(5), 453–498.

Bertrand, M., Goldin, C., & Katz, L. (2010). Dynamics of the gender gap for young professionals in the financial and corporate sectors. *American Economic Journal: Applied Economics, 2*(3), 228–255.

Beyth-Marom, R., & Fischhoff, B. (1983). Diagnosticity and pseudodiagnositicity. *Journal of Personality and Social Psychology, 45*(6), 1185–1195.

Bikales, J., & Goodman, J. (2020). Plurality of surveyed Harvard faculty support Warren in presidential race. *Harvard Crimson,* March 3. https://www.thecrimson.com/article/2020/3/3/faculty-support-warren-president/#disqus_thread.

Bishop, B. (2008). *The big sort: Why the clustering of like-minded America is tearing us apart.* First Mariner Books.

Black, D., Haviland, A., Sanders, S., & Taylor, L. (2008). Gender wage disparities among the highly educated. *Journal of Human Resources, 43*(3), 630–659.

Blackmore, S. (1999). *The meme machine.* Oxford University Press.〔垂水 雄二(訳)(2000). ミーム・マシーンとしての私(全2巻). 草思社.〕

Blackmore, S. (2000). The memes' eye view. In R. Aunger (Ed.), *Darwinizing culture: The status of memetics as a science* (pp. 25–42). Oxford University Press.〔佐倉 統・巖谷 薫・鈴木 崇史・坪井 りん(訳)(2004). ダーウィン文化論：科学としてのミーム. 産業図書.〕

Blackmore, S. (2010). Why I no longer believe religion is a virus of the mind. *Guardian,* September 16. https://www.theguardian.com/commentisfree/belief/2010/sep/16/why-no-longer-believe-religion-virus-mind.

Blank, J. M., & Shaw, D. (2015). Does partisanship shape attitudes toward science and public policy? The case for ideology and religion. *Annals of the American Academy of Political and Social Science, 658*(1), 18–35.

Block, J., & Block, J. H. (2006). Nursery school personality and political orientation two decades later. *Journal of Research in Personality, 40*(5), 734–749.

Bloom, P. (2004). *Descartes' baby.* Basic Books.〔春日井 晶子(訳)(2006). 赤ちゃんはどこま

で人間なのか：心の理解の起源．ランダムハウス講談社．〕

Bolsen, T., & Palm, R. (2020). Motivated reasoning and political decision making. In W. Thompson (Ed.), *Oxford Research Encyclopedia, Politics*. doi:10.1093/acrefore/9780190228637.013.923. https://oxfordre.com/politics/politics/view/10.1093/acrefore/9780190228637.001.0001/acrefore-9780190228637-e-923.

Borjas, G. J. (2016). *We wanted workers: Unraveling the immigration narrative*. Norton. 〔岩本 正明（訳）（2018）．移民の政治経済学．白水社．〕

Bouchard, T. J., & McGue, M. (2003). Genetic and environmental influences on human psychological differences. *Journal of Neurobiology, 54*(1), 4–45.

Boudry, M., & Braeckman, J. (2011). Immunizing strategies and epistemic defense mechanisms. *Philosophia, 39*(1), 145–161.

Boudry, M., & Braeckman, J. (2012). How convenient! The epistemic rationale of self-validating belief systems. *Philosophical Psychology, 25*(3), 341–364.

Bougher, L. D. (2017). The correlates of discord: Identity, issue alignment, and political hostility in polarized America. *Political Behavior, 39*(3), 731–762.

Bovens, L., & Hartmann, P. (2003). *Bayesian epistemology*. Oxford University Press.

Boyer, P. (2001). *Religion explained: The evolutionary origins of religious thought*. Basic Books. 〔鈴木 光太郎・中村 潔（訳）（2008）．神はなぜいるのか？　NTT出版．〕

Boyer, P. (2018). *Minds make societies*. Yale University Press.

Brandt, M. J. (2017). Predicting ideological prejudice. *Psychological Science, 28*(6), 713–722.

Brandt, M. J., & Crawford, J. T. (2016). Answering unresolved questions about the relationship between cognitive ability and prejudice. *Social Psychological and Personality Science, 7*(8), 884–892.

Brandt, M. J., & Crawford, J. T. (2019). Studying a heterogeneous array of target groups can help us understand prejudice. *Current Directions in Psychological Science, 28*(3), 292–298.

Brandt, M. J., Reyna, C., Chambers, J. R., Crawford, J. T., & Wetherell, G. (2014). The ideological-conflict hypothesis: Intolerance among both liberals and conservatives. *Current Directions in Psychological Science, 23*(1), 27–34.

Brandt, M. J., & Van Tongeren, D. R. (2017). People both high and low on religious fundamentalism are prejudiced toward dissimilar groups. *Journal of Personality and Social Psychology, 112*(1), 76–97.

Brennan, G., & Hamlin, A. (1998). Expressive voting and electoral equilibrium. *Public Choice, 95*(1–2), 149–175.

Brennan, G., & Lomasky, L. (1993). *Democracy and decision: The pure theory of electoral preference*. Cambridge University Press.

Brennan, J. (2016). Trump won because voters are ignorant, literally. *Foreign Policy*, November 10. https://foreignpolicy.com/2016/11/10/the-dance-of-the-dunces-trump-clinton-election-republican-democrat/.

Bruine de Bruin, W., Parker, A. M., & Fischhoff, B. (2007). Individual differences in adult decision-making competence. *Journal of Personality and Social Psychology, 92*(5), 938–956.

Bullock, J. G. (2009). Partisan bias and the Bayesian ideal in the study of public opinion. *Journal of Politics, 71*(3), 1109–1124.

Bullock, J. G., Gerber, A. S., Hill, S. J., & Huber, G. A. (2015). Partisan bias in factual beliefs about politics. *Quarterly Journal of Political Science, 10*(4), 519–578.

Bullock, J. G., & Lenz, G. (2019). Partisan bias in surveys. *Annual Review of Political Science*,

22(1), 325–342.

Burger, A. M., Pfattheicher, S., & Jauch, M. (2020). The role of motivation in the association of political ideology with cognitive performance. *Cognition, 195*, Article 104124.

Buss, D. M., & Schmitt, D. P. (2011). Evolutionary psychology and feminism. *Sex Roles, 64*(9–10), 768–787.

Buss, D. M., & von Hippel, W. (2018). Psychological barriers to evolutionary psychology: Ideological bias and coalitional adaptations. *Archives of Scientific Psychology, 6*(1), 148–158.

Campbell, B., & Manning, J. (2018). *The rise of victimhood culture*. Palgrave Macmillan.

Campbell, T. H., & Kay, A. C. (2014). Solution aversion: On the relation between ideology and motivated disbelief. *Journal of Personality and Social Psychology, 107*(5), 809–824.

Caplan, B. (2007). *The myth of the rational voter: Why democracies choose bad policies.* Princeton University Press.〔長峯 純一・奥井 克美(監訳) (2009). 選挙の経済学：投票者はなぜ愚策を選ぶのか. 日経 BP.〕

Caplan, B., & Miller, S. C. (2010). Intelligence makes people think like economists: Evidence from the General Social Survey. *Intelligence, 38*(6), 636–647.

Cardiff, C. F., & Klein, D. B. (2005). Faculty partisan affiliations in all disciplines: A voter-registration study. *Critical Review, 17*(3–4), 237–255.

Carl, N. (2014a). Cognitive ability and party identity in the United States. *Intelligence, 47*, 3–9.

Carl, N. (2014b). Verbal intelligence is correlated with socially and economically liberal beliefs. *Intelligence, 44*, 142–148.

Carl, N., Cofnas, N., & Woodley of Menie, M. A. (2016). Scientific literacy, optimism about science and conservatism. *Personality and Individual Differences, 94*, 299–302.

Carney, D. R., Jost, J. T., Gosling, S. D., & Potter, J. (2008). The secret lives of liberals and conservatives: Personality profiles, interaction styles, and the things they leave behind. *Political Psychology, 29*(16), 807–840.

Carney, R. K., & Enos, R. (2019). Conservatism, just world belief, and racism: An experimental investigation of the attitudes measured by modern racism scales. 2017 NYU CESS Experiments Conference. Working paper under review. http://www.rileycarney.com/research; or https://pdfs.semanticscholar.org/ad3f/1d704c09d5a80c9b3af6b8abb8013881c4a3.pdf.

Carraro, L., Castelli, L., & Macchiella, C. (2011). The automatic conservative: Ideology-based attentional asymmetries in the processing of valenced information. *PloS One, 6*(11), e26456. https://doi.org/10.1371/journal.pone.0026456.

Carroll, J. B. (1993). *Human cognitive abilities: A survey of factor-analytic studies*. Cambridge University Press.

Cattell, R. B. (1963). Theory for fluid and crystallized intelligence: A critical experiment. *Journal of Educational Psychology, 54*(1), 1–22.

Cattell, R. B. (1998). Where is intelligence? Some answers from the triadic theory. In J. J. McArdle & R. W. Woodcock (Eds.), *Human cognitive abilities in theory and practice* (pp. 29–38). Erlbaum.

Cavalli-Sforza, L. L., & Feldman, M. W. (1981). *Cultural transmission and evolution: A quantitative approach*. Princeton University Press.

Ceci, S. J., & Williams, W. M. (2018). Who decides what is acceptable speech on campus? Why restricting free speech is not the answer. *Perspectives on Psychological Science, 13*(3),

299–323.

Chambers, J. R., Schlenker, B. R., & Collisson, B. (2013). Ideology and prejudice: The role of value conflicts. *Psychological Science, 24*(2), 140–149.

Charney, E. (2015). Liberal bias and the five-factor model. *Behavioral and Brain Sciences, 38*, e139. doi:10.1017/S0140525X14001174.

Chater, N., & Loewenstein, G. (2016). The under-appreciated drive for sense-making. *Journal of Economic Behavior & Organization, 126*(Part B), 137–154.

Chen, S., Duckworth, K., & Chaiken, S. (1999). Motivated heuristic and systematic processing. *Psychological Inquiry, 10*(1), 44–49.

Chemerinsky, E., & Gillman, H. (2017). *Free speech on campus.* Yale University Press.

Chetty, R., Hendren, N., Kline, P., Saez, E., & Turner, N. (2014). Is the United States still a land of opportunity? Recent trends in intergenerational mobility. *American Economic Review, 104*(5), 141–147.

Chua, A. (2018). *Political tribes.* Penguin.

Churchland, P. M. (1989). *A neurocomputational perspective: The nature of mind and the structure of science.* MIT Press.

Churchland, P. M. (1995). *The engine of reason, the seat of the soul: A philosophical journey into the brain.* MIT Press.〔信原 幸弘・宮島 昭二(訳)(1997). 認知哲学：脳科学から心の哲学へ．産業図書。〕

Claassen, R. L., & Ensley, M. J. (2016). Motivated reasoning and yard-sign-stealing partisans: Mine is a likable rogue, yours is a degenerate criminal. *Political Behavior, 38*(2), 317–335.

Clark, C. J., Liu, B. S., Winegard, B. M., & Ditto, P. H. (2019). Tribalism is human nature. *Current Directions in Psychological Science, 28*(6), 587–592.

Clark, C. J., & Winegard, B. M. (2020). Tribalism in war and peace: The nature and evolution of ideological epistemology and its significance for modern social science. *Psychological Inquiry, 31*(1), 1–22.

Cofnas, N., Carl, N., & Woodley of Menie, M. A. (2018). Does activism in social science explain conservatives' distrust of scientists? *American Sociologist, 49*(1), 135–148.

Cohen, G. L. (2003). Party over policy: The dominating impact of group influence on political beliefs. *Journal of Personality and Social Psychology, 85*(5), 808–822.

Colman, A. M. (1995). *Game theory and its applications.* Butterworth-Heinemann.

Colman, A. M. (2003). Cooperation, psychological game theory, and limitations of rationality in social interaction. *Behavioral and Brain Sciences, 26*(2), 139–198.

CONSAD Research Corporation. (2009). An analysis of the reasons for the disparity in wages between men and women. January 12. U.S. Department of Labor, Contract Number GS-23F-02598. https://www.shrm.org/hr-today/public-policy/hr-public-policy-issues/Documents/Gender%20Wage%20Gap%20Final%20Report.pdf.

Conway, L. G., Gornick, L. J., Houck, S. C., Anderson, C., Stockert, J., Sessoms, D., & McCue, K. (2016). Are conservatives really more simple-minded than liberals? The domain specificity of complex thinking. *Political Psychology, 37*(6), 777–798.

Conway, L. G., Houck, S. C., Gornick, L. J., & Repke, M. A. (2018). Finding the Loch Ness monster: Left-wing authoritarianism in the United States. *Political Psychology, 39*(5), 1049–1067.

Cook, J., & Lewandowsky, S. (2016). Rational irrationality: Modeling climate change belief polarization using Bayesian networks. *Topics in Cognitive Science, 8*(1), 160–179.

Coontz, S. (2020). How to make your marriage gayer. *New York Times*, February 13. https://www.nytimes.com/2020/02/13/opinion/sunday/marriage-housework-gender-happiness.html.

Correll, J., Judd, C. M., Park, B., & Wittenbrink, B. (2010). Measuring prejudice, stereotypes and discrimination. In J. F. Dovidio, M. Hewstone, P. Glick, & V. M. Esses (Eds.), *The SAGE handbook of prejudice, stereotyping and discrimination* (pp. 45–62). Sage.

Costa, P. T., & McCrae, R. R. (1992). *Revised NEO personality inventory*. Psychological Assessment Resources.

Crawford, J. T. (2014). Ideological symmetries and asymmetries in political intolerance and prejudice toward political activist groups. *Journal of Experimental Social Psychology, 55*, 284–298.

Crawford, J. T. (2017). Are conservatives more sensitive to threat than liberals? It depends on how we define threat and conservatism. *Social Cognition, 35*(4), 354–373.

Crawford, J. T. (2018). The politics of the psychology of prejudice. In J. T. Crawford & L. Jussim (Eds.), *The politics of social psychology* (pp. 99–115). Routledge.

Crawford, J. T., & Brandt, M. J. (2020). Ideological (a)symmetries in prejudice and intergroup bias. *Current Opinion in Behavioral Sciences, 34*, 40–45.

Crawford, J. T., Brandt, M. J., Inbar, Y., Chambers, J., & Motyl, M. (2017). Social and economic ideologies differentially predict prejudice across the political spectrum, but social issues are most divisive. *Journal of Personality and Social Psychology, 112*(3), 383–412.

Crawford, J. T., & Jussim, L. (Eds.). (2018). *The politics of social psychology*. Routledge.

Crawford, J. T., Kay, S. A., & Duke, K. E. (2015). Speaking out of both sides of their mouths: Biased political judgments within (and between) individuals. *Social Psychological and Personality Scienc*e, *6*(4), 422–430.

Crawford, J. T., & Pilanski, J. M. (2014). Political intolerance, right and left. *Political Psychology, 35*(6), 841–851.

Dagnall, N., Drinkwater, K., Parker, A., Denovan, A., & Parton, M. (2015). Conspiracy theory and cognitive style: A worldview. *Frontiers in Psychology, 6*, Article 206. doi:10.3389/fpsyg.2015.00206.

Damore, J. (2017). Google's ideological Echo chamber: How bias clouds our thinking about diversity and inclusion. July. https://assets.documentcloud.org/documents/3914586/Googles-Ideological-Echo-Chamber.pdf.

Dawes, R. M. (1976). Shallow psychology. In J. S. Carroll & J. W. Payne (Eds.), *Cognition and social behavior* (pp. 3–11). Erlbaum.

Dawes, R. M. (1989). Statistical criteria for establishing a truly false consensus effect. *Journal of Experimental Social Psychology, 25*(1), 1–17.

Dawes, R. M. (1990). The potential nonfalsity of the false consensus effect. In R. M. Hogarth (Ed.), *Insights in decision making* (pp. 179–199). University of Chicago Press.

Dawkins, R. (1976/1989). *The selfish gene*. Oxford University Press.〔日髙 敏隆・岸 由二・羽田 節子・垂水 雄二(訳) (1991). 利己的な遺伝子. 紀伊國屋書店.〕

Dawkins, R. (1982). *The extended phenotype*. Oxford University Press.〔日髙 敏隆・遠藤 彰・遠藤 知二(訳) (1987). 延長された表現型:自然淘汰の単位としての遺伝子. 紀伊國屋書店.〕

Dawkins, R. (1993). Viruses of the mind. In B. Dahlbom (Ed.), *Dennett and his critics: Demystifying mind* (pp. 13–27). Blackwell.

Dawson, E., Gilovich, T., & Regan, D. T. (2002). Motivated reasoning and performance on the Wason selection task. *Personality and Social Psychology Bulletin*, *28*(10), 1379–1387.

Deary, I. J. (2013). Intelligence. *Current Biology*, *23*(16), R673–R676.

De Finetti, B. (1989). Probabilism: A critical essay on the theory of probability and on the value of science. *Erkenntnis*, *31*(2–3), 169–223.

De Neve, J.-E. (2015). Personality, childhood experience, and political ideology. *Political Psychology*, *36*, 55–73.

De Neys, W. (2006). Dual processing in reasoning—Two systems but one reasoner. *Psychological Science*, *17*, 428–433.

De Neys, W. (2012). Bias and conflict: A case for logical intuitions. *Perspectives on Psychological Science*, *7*, 28–38.

De Neys, W. (Ed.). (2018). *Dual process theory 2.0*. Routledge.

De Neys, W., & Pennycook, G. (2019). Logic, fast and slow: Advances in dual-process theorizing. *Current Directions in Psychological Science*, *28*(5), 503–509.

Dennett, D. C. (1991). *Consciousness explained*. Little, Brown.〔山口 泰司(訳)(1998).解明される意識.青土社.〕

Dennett, D. C. (1995). *Darwin's dangerous idea: Evolution and the meanings of life*. Simon & Schuster.〔山口 泰司(監訳)(2023).ダーウィンの危険な思想:生命の意味と進化(新装版).青土社.〕

Dennett, D. C. (1996). *Kinds of minds: Toward an understanding of consciousness*. Basic Books.〔土屋 俊(訳)(2016).心はどこにあるのか(ちくま学芸文庫).筑摩書房.〕

Dennett, D. C. (2017). *From bacteria to Bach and back*. Norton.〔木島 泰三(訳)(2018).心の進化を解明する:バクテリアからバッハへ.青土社.〕

Dentakos, S., Saoud, W., Ackerman, R., & Toplak, M. E. (2019). Does domain matter? Monitoring accuracy across domains. *Metacognition and Learning*, *14*(3), 413–436. https://doi.org/10.1007/s11409-019-09198-4.

Deppe, K. D., Gonzalez, F. J., Neiman, J. L., Jacobs, C. M., Pahlke, J., Smith, K. B., & Hibbing, J. R. (2015). Reflective liberals and intuitive conservatives: A look at the Cognitive Reflection Test and ideology. *Judgment and Decision Making*, *10*(4), 314–331.

Ding, D., Chen, Y., Lai, J., Chen, X., Han, M., & Zhang, X. (2020). Belief bias effect in older adults: Roles of working memory and need for cognition. *Frontiers in Psychology*, *10*, Article 2940. doi:10.3389/fpsyg.2019.02940.

Distin, K. (2005). *The selfish meme*. Cambridge University Press.

Ditto, P., Liu, B., Clark, C., Wojcik, S., Chen, E., Grady, R., Celniker, J., & Zinger, J. (2019a). At least bias is bipartisan: A meta-analytic comparison of partisan bias in liberals and conservatives. *Perspectives on Psychological Science*, *14*(2), 273–291.

Ditto, P., Liu, B., Clark, C., Wojcik, S., Chen, E., Grady, R., Celniker, J., & Zinger, J. (2019b). Partisan bias and its discontents. *Perspectives on Psychological Science*, *14*(2), 304–316.

Ditto, P., Liu, B., & Wojcik, S. (2012). Is anything sacred anymore? *Psychological Inquiry*, *23*(2), 155–161.

Ditto, P., & Lopez, D. (1992). Motivated skepticism: Use of differential decision criteria for preferred and nonpreferred conclusions. *Journal of Personality and Social Psychology*, *63*(4), 568–584.

Dodd, M. D., Balzer, A., Jacobs, C. M., Gruszczynski, M. W., Smith, K. B., & Hibbing, J. R. (2012). The political left rolls with the good and the political right confronts the bad:

Connecting physiology and cognition to preferences. *Philosophical Transactions of the Royal Society B: Biological Sciences, 367*(1589), 640–649.

Domo. (2018). Data never sleeps 6.0. https://www.domo.com/solution/data-never-sleeps-6.

Druckman, J. N. (2012). The politics of motivation. *Critical Review, 24*(2), 199–216.

Druckman, J. N., & McGrath, M. C. (2019). The evidence for motivated reasoning in climate change preference formation. *Nature Climate Change, 9*(2), 111–119.

Drummond, C., & Fischhoff, B. (2017). Individuals with greater science literacy and education have more polarized beliefs on controversial science topics. *Proceedings of the National Academy of Sciences, 114*(36), 9587–9592. http://www.pnas.org/content/114/36/9587t. doi:10.1073/pnas.1704882114.

Drummond, C., & Fischhoff, B. (2019). Does "putting on your thinking cap" reduce myside bias in evaluation of scientific evidence? *Thinking & Reasoning, 25*(4), 477–505.

Duarte, J. L., Crawford, J. T., Stern, C., Haidt, J., Jussim, L., & Tetlock, P. E. (2015). Political diversity will improve social psychological science. *Behavioral and Brain Sciences, 38*, e130. doi:10.1017/S0140525X14000430.

Dunbar, R. (1998). The social brain hypothesis. *Evolutionary Anthropology, 6*(5), 178–190. doi:10.1002/(SICI)1520-6505(1998)6:5<178::AID-EVAN5>3.0.CO;2-8.

Dunbar, R. (2016). *Human evolution: Our brains and behavior.* Oxford University Press. 〔鍛原 多惠子(訳) (2016). 人類進化の謎を解き明かす. インターシフト.〕

Durham, W. (1991). *Coevolution: Genes, culture, and human diversity.* Stanford University Press.

Earman, J. (1992). *Bayes or bust.* MIT Press.

Edsall, T. (2018). The Democrats' left turn is not an illusion. *New York Times*, October 18. https://www.nytimes.com/2018/10/18/opinion/democrat-electorate-left-turn.html.

Edwards, K., & Smith, E. E. (1996). A disconfirmation bias in the evaluation of arguments. *Journal of Personality and Social Psychology, 71*(1), 5–24.

Edwards, W. (1982). Conservatism in human information processing. In D. Kahneman, P. Slovic, & A. Tversky (Eds.), *Judgment under uncertainty: Heuristics and biases* (pp. 359–369). Cambridge University Press.

Ehret, P. J., Sparks, A. C., & Sherman, D. K. (2017). Support for environmental protection: An integration of ideological-consistency and information-deficit models. *Environmental Politics, 26*(2), 253–277.

Eichmeier, A., & Stenhouse, N. (2019). Differences that don't make much difference: Party asymmetry in open-minded cognitive styles has little relationship to information processing behavior. *Research & Politics, 6*(3). doi:10.1177/2053168019872045.

Eil, D., & Rao, J. M. (2011). The good news-bad news effect: Asymmetric processing of objective information about yourself. *American Economic Journal: Microeconomics, 3*(2), 114–138.

Elster, J. (1983). *Sour grapes: Studies in the subversion of rationality.* Cambridge University Press. 〔玉手 慎太郎(訳) (2018). 酸っぱい葡萄：合理性の転覆について. 勁草書房.〕

Enders, A. M. (2019). Conspiratorial thinking and political constraint. *Public Opinion Quarterly, 83*(3), 510–533.

Epley, N., & Gilovich, T. (2016). The mechanics of motivated reasoning. *Journal of Economic Perspectives, 30*(3), 133–140.

Evans, J. St. B. T. (1989). *Bias in human reasoning: Causes and consequences.* Erlbaum. 〔中

島 実(訳)（1995）．思考情報処理のバイアス：思考心理学からのアプローチ．信山社出版.〕

Evans, J. St. B. T. (1996). Deciding before you think: Relevance and reasoning in the selection task. *British Journal of Psychology, 87*(2), 223–240.

Evans, J. St. B. T. (2007). *Hypothetical thinking: Dual processes in reasoning and judgment.* Psychology Press.

Evans, J. St. B. T. (2010). *Thinking twice: Two minds in one brain.* Oxford University Press.

Evans, J. St. B. T. (2017). Belief bias in deductive reasoning. In R. Pohl (Ed.), *Cognitive illusions* (2nd ed., pp. 165–181). Routledge.

Evans, J. St. B. T. (2019). Reflections on reflection: The nature and function of Type 2 processes in dual-process theories of reasoning. *Thinking & Reasoning, 25*(4), 383–415.

Evans, J. St. B. T., Over, D. E., & Manktelow, K. (1993). Reasoning, decision making and rationality. *Cognition, 49*(1–2), 165–187.

Evans, J. St. B. T., & Stanovich, K. E. (2013). Dual-process theories of higher cognition: Advancing the debate. *Perspectives on Psychological Science, 8*(3), 223–241.

Evans, J. St. B. T., & Wason, P. C. (1976). Rationalization in a reasoning task. *British Journal of Psychology, 67*(4), 479–486.

Everett, J. (2013). The 12 item Social and Economic Conservatism Scale (SECS). *PloS One, 8*(12), e82131. doi:10.1371/journal.pone.0082131.

Facebook. (n.d.). Wikipedia. Retrieved March 2, 2020. https://en.wikipedia.org/wiki/Facebook#User_growth.

Fatke, M. (2017). Personality traits and political ideology: A first global assessment. *Political Psychology, 38*(5), 881–899.

Fazio, R. H. (2007). Attitudes as object-evaluation associations of varying strength. *Social Cognition, 25*(5), 603–637.

Feather, N. T. (1964). Acceptance and rejection of arguments in relation to attitude strength, critical ability, and intolerance of inconsistency. *Journal of Abnormal and Social Psychology, 69*(2), 127–136.

Federico, C. M., & Malka, A. (2018). The contingent, contextual nature of the relationship between needs for security and certainty and political preferences: Evidence and implications. *Political Psychology, 39*(S1), 3–48.

Feldman, S., & Huddy, L. (2014). Not so simple: The multidimensional nature and diverse origins of political ideology. *Behavioral and Brain Sciences, 37*(3), 312–313.

Feldman, S., & Johnston, C. (2014). Understanding the determinants of political ideology: Implications of structural complexity. *Political Psychology, 35*(3), 337–358.

Finucane, M. L., Alhakami, A., Slovic, P., & Johnson, S. M. (2000). The affect heuristic in judgments of risks and benefits. *Journal of Behavioral Decision Making, 13*(1), 1–17.

Finucane, M. L., & Gullion, C. M. (2010). Developing a tool for measuring the decision-making competence of older adults. *Psychology and Aging, 25*(2), 271–288.

Fischhoff, B., & Beyth-Marom, R. (1983). Hypothesis evaluation from a Bayesian perspective. *Psychological Review, 90*(3), 239–260.

Fish, S. (2019). *The first: How to think about hate speech, campus speech, religious speech, fake news, post-truth, and Donald Trump.* One Signal.

Fisher, M., & Keil, F. C. (2014). The illusion of argument justification. *Journal of Experimental Psychology: General, 143*(1), 425–433.

Flynn, D. J., Nyhan, B., & Reifler, J. (2017). The nature and origins of misperceptions: Understanding false and unsupported beliefs about politics. *Advances in Political Psychology, 38*(S1), 127–150.

Fodor, J. A. (1983). *The modularity of mind.* MIT Press.〔伊藤 笏康・信原 幸弘(訳) (1985). 精神のモジュール形式：人工知能と心の哲学. 産業図書.〕

Foley, R. (1991). Rationality, belief, and commitment. *Synthese, 89*(3), 365–392.

Fournier, H. (2016). UM students' petition condemns Schlissel's anti-Trump statements. *Detroit News,* November 14. https://www.detroitnews.com/story/news/2016/11/14/um-students-condemn-schlissels-anti-trump-statements/93802864/.

Fraley, R. C., Griffin, B. N., Belsky, J., & Roisman, G. I. (2012). Developmental antecedents of political ideology: A longitudinal investigation from birth to age 18 years. *Psychological Science, 23*(11), 1425–1431.

Frank, T. (2004). *What's the matter with Kansas?* Metropolitan Books.

Frederick, S. (2005). Cognitive reflection and decision making. *Journal of Economic Perspectives, 19*(4), 25–42.

French, D. (2018). Let's talk about "tolerance". *National Review,* April 6. https://www.nationalreview.com/2018/04/lets-talk-about-tolerance/.

Friedrich, J. (1993). Primary error detection and minimization (PEDMIN) strategies in social cognition: A reinterpretation of confirmation bias phenomena. *Psychological Review, 100*(2), 298–319.

Frizell, S. (2016). Why conservatives praise Bernie Sanders on immigration. *Time,* January 7. https://time.com/4170591/bernie-sanders-immigration-conservatives/.

Frost, A. A'L. (2019). Why the left can't stand the *New York Times. Columbia Journalism Review,* winter. https://www.cjr.org/special_report/why-the-left-cant-stand-the-new-york-times.php.

Fryer, R. G. (2019). An empirical analysis of racial differences in police use of force. *Journal of Political Economy, 127*(3), 1210–1261.

Fuller, R. (2019). *In defence of democracy.* Polity Press.

Funk, C., Hefferon, M., Kennedy, B., & Johnson, C. (2019). Trust and mistrust in American's views of scientific experts. *Pew Research Center,* August 2. https://www.pewresearch.org/science/2019/08/02/trust-and-mistrust-in-americans-views-of-scientific-experts/.

Funk, C. L., Smith, K. B., Alford, J. R., Hibbing, M. V., Eaton, N. R., Krueger, R. F., ... Hibbing, J. R. (2013). Genetic and environmental transmission of political orientations. *Political Psychology, 34*(6), 805–819.

Gampa, A., Wojcik, S. P., Motyl, M., Nosek, B. A., & Ditto, P. H. (2019). (Ideo)logical reasoning: Ideology impairs sound reasoning. *Social Psychological and Personality Science, 10*(8), 1075–1083.

Ganzach, Y. (2016). Cognitive ability and party identity: No important differences between Democrats and Republicans. *Intelligence, 58,* 18–21.

Ganzach, Y., Hanoch, Y., & Choma, B. L. (2019). Attitudes toward presidential candidates in the 2012 and 2016 American elections: Cognitive ability and support for Trump. *Social Psychological and Personality Science, 10*(7), 924–934.

Gauchat, G. (2012). Politicization of science in the public sphere: A study of public trust in the United States, 1974 to 2010. *American Sociological Review, 77*(2), 167–187. doi:10.1177/0003122412438225.

Gentzkow, M., & Shapiro, J. (2006). Media bias and reputation. *Journal of Political Economy*, *114*(2), 280–316.

Gerber, A., & Green, D. P. (1998). Rational learning and partisan attitudes. *American Journal of Political Science*, *42*(3), 794–818.

Gerber, A. S., & Huber, G. A. (2010). Partisanship, political control, and economic assessments. *American Journal of Political Science*, *54*(1), 153–173.

Gershman, S. J. (2019). How to never be wrong. *Psychonomic Bulletin & Review*, *26*(1), 13–28.

Gibbard, A. (1990). *Wise choices, apt feelings*. Harvard University Press.

Gilbert, D. T., Pelham, B. W., & Krull, D. S. (1988). On cognitive busyness: When person perceivers meet persons perceived. *Journal of Personality and Social Psychology*, *54*(5), 733–740.

Gilinsky, A., & Judd, B. B. (1994). Working memory and bias in reasoning across the life span. *Psychology and Aging*, *9*(3), 356–371.

Gintis, H. (2007). A framework for the unification of the behavioral sciences. *Behavioral and Brain Sciences*, *30*(1), 1–61.

Glick, P., & Fiske, S. T. (1996). The ambivalent sexism inventory: Differentiating hostile and benevolent sexism. *Journal of Personality and Social Psychology*, *70*(3), 491–512.

Goertzel, T. (1994). Belief in conspiracy theories. *Political Psychology*, *15*(4), 731–742.

Goldberg, Z. (2018). Serwer error: Misunderstanding Trump voters. *Quillette*, January 1. https://quillette.com/2018/01/01/serwer-error-misunderstanding-trump-voters/.

Goldberg, Z. (2019). America's white saviors. *Tablet*, June 5. https://www.tabletmag.com/jewish-news-and-politics/284875/americas-white-saviors.

Golman, R., Hagmann, D., & Loewenstein, G. (2017). Information avoidance. *Journal of Economic Literature*, *55*(1), 96–135.

Golman, R., Loewenstein, G., Moene, K., & Zarri, L. (2016). The preference for belief consonance. *Journal of Economic Perspectives*, *30*(3), 165–188.

Goodhart, D. (2017). *The road to somewhere*. Hurst.

Grant, J. (2011). *Denying science: Conspiracy theories, media distortions, and the war against reality*. Prometheus Books.

Greene, J. D. (2013). *Moral tribes: Emotion, reason, and the gap between us and them*. Penguin.〔竹田 円(訳)(2015).モラル・トライブズ:共存の道徳哲学へ(全2巻).岩波書店.〕

Groenendyk, E. (2018). Competing motives in a polarized electorate: Political responsiveness, identity defensiveness, and the rise of partisan antipathy. *Political Psychology*, *39*(S1), 159–171.

Grynbaum, M., & Koblin, J. (2017). For solace and solidarity in the Trump age, liberals turn the TV back on. *New York Times*, March 12. https://www.nytimes.com/2017/03/12/business/trump-television-ratings-liberals.html.

Gul, P., & Kupfer, T. R. (2019). Benevolent sexism and mate preferences. *Personality and Social Psychology Bulletin*, *45*(1), 146–161.

Hahn, U., & Harris, A. J. L. (2014). What does it mean to be biased: Motivated reasoning and rationality. In B. H. Ross (Ed.), *Psychology of learning and motivation* (Vol. 61, pp. 41–102). Academic Press.

Haidt, J. (2001). The emotional dog and its rational tail: A social intuitionist approach to moral judgment. *Psychological Review, 108*(4), 814–834.

Haidt, J. (2012). *The righteous mind: Why good people are divided by politics and religion.* Pantheon.〔高橋 洋（訳）（2014）．社会はなぜ左と右にわかれるのか：対立を超えるための道徳心理学．紀伊國屋書店．〕

Haidt, J. (2016). When and why nationalism beats globalism. *American Interest,* July 10. https://www.the-american-interest.com/2016/07/10/when-and-why-nationalism-beats-globalism/.

Haier, R. J. (2016). *The neuroscience of intelligence.* Cambridge University Press.

Hamilton, L. C. (2011). Education, politics and opinions about climate change evidence for interaction effects. *Climatic Change, 104*(2), 231–242.

Handley, S. J., Capon, A., Beveridge, M., Dennis, I., & Evans, J. St. B. T. (2004). Working memory, inhibitory control and the development of children's reasoning. *Thinking & Reasoning, 10*(2), 175–195.

Hankins, J. (2020). Hyperpartisanship: A barbarous term for a barbarous age. *Claremont Review of Books, 20*(1), 8–17.

Haran, U., Ritov, I., & Mellers, B. A. (2013). The role of actively open-minded thinking in information acquisition, accuracy, and calibration. *Judgment and Decision Making, 8*(3), 188–201.

Harari, Y. N. (2018). *21 lessons for the 21st century.* Spiegel & Grau.〔柴田 裕之（訳）（2021）．21 lessons：21 世紀の人類のための 21 の思考（河出文庫）．河出書房新社．〕

Hardin, G. (1968). The tragedy of the commons. *Science, 162*(3859), 1243–1248.

Hargreaves Heap, S. P. (1992). Rationality. In S. P. Hargreaves Heap, M. Hollis, B. Lyons, R. Sugden, & A. Weale (Eds.), *The theory of choice: A critical guide* (pp. 3–25). Blackwell.

Harris, J. R. (1995). Where is the child's environment? A group socialization theory of development. *Psychological Review, 102*(3), 458–489.

Harris, S. (2018). Identity and honesty. *Making Sense Podcast,* #123, April 9. https://samharris.org/podcasts/123-identity-honesty/.

Hart, W., Albarracin, D., Eagly, A. H., Brechan, I., Lindberg, M. J., & Merrill, L. (2009). Feeling validated versus being correct: A meta-analysis of selective exposure to information. *Psychological Bulletin, 135*(4), 555–588.

Hartocollis, A. (2018). Harvard's admissions process, once secret, is unveiled in affirmative action trial. *New York Times,* October 19. https://www.nytimes.com/2018/10/19/us/harvard-admissions-affirmative-action.html.

Hartocollis, A. (2020). The affirmative action battle at Harvard is not over. *New York Times,* February 18. https://www.nytimes.com/2020/02/18/us/affirmative-action-harvard.html.

Haselton, M. G., & Buss, D. M. (2000). Error management theory: A new perspective on biases in cross-sex mind reading. *Journal of Personality and Social Psychology, 78*(1), 81–91.

Haselton, M., Nettle, D., & Murray, D. J. (2016). The evolution of cognitive bias. In D. Buss (Ed.), *The handbook of evolutionary psychology* (pp. 968–987). John Wiley.

Haslam, N. (2016). Concept creep: Psychology's expanding concepts of harm and pathology. *Psychological Inquiry, 27*(1), 1–17.

Hastorf, A. H., & Cantril, H. (1954). They saw a game: A case study. *Journal of Abnormal Psychology, 49*(1), 129–134.

Hatemi, P. K., Gillespie, N. A., Eaves, L. J., Maher, B. S., Webb, B. T., Heath, A. C., … Martin, N.

G. (2011). A genome-wide analysis of liberal and conservative political attitudes. *Journal of Politics, 73*(1), 271–285.

Hatemi, P. K., & McDermott, R. (2012). The genetics of politics: Discovery, challenges, and progress. *Trends in Genetics, 28*(10), 525–533.

Hatemi, P. K., & McDermott, R. (2016). Give me attitudes. *Annual Review of Political Science, 19*(1), 331–350.

Heer, J. (2016). Are Donald Trump's supporters idiots? *New Republic,* May 11. https://newrepublic.com/minutes/133447/donald-trumps-supporters-idiots.

Henry, P. J., & Napier, J. L. (2017). Education is related to greater ideological prejudice. *Public Opinion Quarterly, 81*(4), 930–942.

Henry, P. J., & Sears, D. O. (2002). The Symbolic Racism 2000 Scale. *Political Psychology, 23*(2), 253–283.

Heying, H. (2018). Grievance studies vs. the scientific method. *Medium,* November 1. https://medium.com/@heyingh/grievance-studies-goes-after-the-scientific-method-63b6cfd9c913.

Hibbing, J. R., Smith, K. B., & Alford, J. R. (2014a). Differences in negativity bias underlie variations in political ideology. *Behavioral and Brain Sciences, 37*(3), 297–307. doi:10.1017/S0140525X13001192.

Hibbing, J. R., Smith, K. B., & Alford, J. R. (2014b). *Predisposed: Liberals, conservatives, and the biology of political differences.* Routledge.

Hirschman, A. O. (1986). *Rival views of market society and other recent essays.* Viking.

Hirsh, J. B., DeYoung, C. G., Xu, X., & Peterson, J. B. (2010). Compassionate liberals and polite conservatives: Associations of agreeableness with political ideology and moral values. *Personality and Social Psychology Bulletin, 36*(5), 655–664.

Hoch, S. J. (1987). Perceived consensus and predictive accuracy: The pros and cons of projection. *Journal of Personality and Social Psychology, 53*(2), 221–234.

Hollis, M. (1992). Ethical preferences. In S. Hargreaves Heap, M. Hollis, B. Lyons, R. Sugden, & A. Weale (Eds.), *The theory of choice: A critical guide* (pp. 308–310). Blackwell.

Honeycutt, N., & Jussim, L. (2020). A model of political bias in social science research. *Psychological Inquiry, 31*(1), 73–85.

Hopkins, D. J., Sides, J., & Citrin, J. (2019). The muted consequences of correct information about immigration. *Journal of Politics, 81*(1), 315–320. doi:10.1086/699914.

Horn, J. L., & Cattell, R. B. (1967). Age differences in fluid and crystallized intelligence. *Acta Psychologica, 26,* 1–23.

Horowitz, M., Haynor, A., & Kickham, K. (2018). Sociology's sacred victims and the politics of knowledge: Moral foundations theory and disciplinary controversies. *American Sociologist, 49*(4), 459–495.

Horwitz, J. (2020). Facebook delivers long-awaited trove of data to outside researchers. *Wall Street Journal,* February 13. https://www.wsj.com/articles/facebook-delivers-long-awaited-trove-of-data-to-outside-researchers-11581602403.

Houston, D. A., & Fazio, R. H. (1989). Biased processing as a function of attitude accessibility: Making objective judgments subjectively. *Social Cognition, 7*(1), 51–66.

Howe, L. C., & Krosnick, J. A. (2017). Attitude strength. *Annual Review of Psychology, 68,* 327–351.

Howson, C., & Urbach, P. (1993). *Scientific reasoning: The Bayesian approach* (2nd ed.). Open Court.

Huddy, L., Mason, L., & Aaroe, L. (2015). Expressive partisanship: Campaign involvement, political emotion, and partisan identity. *American Political Science Review, 109*(1), 1–17.

Huemer, M. (2015). Why people are irrational about politics. In J. Anomaly, G. Brennan, M. Munger, & G. Sayre-McCord (Eds.), *Philosophy, politics, and economics: An anthology* (pp. 456–467). Oxford University Press.

Hufer, A., Kornadt, A. E., Kandler, C., & Riemann, R. (2020). Genetic and environmental variation in political orientation in adolescence and early adulthood: A Nuclear Twin Family analysis. *Journal of Personality and Social Psychology, 118*(4), 762–776.

Hughes, C. (2018). The racism treadmill. *Quillette*, May 14. https://quillette.com/2018/05/14/the-racism-treadmill/.

Humphrey, N. (1976). The social function of intellect. In P. P. G. Bateson & R. A. Hinde (Eds.), *Growing points in ethology* (pp. 303–317). Faber and Faber.

Inbar, Y., Pizarro, D. A., & Bloom, P. (2009). Conservatives are more easily disgusted than liberals. *Cognition and Emotion, 23*(4), 714–725.

Inbar, Y., Pizarro, D., Iyer, R., & Haidt, J. (2012). Disgust sensitivity, political conservatism, and voting. *Social Psychological and Personality Science, 3*, 537–544.

Iyengar, S., Konitzer, T., & Tedin, K. (2018). The home as a political fortress: Family agreement in an era of polarization. *Journal of Politics, 80*(4), 1326–1338.

Iyengar, S., Lelkes, Y., Levendusky, M., Malhotra, N., & Westwood, S. J. (2019). The origins and consequences of affective polarization in the United States. *Annual Review of Political Science, 22*, 129–146.

Iyengar, S., Sood, G., & Lelkes, Y. (2012). Affect, not ideology: A social identity perspective on polarization. *Public Opinion Quarterly, 76*(3), 405–431.

Iyer, R., Koleva, S., Graham, J., Ditto, P., & Haidt, J. (2012). Understanding libertarian morality: The psychological dispositions of self-identified libertarians. *PloS One, 7*(8). doi:10.1371/journal.pone.0042366.

Jeffrey, R. C. (1983). *The logic of decision* (2nd ed.). University of Chicago Press.

Jennings, M. K., Stoker, L., & Bowers, J. (2009). Politics across generations: Family transmission reexamined. *Journal of Politics, 71*(3), 782–799.

Jerit, J., & Barabas, J. (2012). Partisan perceptual bias and the information environment. *Journal of Politics, 74*(3), 672–684.

Jern, A., Chang, K., & Kemp, C. (2014). Belief polarization is not always irrational. *Psychological Review, 121*(2), 206–224.

Johnson, D. J., Tress, T., Burkel, N., Taylor, C., & Cesario, J. (2019). Officer characteristics and racial disparities in fatal officer-involved shootings. *Proceedings of the National Academy of Sciences, 116*(32), 15877–15882. doi:10.1073/pnas.1903856116.

Johnson, D. P., & Fowler, J. H. (2011). The evolution of overconfidence. *Nature, 477*(7364), 317–320.

Johnston, C. D., Lavine, H. G., & Federico, C. M. (2017). *Open versus closed: Personality, identity, and the politics of redistribution*. Cambridge University Press.

Jones, P. E. (2019). Partisanship, political awareness, and retrospective evaluations, 1956–2016. *Political Behavior*. doi:10.1007/s11109-019-09543-y.

Joshi, H. (2020). What are the chances you're right about everything? An epistemic challenge for modern partisanship. *Politics, Philosophy & Economics, 19*(1), 36–61.

Joslyn, M. R., & Haider-Markel, D. P. (2014). Who knows best? Education, partisanship, and contested facts. *Politics & Policy*, *42*(6), 919–947.

Jost, J. T., Glaser, J., Kruglanski, A. W., & Sulloway, F. J. (2003). Political conservatism as motivated social cognition. *Psychological Bulletin*, *129*(3), 339–375.

Jussim, L. (2017a). Gender bias in science? Double standards and cherry-picking in claims about gender bias. *Psychology Today*, July 14. https://www.psychologytoday.com/us/blog/rabble-rouser/201707/gender-bias-in-science.

Jussim, L. (2017b). The Google memo: Four scientists respond. *Quillette*, August 7. http://quillette.com/2017/08/07/google-memo-four-scientists-respond/.

Jussim, L. (2018). The reality of the rise of an intolerant and radical left on campus. *Areo*, March 17. https://areomagazine.com/2018/03/17/the-reality-of-the-rise-of-an-intolerant-and-radical-left-on-campus/.

Jussim, L. (2019a). My diversity, equity, and inclusion statement. *Quillette*, February 24. https://quillette.com/2019/02/24/my-diversity-equity-and-inclusion-statement/.

Jussim, L. (2019b). Rapid onset gender dysphoria. *Psychology Today*, March 20. https://www.psychologytoday.com/us/blog/rabble-rouser/201903/rapid-onset-gender-dysphoria.

Jussim, L. (2019c). The threat to academic freedom ... from academics. *Medium*, December 27. https://medium.com/@leej12255/the-threat-to-academic-freedom-from-academics-4685b1705794.

Kahan, D. M. (2003). The gun control debate: A culture-theory manifesto. *Washington and Lee Law Review*, *60*(Part 1), 3–15.

Kahan, D. M. (2012). Why we are poles apart on climate change. *Nature*, *488*(7411), 255. doi:10.1038/488255a.

Kahan, D. M. (2013). Ideology, motivated reasoning, and cognitive reflection. *Judgment and Decision Making*, *8*(4), 407–424.

Kahan, D. M. (2015). Climate-science communication and the measurement problem. *Political Psychology*, *36*(S1), 1–43.

Kahan, D. M. (2016). The politically motivated reasoning paradigm, part 1: What politically motivated reasoning is and how to measure it. In R. A. Scott, S. M. Kosslyn, & M. C. Buchmann (Eds.), *Emerging trends in the social and behavioral sciences: An interdisciplinary, searchable, and linkable resource*. doi:10.1002/9781118900772.etrds0417.

Kahan, D. M., & Corbin, J. C. (2016). A note on the perverse effects of actively open-minded thinking on climate-change polarization. *Research & Politics*, *3*(4), 1–5. doi:10.1177/2053168016676705.

Kahan, D. M., Hoffman, D. A., Braman, D., Evans, D., & Rachlinski, J. J. (2012). "They saw a protest": Cognitive illiberalism and the speech-conduct distinction. *Stanford Law Review*, *64*(4), 851–906.

Kahan, D. M., Jenkins-Smith, H., & Braman, D. (2011). Cultural cognition of scientific consensus. *Journal of Risk Research*, *14*(2), 147–174.

Kahan, D. M., Peters, E., Dawson, E., & Slovic, P. (2017). Motivated numeracy and enlightened self-government. *Behavioural Public Policy*, *1*(1), 54–86.

Kahan, D. M., Peters, E., Wittlin, M., Slovic, P., Ouellette, L., Braman, D., & Mandel, G. (2012). The polarizing impact of science literacy and numeracy on perceived climate change risks. *Nature Climate Change*, *2*(10), 732–735.

Kahan, D. M., & Stanovich, K. E. (2016). Rationality and belief in human evolution. Annenberg Public Policy Center Working Paper no. 5, September 14. https://ssrn.com/abstract=

2838668.

Kahneman, D. (2011). *Thinking, fast and slow*. Farrar, Straus & Giroux. 〔村井 章子(訳) (2014). ファスト＆スロー：あなたの意思はどのように決まるか？（全２巻，ハヤカワ文庫). 早川書房.〕

Kahneman, D., & Tversky, A. (1973). On the psychology of prediction. *Psychological Review, 80*(4), 237–251.

Kaufmann, E. (2019). *Whiteshift*. Abrams Press.

Keltner, D., & Robinson, R. J. (1996). Extremism, power, and the imagined basis of social conflict. *Current Directions in Psychological Science, 5*(4), 101–105.

Kemmelmeier, M. (2008). Is there a relationship between political orientation and cognitive ability? A test of three hypotheses in two studies. *Personality and Individual Differences, 45*(8), 767–772.

Kerlinger, F. N. (1984). *Liberalism and conservatism: The nature and structure of social attitudes*. Erlbaum.

Kiely, E, (2012). "You didn't build that," Uncut and unedited. *Factcheck.org*, July 23. https://www.factcheck.org/2012/07/you-didnt-build-that-uncut-and-unedited/.

Kim, M., Park, B., & Young, L. (2020). The psychology of motivated versus rational impression updating. *Trends in Cognitive Sciences, 24*(2), 101–111.

Kinder, D., & Kalmoe, N. (2017). *Neither liberal nor conservative: Ideological innocence in the American public*. University of Chicago Press.

Klaczynski, P. A. (1997). Bias in adolescents' everyday reasoning and its relationship with intellectual ability, personal theories, and self-serving motivation. *Developmental Psychology, 33*(2), 273–283.

Klaczynski, P. A. (2014). Heuristics and biases: Interactions among numeracy, ability, and reflectiveness predict normative responding. *Frontiers in Psychology, 5*, 1–13.

Klaczynski, P. A., & Lavallee, K. L. (2005). Domain-specific identity, epistemic regulation, and intellectual ability as predictors of belief-based reasoning: A dual-process perspective. *Journal of Experimental Child Psychology, 92*(1), 1–24.

Klaczynski, P. A., & Robinson, B. (2000). Personal theories, intellectual ability, and epistemological beliefs: Adult age differences in everyday reasoning tasks. *Psychology and Aging, 15*(3), 400–416.

Klar, S. (2013). The influence of competing identity primes on political preferences. *Journal of Politics, 75*(4), 1108–1124.

Klayman, J. (1995). Varieties of confirmation bias. *Psychology of Learning and Motivation, 32*, 385–417.

Klayman, J., & Ha, Y. (1987). Confirmation, disconfirmation, and information in hypothesis testing. *Psychological Review, 94*(2), 211–228.

Klein, D. B. (2011). I was wrong, and so are you. *Atlantic*, December. https://www.theatlantic.com/magazine/archive/2011/12/i-was-wrong-and-so-are-you/308713/.

Klein, D. B., & Buturovic, Z. (2011). Economic enlightenment revisited: New results again find little relationship between education and economic enlightenment but vitiate prior evidence of the left being worse. *Econ Journal Watch, 8*(2), 157–173.

Klein, D. B., & Stern, C. (2005). Professors and their politics: The policy views of social scientists. *Critical Review, 17*(3–4), 257–303. doi:10.1080/08913810508443640.

Koehler, J. J. (1993). The influence of prior beliefs on scientific judgments of evidence quality.

Organizational Behavior and Human Decision Processes, 56(1), 28–55.

Kokis, J., Macpherson, R., Toplak, M., West, R. F., & Stanovich, K. E. (2002). Heuristic and analytic processing: Age trends and associations with cognitive ability and cognitive styles. *Journal of Experimental Child Psychology, 83*(1), 26–52.

Kolesnikova, N., & Liu, Y. (2011). Gender wage gap may be much smaller than most think. *Regional Economist*, October 1. Federal Reserve Bank of St. Louis. https://www.stlouisfed.org/Publications/Regional-Economist/October-2011/Gender-Wage-Gap-May-Be-Much-Smaller-Than-Most-Think?hc_location=ufi#endnotes.

Komorita, S. S., & Parks, C. D. (1994). *Social dilemmas*. Westview Press.

Kopko, K. C., Bryner, S. M., Budziak, J., Devine, C. J., & Nawara, S. P. (2011). In the eye of the beholder? Motivated reasoning in disputed elections. *Political Behavior, 33*(2), 271–290.

Kornblith, H. (1993). *Inductive inference and its natural ground*. MIT Press.

Kovacs, K., & Conway, A. R. A. (2016). Process overlap theory: A unified account of the general factor of intelligence. *Psychological Inquiry, 27*(3), 151–177.

Kraft, P. W., Lodge, M., & Taber, C. S. (2015). Why people "don't trust the evidence": Motivated reasoning and scientific beliefs. *Annals of the American Academy of Political and Social Science, 658*(1), 121–133.

Kronman, A. (2019). *The assault on American excellence*. Free Press.

Krugman, P. (2015). Recent history in one chart. *New York Times*, January 1. https://krugman.blogs.nytimes.com/2015/01/01/recent-history-in-one-chart/?_r=0.

Krummenacher, P., Mohr, C., Haker, H., & Brugger, P. (2010). Dopamine, paranormal belief, and the detection of meaningful stimuli. *Journal of Cognitive Neuroscience, 22*(8), 1670–1681.

Kuhn, D. (2019). Critical thinking as discourse. *Human Development, 62*(3), 146–164.

Kuhn, D., & Lao, J. (1996). Effects of evidence on attitudes: Is polarization the norm? *Psychological Science, 7*(2), 115–120.

Kuhn, D., & Modrek, A. (2018). Do reasoning limitations undermine discourse? *Thinking & Reasoning, 24*(1), 97–116.

Kunda, Z. (1990). The case for motivated reasoning. *Psychological Bulletin, 108*(3), 480–498.

Kurzban, R., & Aktipis, C. (2007). Modularity and the social mind: Are psychologists too selfish? *Personality and Social Psychology Review, 11*(2), 131–149.

Langbert, M. (2018). Homogenous: The political affiliations of elite liberal arts college faculty. *Academic Questions, 31*(2), 186–197.

Langbert, M., & Stevens, S. (2020). Partisan registration and contributions of faculty in flagship colleges. *National Association of Scholars*, January 17. https://www.nas.org/blogs/article/partisan-registration-and-contributions-of-faculty-in-flagship-colleges.

Lanier, J. (2018). *Ten arguments for deleting your social media accounts right now*. Henry Holt.〔大沢 章子（訳）（2019）．今すぐソーシャルメディアのアカウントを削除すべき10の理由．亜紀書房.〕

Lebo, M. J., & Cassino, D. (2007). The aggregated consequences of motivated reasoning and the dynamics of partisan presidential approval. *Political Psychology, 28*(6), 719–746.

Leeper, T. J., & Slothuus, R. (2014). Political parties, motivated reasoning, and public opinion formation. *Political Psychology, 35*(S1), 129–156.

Lelkes, Y. (2018). Affective polarization and ideological sorting: A reciprocal, albeit weak, relationship. *Forum, 16*(1), 67–79.

Lemon, J. (2019). Bernie Sanders says U.S. can't have "open borders" because poor people will come "from all over the world." *Newsweek*, April 8. https://www.newsweek.com/bernie-sanders-open-borders-poverty-world-immigration-1388767.

Lench, H. C., & Ditto, P. H. (2008). Automatic optimism: Biased use of base rate information for positive and negative events. *Journal of Experimental Social Psychology*, *44*(3), 631–639.

Levin, I. P., Wasserman, E. A., & Kao, S. F. (1993). Multiple methods of examining biased information use in contingency judgments. *Organizational Behavior and Human Decision Processes*, *55*(2), 228–250.

Levinson, S. C. (1995). Interactional biases in human thinking. In E. Goody (Ed.), *Social intelligence and interaction* (pp. 221–260). Cambridge University Press.

Levy, S. (2020). *Facebook: The inside story*. Blue Rider Press.

Li, N., van Vugt, M., & Colarelli, S. (2018). The evolutionary mismatch hypothesis: Implications for psychological science. *Current Direction in Psychological Science*, *27*(1), 38–44.

Liberali, J. M., Reyna, V. F., Furlan, S., Stein, L. M., & Pardo, S. T. (2012). Individual differences in numeracy and cognitive reflection, with implications for biases and fallacies in probability judgment. *Journal of Behavioral Decision Making*, *25*(4), 361–381.

Lilienfeld, S. O. (2017). Microaggressions: Strong claims, inadequate evidence. *Perspectives on Psychological Science*, *12*(1), 138–169.

Lilienfeld, S. O. (2019). Microaggression research and application: Clarifications, corrections, and common ground. *Perspectives on Psychological Science*, *15*(1), 27–37.

Lilla, M. (2017). *The once and future liberal: After identity politics*. HarperCollins.〔夏目 大 (訳) (2018). リベラル再生宣言. 早川書房.〕

Lind, M. (2020). *The new class war: Saving democracy from the managerial elite*. Penguin.〔寺下 滝郎(訳) (2022). 新しい階級闘争：大都市エリートから民主主義を守る. 東洋経済新報社.〕

Lipman, M. (1991). *Thinking in education*. Cambridge University Press.〔河野 哲也・土屋 陽介・村瀬 智之(監訳) (2014). 探求の共同体：考えるための教室. 玉川大学出版部.〕

Lipsky, D., & Gartner, A. (1997). *Inclusion and school reform*. Brookes.

Liu, B. S., & Ditto, P. H. (2013). What dilemma? Moral evaluation shapes factual belief. *Social Psychological and Personality Science*, *4*(3), 316–323.

Loewenstein, G. (2006). The pleasures and pains of information. *Science*, *312*(5774), 704–706.

Loewenstein, G., & Molnar, A. (2018). The renaissance of belief-based utility in economics. *Nature Human Behaviour*, *2*(3), 166–167.

Lomasky, L. (2008). Swing and a myth: A review of Caplan's *The Myth of the Rational Voter*. *Public Choice*, *135*(3–4), 469–484.

Looney, A. (2019). How progressive is Senator Elizabeth Warren's loan forgiveness proposal? *Brookings*, April 24. https://www.brookings.edu/blog/up-front/2019/04/24/how-progressive-is-senator-warrens-loan-forgiveness-proposal/.

Lord, C. G., Ross, L., & Lepper, M. R. (1979). Biased assimilation and attitude polarization: The effects of prior theories on subsequently considered evidence. *Journal of Personality and Social Psychology*, *37*(11), 2098–2109.

Lott, J., & Moody, C. (2016). Do white police officers unfairly target black suspects? *SSRN*, November 15. https://ssrn.com/abstract=2870189.

Ludeke, S., Johnson, W., & Bouchard, T. J. (2013). "Obedience to traditional authority": A heritable factor underlying authoritarianism, conservatism and religiousness. *Personality and Individual Differences, 55*(4), 375–380.

Lukianoff, G., & Haidt, J. (2018). *The coddling of the American mind: How good intentions and bad ideas are setting up a generation for failure.* Penguin. 〔西川 由紀子(訳) (2022). 傷つきやすいアメリカの大学生たち：大学と若者をダメにする「善意」と「誤った信念」の正体. 草思社.〕

Lumsden, C. J., & Wilson, E. O. (1981). *Genes, mind and culture.* Harvard University Press.

Lupia, A. (2016). *Uninformed: Why people know so little about politics and what we can do about it.* Oxford University Press.

Lupia, A., Levine, A. S., Menning, J. O., & Sin, G. (2007). Were Bush tax cut supporters "simply ignorant?" A second look at conservatives and liberals in "Homer Gets a Tax Cut." *Perspectives on Politics, 5*(4), 773–784.

Lynch, A. (1996). *Thought contagion.* Basic Books.

MacCoun, R. J. (1998). Biases in the interpretation and use of research results. *Annual Review of Psychology, 49,* 259–287.

Mac Donald, H. (2018). *The diversity delusion: How race and gender pandering corrupt the university and undermine our culture.* St. Martin's Press.

Macpherson, R., & Stanovich, K. E. (2007). Cognitive ability, thinking dispositions, and instructional set as predictors of critical thinking. *Learning and Individual Differences, 17*(2), 115–127.

Madison, G., & Fahlman, P. (2020). Sex differences in the number of scientific publications and citations when attaining the rank of professor in Sweden. *Studies in Higher Education.* doi:10.1080/03075079.2020.1723533.

Majima, Y. (2015). Belief in pseudoscience, cognitive style and science literacy. *Applied Cognitive Psychology, 29*(4), 552–559.

Malka, A., & Soto, C. J. (2015). Rigidity of the economic right? Menu-independent and menu-dependent influences of psychological dispositions on political attitudes. *Current Directions in Psychological Science, 24*(2), 137–142.

Manktelow, K. I. (2004). Reasoning and rationality: The pure and the practical. In K. I. Manktelow & M. C. Chung (Eds.), *Psychology of reasoning: Theoretical and historical perspectives* (pp. 157–177). Psychology Press.

Margolis, H. (1987). *Patterns, thinking, and cognition.* University of Chicago Press.

Martinelli, R. (2017). The truth about crime, illegal immigrants and sanctuary cities. *Hill,* April 19. https://thehill.com/blogs/pundits-blog/crime/329589-the-truth-about-crime-illegal-immigrants-and-sanctuary-cities.

Mason, L. (2015). "I disrespectfully agree": The differential effects of partisan sorting on social and issue polarization. *American Journal of Political Science, 59*(1), 128–145.

Mason, L. (2018a). Ideologues without issues: The polarizing consequences of ideological identities. *Public Opinion Quarterly, 82*(S1), 866–887.

Mason, L. (2018b). *Uncivil agreement: How politics became our identity.* University of Chicago Press.

McCrae, R. R. (1996). Social consequences of experiential openness. *Psychological Bulletin, 120*(3), 323–337.

McGinnes, J. (2019). The ongoing decline of the *New York Times. Law & Liberty,* November 14. https://lawliberty.org/the-ongoing-decline-of-the-new-york-times/.

McGrath, M. C. (2017). Economic behavior and the partisan perceptual screen. *Quarterly Journal of Political Science, 11*(4), 363–383.

McKay, R. T., & Dennett, D. C. (2009). The evolution of misbelief. *Behavioral and Brain Sciences, 32*(6), 493–561.

McKenzie, C. R. M. (2004). Hypothesis testing and evaluation. In D. J. Koehler & N. Harvey (Eds.), *Blackwell handbook of judgment and decision making* (pp. 200–219). Blackwell.

McLanahan, S., Tach, L., & Schneider, D. (2013). The causal effects of father absence. *Annual Review of Sociology, 39*, 399–427.

McNamee, R. (2019). *Zucked: Waking up to the Facebook catastrophe.* Penguin.

Medin, D. L., & Bazerman, M. H. (1999). Broadening behavioral decision research: Multiple levels of cognitive processing. *Psychonomic Bulletin & Review, 6*(4), 533–546.

Medin, D. L., Schwartz, H. C., Blok, S. V., & Birnbaum, L. A. (1999). The semantic side of decision making. *Psychonomic Bulletin & Review, 6*(4), 562–569.

Mercier, H. (2016). The argumentative theory: Predictions and empirical evidence. *Trends in Cognitive Science, 20*(9), 689–700.

Mercier, H. (2017). Confirmation bias—Myside bias. In R. Pohl (Ed.), *Cognitive illusions* (2nd ed., pp. 99–114). Routledge.

Mercier, H., & Sperber, D. (2011). Why do humans reason? Arguments for an argumentative theory. *Behavioral and Brain Sciences, 34*(2), 57–111.

Mercier, H., & Sperber, D. (2017). *The enigma of reason.* Harvard University Press.

Messick, D. M., & Sentis, K. P. (1979). Fairness and preference. *Journal of Experimental Social Psychology, 15*(4), 418–434.

Miller, A. G., McHoskey, J. W., Bane, C. M., & Dowd, T. G. (1993). The attitude polarization phenomenon: Role of response measure, attitude extremity, and behavioral consequences of reported attitude change. *Journal of Personality and Social Psychology, 64*(4), 561–574.

Miller, T. R., Lawrence, B. A., Carlson, N. N., Hendrie, D., Randall, S., Rockett, I. R. H., & Spicer, R. S. (2017). Perils of police action: A cautionary tale from U.S. data sets. *Injury Prevention, 23*(1). doi:10.1136/injuryprev-2016-042023.

Mithen, S. (1996). *The prehistory of mind: The cognitive origins of art and science.* Thames and Hudson.〔松浦 俊輔・牧野 美佐緒(訳) (1998). 心の先史時代. 青土社.〕

Mithen, S. (2000). Palaeoanthropological perspectives on the theory of mind. In S. Baron-Cohen, H. Tager-Flusberg, & D. Cohen (Eds.), *Understanding other minds* (2nd ed., pp. 488–502). Oxford University Press.〔田原 俊司(監訳) (1997). 心の理論：自閉症の視点から. 八千代出版 (注：原書第 1 版の翻訳).〕

Miyake, A., & Friedman, N. P. (2012). The nature and organization of individual differences in executive functions: Four general conclusions. *Current Directions in Psychological Science, 21*(1), 8–14.

Mooney, C. (2005). *The Republican war on science.* Basic Books.

Munro, G. D. (2010). The scientific impotence excuse: Discounting belief-threatening scientific abstracts. *Journal of Applied Social Psychology, 40*, 579–600.

Munro, G. D., & Ditto, P. H. (1997). Biased assimilation, attitude polarization, and affect in reactions to stereotype-relevant scientific information. *Personality and Social Psychology Bulletin, 23*(6), 636–653.

Murray, C. (2012). *Coming apart: The state of white America, 1960–2010.* Crown Forum.〔橘 明美(訳) (2013). 階級「断絶」社会アメリカ：新上流と新下流の出現. 草思社.〕

Murray, D. (2019). *The madness of crowds: Gender, race, and identity*. Bloomsbury. 〔山田 美明（訳）（2022）. 大衆の狂気：ジェンダー・人種・アイデンティティ. 徳間書店.〕

Nagel, T. (1986). *The view from nowhere*. Oxford University Press. 〔中村 昇・山田 雅大・岡山 敬二・齋藤 宜之・新海 太郎・鈴木 保早（訳）（2009）. どこでもないところからの眺め. 春秋社.〕

Neimark, E. (1987). *Adventures in thinking*. Harcourt Brace Jovanovich.

Neuding, P. (2020). Scandinavian Airlines: Get woke, cry wolf. *Quillette*, March 1. https://quillette.com/2020/03/01/scandinavian-airlines-get-woke-cry-wolf/.

Newstead, S. E., Handley, S. J., Harley, C., Wright, H., & Farrelly, D. (2004). Individual differences in deductive reasoning. *Quarterly Journal of Experimental Psychology, 57A*(1), 33–60.

Nichols, S., & Stich, S. P. (2003). *Mindreading: An integrated account of pretence, self-awareness, and understanding other minds*. Oxford University Press.

Nickerson, R. S. (1998). Confirmation bias: A ubiquitous phenomenon in many guises. *Review of General Psychology, 2*(2), 175–220.

Nigg, J. T. (2017). Annual research review: On the relations among self-regulation, self-control, executive functioning, effortful control, cognitive control, impulsivity, risk-taking, and inhibition for developmental psychopathology. *Journal of Child Psychology and Psychiatry, 58*, 361–383.

Nisbet, M. (2020). Against climate change tribalism: We gamble with the future by dehumanizing our opponents. *Skeptical Inquirer, 44*(1), 26–28.

Nisbett, R. E., & Wilson, T. D. (1977). Telling more than we can know: Verbal reports on mental processes. *Psychological Review, 84*(3), 231–259.

Nozick, R. (1993). *The nature of rationality*. Princeton University Press.

Nurse, M. S., & Grant, W. J. (2020). I'll see it when I believe it: Motivated numeracy in perceptions of climate change risk. *Environmental Communication, 14*(2), 184–201.

Nussbaum, E. M., & Sinatra, G. M. (2003). Argument and conceptual engagement. *Contemporary Educational Psychology, 28*(3), 384–395.

Nyhan, B., & Reifler, J. (2010). When corrections fail: The persistence of political misperceptions. *Political Behavior, 32*(2), 303–330.

Nyhan, B., Reifler, J., Richey, S., & Freed, G. (2014). Effective messages in vaccine promotion: A randomized trial. *Pediatrics, 133*(4), 1–8.

Oaksford, M., & Chater, N. (1994). A rational analysis of the selection task as optimal data selection. *Psychological Review, 101*(4), 608–631.

Oaksford, M., & Chater, N. (2003). Optimal data selection: Revision, review, and reevaluation. *Psychonomic Bulletin & Review, 10*(2), 289–318.

Oaksford, M., & Chater, N. (2012). Dual processes, probabilities, and cognitive architecture. *Mind & Society, 11*(1), 15–26.

O'Connor, C., & Weatherall, J. O. (2018). Scientific polarization. *European Journal for Philosophy of Science, 8*(3), 855–875.

OECD. (2011). *An overview of growing income inequalities in OECD countries: Main findings*. Paris: Organisation for Economic Co-operation and Development. http://www.oecd.org/els/soc/dividedwestandwhyinequalitykeepsrising.htm.

Offit, P. A. (2011). *Deadly choices: How the anti-vaccine movement threatens us all*. Basic Books. 〔ナカイ サヤカ（訳）（2018）. 反ワクチン運動の真実：死に至る選択. 地人書館.〕

Oliver, J. E., & Wood, T. (2014). Conspiracy theories and the paranoid style(s) of mass opinion. *American Journal of Political Science, 58*(4), 952–966.

Olsson, E. J. (2013). A Bayesian simulation model of group deliberation and polarization. In F. Zenker (Ed.), *Bayesian argumentation* (pp. 113–133). Springer.

O'Neill, J., & O'Neill, D. (2012). *The declining importance of race and gender in the labor market.* AEI Press.

Onraet, E., Van Hiel, A., Dhont, K., Hodson, G., Schittekatte, M., & De Pauw, S. (2015). The association of cognitive ability with right-wing ideological attitudes and prejudice: A meta-analytic review. *European Journal of Personality, 29*(6), 599–621.

Onraet, E., Van Hiel, A., Roets, A., & Cornelis, I. (2011). The closed mind: "Experience" and "cognition" aspects of openness to experience and need for closure as psychological bases for right-wing attitudes. *European Journal of Personality, 25*(3), 184–197.

Oskarsson, S., Cesarini, D., Dawes, C., Fowler, J., Johannesson, M., Magnusson, P., & Teorell, J. (2015). Linking genes and political orientations: Testing the cognitive ability as mediator hypothesis. *Political Psychology, 36*(6), 649–665.

Oxley, D. R., Smith, K. B., Alford, J. R., Hibbing, M. V., Miller, J. L., Scalora, M., ... Hibbing, J. R. (2008). Political attitudes vary with physiological traits. *Science, 321*(5896), 1667–1670.

Palan, S., & Schitter, C. (2018). Prolific.ac—A subject pool for online experiments. *Journal of Behavioral and Experimental Finance, 17*, 22–27. doi:10.1016/j.jbef.2017.12.004.

Paresky, P., Haidt, J., Strossen, N., & Pinker, S. (2020). The *New York Times* surrendered to an outrage mob. Journalism will suffer for it. *Politico*, May 14. https://www.politico.com/news/magazine/2020/05/14/bret-stephens-new-york-times-outrage-backlash-256494.

Pariser, E. (2011). *The filter bubble: What the Internet is hiding from you.* Penguin.〔井口 耕二(訳)(2016). フィルターバブル：インターネットが隠していること（ハヤカワ文庫 NF). 早川書房.〕

Parker, A. M., Bruine de Bruin, W., Fischhoff, B., & Weller, J. (2018). Robustness of decision-making competence: Evidence from two measures and an 11-year longitudinal study. *Journal of Behavioral Decision Making, 31*(3), 380–391.

Parker, A. M., & Fischhoff, B. (2005). Decision-making competence: External validation through an individual differences approach. *Journal of Behavioral Decision Making, 18*(Part 1), 1–27.

Patel, N., Baker, S. G., & Scherer, L. D. (2019). Evaluating the cognitive reflection test as a measure of intuition/reflection, numeracy, and insight problem solving, and the implications for understanding real-world judgments and beliefs. *Journal of Experimental Psychology: General, 148*(12), 2129–2153.

Paul, R. W. (1984). Critical thinking: Fundamental to education for a free society in North America. *Educational Leadership, 42*(1), 4–14.

Paul, R. W. (1987). Critical thinking and the critical person. In D. N. Perkins, J. Lockhead, & J. Bishop (Eds.), *Thinking: The second international conference* (pp. 373–403). Erlbaum.

Pennycook, G., Fugelsang, J. A., & Koehler, D. J. (2015). What makes us think? A three-stage dual-process model of analytic engagement. *Cognitive Psychology, 80*, 34–72.

Pennycook, G., & Rand, D. G. (2019). Cognitive reflection and the 2016 U.S. presidential election. *Personality and Social Psychology Bulletin, 45*(2), 224–239.

Perkins, D. N. (1985). Postprimary education has little impact on informal reasoning. *Journal of Educational Psychology, 77*(5), 562–571.

Perkins, D. N. (1995). *Outsmarting IQ: The emerging science of learnable intelligence.* Free Press.

Perkins, D. N., Farady, M., & Bushey, B. (1991). Everyday reasoning and the roots of intelligence. In J. Voss, D. Perkins, & J. Segal (Eds.), *Informal reasoning and education* (pp. 83–105). Erlbaum.

Peters, U., Honeycutt, N., De Block, A., & Jussim, L. (2020). Ideological diversity, hostility, and discrimination in philosophy. *Philosophical Psychology, 33*(4), 511–548. doi:10.1080/09515089.2020.1743257.

Petty, R. E., & Wegener, D. T. (1998). Attitude change: Multiple roles for persuasion variables. In D. T. Gilbert, S. Fiske, & G. Lindzey (Eds.), *The handbook of social psychology* (pp. 323–390). McGraw-Hill.

Pew Research Center. (2013). What the public knows—In words, pictures, maps and graphs. September 5. https://www.people-press.org/2013/09/05/what-the-public-knows-in-words-pictures-maps-and-graphs/.

Pew Research Center. (2015). What the public knows—In words, pictures, maps and graphs. April 28. https://www.people-press.org/2015/04/28/what-the-public-knows-in-pictures-words-maps-and-graphs/.

Pew Research Center. (2017). Sharp partisan divisions in views of national institutions. July 10. https://www.people-press.org/2017/07/10/sharp-partisan-divisions-in-views-of-national-institutions/.

Pew Research Center. (2019). Partisan antipathy: More intense, more personal. October 10. https://www.people-press.org/2019/10/10/partisan-antipathy-more-intense-more-personal/.

Phelan, J. (2018). Harvard study: "Gender wage gap" explained entirely by work choices of men and women. *Foundation for Economic Education,* December 10. https://fee.org/articles/harvard-study-gender-pay-gap-explained-entirely-by-work-choices-of-men-and-women/.

Piaget, J. (1972). Intellectual evolution from adolescence to adulthood. *Human Development, 15*(1), 1–12.

Pinker, S. (2002). *The blank slate: The modern denial of human nature.* Viking.〔山下 篤子（訳）（2004）．人間の本性を考える：心は「空白の石版」か（全3巻，NHKブックス）．日本放送出版協会.〕

Pinker, S. (2008). *The sexual paradox: Men, women, and the real gender gap.* Scribner.〔幾島 幸子・古賀 祥子（訳）（2009）．なぜ女は昇進を拒むのか：進化心理学が解く性差のパラドクス．早川書房.〕

Pinker, S. (2011). *The better angels of our nature: Why violence has declined.* Viking.〔幾島 幸子・塩原 通緒（訳）（2015）．暴力の人類史（全2巻）．青土社.〕

Pinker, S. (2015). Political bias, explanatory depth, and narratives of progress. *Behavioral and Brain Sciences, 38,* e154. doi:10.1017/S0140525X1400137X.

Pinker, S. (2018). *Enlightenment now: The case for reason, science, humanism and progress.* Viking.〔橘 明美・坂田 雪子（訳）（2019）．21世紀の啓蒙：理性，科学，ヒューマニズム，進歩（全2巻）．草思社.〕

Plomin, R., DeFries, J. C., Knopik, V. S., & Neiderhiser, J. M. (2016). Top 10 replicated findings from behavioral genetics. *Perspectives on Psychological Science, 11*(1), 3–23.

Plous, S. (1991). Biases in the assimilation of technological breakdowns: Do accidents make us safer? *Journal of Applied Social Psychology, 21*(13), 1058-1082.

Pluckrose, H., & Lindsay, J. (2020). *Cynical theories*. Pitchstone Publishing.〔山形 浩生・森本 正史(訳) (2022).「社会正義」はいつも正しい:人種，ジェンダー，アイデンティティにまつわる捏造のすべて．早川書房.〕

Pluckrose, H., Lindsay, J., & Boghossian, P. (2018). Academic grievance studies and the corruption of scholarship. *Areo*, October 2. https://areomagazine.com/2018/10/02/academic-grievance-studies-and-the-corruption-of-scholarship/.

Proch, J., Elad-Strenger, J., & Kessler, T. (2019). Liberalism and conservatism, for a change! Rethinking the association between political orientation and relation to societal change. *Political Psychology, 40*(4), 877-903.

Ponnuru, R. (2019). In Harvard's magical admissions process, nobody gets hurt. *Bloomberg Opinion*, October 6. https://www.bloomberg.com/opinion/articles/2019-10-06/in-harvards-magical-admissions-process-nobody-gets-hurt.

Pronin, E. (2007). Perception and misperception of bias in human judgment. *Trends in Cognitive Sciences, 11*(1), 37-43.

Pronin, E., Lin, D. Y., & Ross, L. (2002). The bias blind spot: Perceptions of bias in self versus others. *Personality and Social Psychology Bulletin, 28*(Part 3), 369-381.

Randall, D. (2019). Can universities survive America's leveling? *Academic Questions, 32*(4), 542-552.

Rauch, J. (2017). Speaking as a ... *New York Review of Books*, November 9. Review of Mark Lilla, The Once and Future Liberal: After Identity Politics. https://www.nybooks.com/articles/2017/11/09/mark-lilla-liberal-speaking/.

Ray, J. J. (1983). Half of all authoritarians are left-wing: A reply to Eysenck and Stone. *Political Psychology, 4*(1), 139-143.

Ray, J. J. (1988). Cognitive style as a predictor of authoritarianism, conservatism, and racism. *Political Psychology, 9*(2), 303-308.

Ray, J. J. (1989). The scientific study of ideology is too often more ideological than scientific. *Personality and Individual Differences, 10*(3), 331-336.

Reeves, R. V. (2017). *Dream hoarders*. Brookings Institution Press.

Regenwetter, M., Hsu, Y.-F., & Kuklinski, J. H. (2019). Towards meaningful inferences from attitudinal thermometer ratings. *Decision, 6*(4), 381-399.

Reilly, W. (2020). *Taboo: 10 facts you can't talk about*. Regnery.

Reyna, C. (2018). Scale creation, use, and misuse: How politics undermines measurement. In J. T. Crawford & L. Jussim (Eds.), *The politics of social psychology* (pp. 81-98). Routledge.

Richerson, P. J., & Boyd, R. (2005). *Not by genes alone: How culture transformed human evolution*. University of Chicago Press.

Ridley, M. (2000). *Mendel's demon: Gene justice and the complexity of life*. Weidenfeld and Nicolson.

Rindermann, H., Becker, D., & Coyle, T. R. (2020). Survey of expert opinion on intelligence: Intelligence research, experts' background, controversial issues, and the media. *Intelligence, 78*. https://doi.org/10.1016/j.intell.2019.101406.

Robinson, R. J., Keltner, D., Ward, A., & Ross, L. (1995). Actual versus assumed differences in construal: "Naive realism" in intergroup perception and conflict. *Journal of Personality and Social Psychology, 68*(3), 404-417.

Roser, M. (2013). Global economic inequality. *OurWorldInData.org*. https://ourworldindata.

org/global-economic-inequality.

Ross, L. (1977). The intuitive psychologist and his shortcomings: Distortions in the attribution process. In L. Berkowitz (Ed.), *Advances in experimental social psychology* (pp. 173–220). Academic Press.

Ross, L., Greene, D., & House, P. (1977). The "false consensus effect": An egocentric bias in social perception and attribution processes. *Journal of Experimental Social Psychology, 13*(3), 279–301.

Rothman, S., Lichter, S. R., & Nevitte, N. (2005). Politics and professional advancement among college faculty. *Forum, 3*(1), 1–16.

Rozado, D. (2019). What do universities mean when they talk about diversity? A computational language model quantifies. *Heterodox: The Blog*, August 5. https://heterodoxacademy.org/diversity-what-do-universities-mean/.

Sá, W., West, R. F., & Stanovich, K. E. (1999). The domain specificity and generality of belief bias: Searching for a generalizable critical thinking skill. *Journal of Educational Psychology, 91*(3), 497–510.

Sabien, D. (2017). Double crux—A strategy for resolving disagreement. *LessWrong* (blog), January 1. https://www.lesswrong.com/posts/exa5kmvopeRyfJgCy/double-crux-a-strategy-for-resolving-disagreement.

Sarathchandra, D., Navin, M. C., Largent, M. A., & McCright, A. M. (2018). A survey instrument for measuring vaccine acceptance. *Preventive Medicine, 109*, 1–7.

Schaller, M., & Park, J. H. (2011). The behavioral immune system (and why it matters). *Current Directions in Psychological Science, 20*(2), 99–103.

Schum, D. (1994). *Evidential foundations of probabilistic reasoning.* John Wiley.

Schwan, B., & Stern, R. (2017). A causal understanding of when and when not to Jeffrey conditionalize. *Philosophers' Imprint, 17*(8), 1–21.

Scopelliti, I., Morewedge, C. K., McCormick, E., Min, H. L., Lebrecht, S., & Kassam, K. S. (2015). Bias blind spot: Structure, measurement, and consequences. *Management Science, 61*(10), 2468–2486.

Seidenberg, M. (2017). *Language at the speed of sight.* Basic Books.

Serwer, A. (2017). The nationalist's delusion. *Atlantic*, November 20. https://www.theatlantic.com/politics/archive/2017/11/the-nationalists-delusion/546356/.

Shah, A. K., & Oppenheimer, D. M. (2008). Heuristics made easy: An effort-reduction framework. *Psychological Bulletin, 134*(2), 207–222.

Sharot, T. (2011). *Optimism bias.* Pantheon.〔斉藤 隆央(訳) (2013). 脳は楽観的に考える. 柏書房.〕

Sharot, T., & Garrett, N. (2016). Forming beliefs: Why valence matters. *Trends in Cognitive Sciences, 20*(1), 25–33.

Sharot, T., & Sunstein, C. R. (2020). How people decide what they want to know. *Nature Human Behaviour, 4*(1), 14–19.

Shermer, M. (2011). *The believing brain.* Times Books.

Sibley, C. G., & Duckitt, J. (2008). Personality and prejudice: A meta-analysis and theoretical review. *Personality and Social Psychology Review, 12*(3), 248–279.

Siegel, H. (1988). *Educating reason.* Routledge.

Simas, E. N., Clifford, S., & Kirkland, J. H. (2019). How empathic concern fuels political polarization. *American Political Science Review, 114*(1), 258–269.

Simon, H. A. (1955). A behavioral model of rational choice. *Quarterly Journal of Economics,* *69*(1), 99–118.

Simon, H. A. (1956). Rational choice and the structure of the environment. *Psychological* *Review, 63*(2), 129–138.

Sinayev, A., & Peters, E. (2015). Cognitive reflection vs. calculation in decision making. *Frontiers in Psychology, 6,* Article 532. doi:10.3389/fpsyg.2015.00532.

Skitka, L. J. (2010). The psychology of moral conviction. *Social and Personality Psychology* *Compass, 4*(4), 267–281. doi:10.1111/j.1751–9004.2010.00254.x.

Skitka, L. J., Bauman, C. W., & Sargis, E. G. (2005). Moral conviction: Another contributor to attitude strength or something more? *Journal of Personality and Social Psychology, 88*(6), 895–917.

Skyrms, B. (1996). *The evolution of the social contract.* Cambridge University Press.

Sloman, S., & Fernbach, P. M. (2017). *The knowledge illusion.* Riverhead Books.〔土方 奈美 （訳）（2021）．知ってるつもり：無知の科学（ハヤカワ文庫 NF）．早川書房．〕

Sloman, S., & Rabb, N. (2019). Thought as a determinant of political opinion. *Cognition, 188,* 1–7.

Slovic, P., & Peters, E. (2006). Risk perception and affect. *Current Directions in Psychological* *Science, 15*(6), 322–325.

Snyderman, P. M., & Tetlock, P. E. (1986). Symbolic racism: Problems of motive attribution in political analysis. *Journal of Social Issues, 42*(2), 129–150.

Solberg, E., & Laughlin, T. (1995). The gender pay gap, fringe benefits, and occupational crowding. *ILR Review, 48*(4), 692–708.

Sowell, T. (2019). *Discrimination and disparities.* Basic Books.

Spearman, C. (1904). General intelligence, objectively determined and measured. *American* *Journal of Psychology, 15*(2), 201–293.

Spearman, C. (1927). *The abilities of man.* Macmillan.

Sperber, D. (1996). *Explaining culture: A naturalistic approach.* Blackwell.〔菅野 盾樹（訳）（2001）．表象は感染する：文化への自然主義的アプローチ．新曜社．〕

Sperber, D. (2000). Metarepresentations in evolutionary perspective. In D. Sperber (Ed.), *Metarepresentations: A multidisciplinary perspective* (pp. 117–137). Oxford University Press. http://cogprints.org/851/1/metarep.htm.

Stanovich, K. E. (1999). *Who is rational? Studies of individual differences in reasoning.* Erlbaum.

Stanovich, K. E. (2000). *Progress in understanding reading: Scientific foundations and new* *frontiers.* Guilford Press.

Stanovich, K. E. (2004). *The robot's rebellion: Finding meaning in the age of Darwin.* University of Chicago Press.〔椋田 直子（訳）（2008）．心は遺伝子の論理で決まるのか：二重過程モデルでみるヒトの合理性．みすず書房．〕

Stanovich, K. E. (2011). *Rationality and the reflective mind.* Oxford University Press.

Stanovich, K. E. (2013). Why humans are (sometimes) less rational than other animals: Cognitive complexity and the axioms of rational choice. *Thinking & Reasoning, 19*(1), 1–26.

Stanovich, K. E. (2017). Were Trump voters irrational? *Quillette,* September 28. https://quillette.com/2017/09/28/trump-voters-irrational/.

Stanovich, K. E. (2018a). Miserliness in human cognition: The interaction of detection, override and mindware. *Thinking & Reasoning, 24*(4), 423–444.

Stanovich, K. E. (2018b). What is the tribe of the anti-tribalists? *Quillette*, July 17. https://quillette.com/2018/07/17/what-is-the-tribe-of-the-anti-tribalists/.

Stanovich, K. E. (2019). *How to think straight about psychology* (11th ed.). Pearson. 〔金坂 弥起(監訳) (2016). 心理学をまじめに考える方法：真実を見抜く批判的思考. 誠信書房(注：原書第 10 版の翻訳).〕

Stanovich, K. E., & Toplak, M. E. (2012). Defining features versus incidental correlates of Type 1 and Type 2 processing. *Mind & Society, 11*(1), 3–13.

Stanovich, K. E., & Toplak, M. E. (2019). The need for intellectual diversity in psychological science: Our own studies of actively open-minded thinking as a case study. *Cognition, 187*, 156–166. https://doi.org/10.1016/j.cognition.2019.03.006.

Stanovich, K. E., & West, R. F. (1997). Reasoning independently of prior belief and individual differences in actively open-minded thinking. *Journal of Educational Psychology, 89*(2), 342–357.

Stanovich, K. E., & West, R. F. (1998a). Individual differences in rational thought. *Journal of Experimental Psychology: General, 127*(2), 161–188.

Stanovich, K. E., & West, R. F. (1998b). Who uses base rates and P(D/~H)? An analysis of individual differences. *Memory & Cognition, 26*(1), 161–179.

Stanovich, K. E., & West, R. F. (2000). Individual differences in reasoning: Implications for the rationality debate? *Behavioral and Brain Sciences, 23*(5), 645–726.

Stanovich, K. E., & West, R. F. (2007). Natural myside bias is independent of cognitive ability. *Thinking & Reasoning, 13*(3), 225–247.

Stanovich, K. E., & West, R. F. (2008a). On the failure of intelligence to predict myside bias and one-sided bias. *Thinking & Reasoning, 14*(2), 129–167.

Stanovich, K. E., & West, R. F. (2008b). On the relative independence of thinking biases and cognitive ability. *Journal of Personality and Social Psychology, 94*(4), 672–695.

Stanovich, K. E., West, R. F., & Toplak, M. E. (2013). Myside bias, rational thinking, and intelligence. *Current Directions in Psychological Science, 22*(4), 259–264.

Stanovich, K. E., West, R. F., & Toplak, M. E. (2016). *The rationality quotient: Toward a test of rational thinking*. MIT Press.

Stenhouse, N., Myers, T. A., Vraga, E. K., Kotcher, J. E., Beall, L., & Maibach, E. W. (2018). The potential role of actively open-minded thinking in preventing motivated reasoning about controversial science. *Journal of Environmental Psychology, 57*(1), 17–24.

Stephens, B. (2016). Staring at the conservative gutter: Donald Trump gives credence to the left's caricature of bigoted conservatives. *Wall Street Journal*, February 29. https://www.wsj.com/articles/staring-at-the-conservative-gutter-1456791777.

Sterelny, K. (2001). *The evolution of agency and other essays*. Cambridge University Press.

Sterelny, K. (2006). Memes revisited. *British Journal of the Philosophy of Science, 57*(1), 145–165.

Sternberg, R. J. (2001). Why schools should teach for wisdom: The balance theory of wisdom in educational settings. *Educational Psychologist, 36*(4), 227–245.

Sternberg, R. J. (2003). *Wisdom, intelligence, and creativity synthesized*. Cambridge University Press.

Sternberg, R. J. (2018). "If intelligence is truly important to real-world adaptation, and IQs have risen 30+ points in the past century (Flynn Effect), then why are there so many unresolved and dramatic problems in the world, and what can be done about it?". *Journal of Intelligence*, *6*(1), 4. https://www.mdpi.com/journal/jintelligence/special_issues/Intelligence_IQs_Problems

Swami, V., Coles, R., Stieger, S., Pietschnig, J., Furnham, A., Rehim, S., & Voracek, M. (2011). Conspiracist ideation in Britain and Austria: Evidence of a monological belief system and associations between individual psychological differences and real-world and fictitious conspiracy theories. *British Journal of Psychology*, *102*(3), 443–463.

Taber, C. S., Cann, D., & Kucsova, S. (2009). The motivated processing of political arguments. *Political Behavior*, *31*(2), 137–155.

Taber, C. S., & Lodge, M. (2006). Motivated skepticism in the evaluation of political beliefs. *American Journal of Political Science*, *50*(3), 755–769.

Taber, C. S., & Lodge, M. (2016). The illusion of choice in democratic politics: The unconscious impact of motivated political reasoning. *Political Psychology*, *37*(S1), 61–85.

Talbott, W. (2016) Bayesian epistemology. In E. N. Zalta (Ed.), *The Stanford Encyclopedia of Philosophy* (Winter ed.). https://plato.stanford.edu/archives/win2016/entries/epistemology-bayesian/.

Tappin, B. M., & Gadsby, S. (2019). Biased belief in the Bayesian brain: A deeper look at the evidence. *Consciousness and Cognition*, *68*, 107–114.

Tappin, B. M., Pennycook, G., & Rand, D. G. (2020). Thinking clearly about causal inferences of politically motivated reasoning. *Current Opinion in Behavioral Sciences*, *34*, 81–87.

Taylor, S. E. (1981). The interface of cognitive and social psychology. In J. H. Harvey (Ed.), *Cognition, social behavior, and the environment* (pp. 189–211). Erlbaum.

Tetlock, P. E. (1986). A value pluralism model of ideological reasoning. *Journal of Personality and Social Psychology*, *50*(4), 819–827.

Tetlock, P. E. (1994). Political psychology or politicized psychology: Is the road to scientific hell paved with good moral intentions? *Political Psychology*, *15*(3), 509–529.

Tetlock, P. E. (2002). Social functionalist frameworks for judgment and choice: Intuitive politicians, theologians, and prosecutors. *Psychological Review*, *109*(3), 451–471.

Tetlock, P. E. (2003). Thinking the unthinkable: Sacred values and taboo cognitions. *Trends in Cognitive Sciences*, *7*(7), 320–324.

Thompson, A. (2019). The university's new loyalty oath: Required "diversity and inclusion" statements amount to a political litmus test for hiring. *Wall Street Journal*, December 19. https://www.wsj.com/articles/the-universitys-new-loyalty-oath-11576799749.

Thompson, V., & Evans, J. St. B. T. (2012). Belief bias in informal reasoning. *Thinking & Reasoning*, *18*(3), 278–310.

Toner, K., Leary, M. R., Asher, M. W., & Jongman-Sereno, K. P. (2013). Feeling superior is a bipartisan issue: Extremity (not direction) of political views predicts perceived belief superiority. *Psychological Science*, *24*(12), 2454–2462.

Tooby, J., & Cosmides, L. (1992). The psychological foundations of culture. In J. Barkow, L. Cosmides, & J. Tooby (Eds.), *The adapted mind* (pp. 19–136). Oxford University Press.

Toplak, M. E., Liu, E., Macpherson, R., Toneatto, T., & Stanovich, K. E. (2007). The reasoning skills and thinking dispositions of problem gamblers: A dual-process taxonomy. *Journal of Behavioral Decision Making*, *20*(2), 103–124.

Toplak, M. E., & Stanovich, K. E. (2002). The domain specificity and generality of disjunctive reasoning: Searching for a generalizable critical thinking skill. *Journal of Educational*

Psychology, 94(1), 197–209.

Toplak, M. E. & Stanovich, K. E. (2003). Associations between myside bias on an informal reasoning task and amount of post-secondary education. *Applied Cognitive Psychology, 17*(7), 851–860.

Toplak, M. E., West, R. F., & Stanovich, K. E. (2011). The Cognitive Reflection Test as a predictor of performance on heuristics and biases tasks. *Memory & Cognition, 39*(7), 1275–1289.

Toplak, M. E., West, R. F., & Stanovich, K. E. (2014a). Assessing miserly processing: An expansion of the Cognitive Reflection Test. *Thinking & Reasoning, 20*(2), 147–168.

Toplak, M. E., West, R. F., & Stanovich, K. E. (2014b). Rational thinking and cognitive sophistication: Development, cognitive abilities, and thinking dispositions. *Developmental Psychology, 50*(4), 1037–1048.

Traub, J. (2016). It's time for the elites to rise up against the ignorant masses. *Foreign Policy*, June 28. https://foreignpolicy.com/2016/06/28/its-time-for-the-elites-to-rise-up-against-ignorant-masses-trump-2016-brexit/.

Turner, J. H. (2019). The more American sociology seeks to become a politically-relevant discipline, the more irrelevant it becomes to solving societal problems. *American Sociologist, 50*(4), 456–487.

Tversky, A., & Kahneman, D. (1974). Judgment under uncertainty: Heuristics and biases. *Science, 185*(4157), 1124–1131.

Twito, L., & Knafo-Noam, A. (2020). Beyond culture and the family: Evidence from twin studies on the genetic and environmental contribution to values. *Neuroscience & Biobehavioral Reviews, 112*, 135–143.

Uhlmann, E. L., Pizarro, D. A., Tannenbaum, D., & Ditto, P. H. (2009). The motivated use of moral principles. *Judgment and Decision Making, 4*(6), 476–491.

University of California. (2018). Rubric to assess candidate contributions to diversity, equity, and inclusion. Office for Faculty Equity & Welfare. August. https://ofew.berkeley.edu/sites/default/files/rubric_to_assess_candidate_contributions_to_diversity_equity_and_inclusion.pdf.

Vallone, R. P., Ross, L., & Lepper, M. R. (1985). The hostile media phenomenon: Biased perception and perceptions of media bias in coverage of the Beirut massacre. *Journal of Personality and Social Psychology, 49*(3), 577–585. doi:10.1037//0022-3514.49.3.577.

Van Bavel, J. J., & Pereira, A. (2018). The partisan brain: An identity-based model of political belief. *Trends in Cognitive Sciences, 22*(3), 213–224.

Van Boven, L., Ramos, J., Montal-Rosenberg, R., Kogut, T., Sherman, D. K., & Slovic, P. (2019). It depends: Partisan evaluation of conditional probability importance. *Cognition, 188*, 51–63. https://doi.org/10.1016/j.cognition.2019.01.020.

Varol, O., Ferrara, E., Davis, C., Menczer, F., & Flammini, A. (2017). Online human-bot interactions: Detection, estimation, and characterization. *Proceedings of the Eleventh International AAAI Conference on Web and Social Media*, 280–289. https://www.aaai.org/ocs/index.php/ICWSM/ICWSM17/paper/viewPaper/15587.

Viator, R. E., Harp, N. L., Rinaldo, S. B., & Marquardt, B. B. (2020). The mediating effect of reflective-analytic cognitive style on rational thought. *Thinking & Reasoning, 26*(3), 381–413. doi:10.1080/13546783.2019.1634151.

Voelkel, J. G., & Brandt, M. J. (2019). The effect of ideological identification on the endorsement of moral values depends on the target group. *Personality and Social Psychology Bulletin, 45*(6), 851–863.

Walrath, R., Willis, J., Dumont, R., & Kaufman, A. (2020). Factor-analytic models of intelligence. In R. J. Sternberg (Ed.), *The Cambridge handbook of intelligence* (pp. 75–98). Cambridge University Press.

Ward, J., & Singhvi, A. (2019). Trump claims there is a crisis at the border: What's the reality? *New York Times*, January 11. https://www.nytimes.com/interactive/2019/01/11/us/politics/trump-border-crisis-reality.html.

Warne, R. T., Astle, M. C., & Hill, J. C. (2018). What do undergraduates learn about human intelligence? An analysis of introductory psychology textbooks. *Archives of Scientific Psychology, 6*(1), 32–50.

Washburn, A. N., & Skitka, L. J. (2018). Science denial across the political divide: Liberals and conservatives are similarly motivated to deny attitude-inconsistent science. *Social Psychological and Personality Science, 9*(8), 972–980.

Wason, P. C. (1966). Reasoning. In B. M. Foss (Ed.), *New horizons in psychology 1* (pp. 135–151). Penguin.

Wason, P. C. (1969). Regression in reasoning? *British Journal of Psychology, 60*(4), 471–480.

Wasserman, D. (2014). Senate control could come down to Whole Foods vs. Cracker Barrel. *FiveThirtyEight*, October 8. https://fivethirtyeight.com/features/senate-control-could-come-down-to-whole-foods-vs-cracker-barrel/.

Wasserman, D. (2020). To beat Trump, Democrats may need to break out of the "Whole Foods" bubble. *New York Times*, February 27. https://www.nytimes.com/interactive/2020/02/27/upshot/democrats-may-need-to-break-out-of-the-whole-foods-bubble.html.

Weaver, E. A., & Stewart, T. R. (2012). Dimensions of judgment: Factor analysis of individual differences. *Journal of Behavioral Decision Making, 25*(4), 402–413.

Weeden, J., & Kurzban, R. (2014). *The hidden agenda of the political mind: How self-interest shapes our opinions and why we won't admit it.* Princeton University Press.

Weeden, J., & Kurzban, R. (2016). Do people naturally cluster into liberals and conservatives? *Evolutionary Psychological Science, 2*(1), 47–57.

Weinstein, B. (2019). *Twitter*, January 11. https://twitter.com/BretWeinstein/status/1083852331618193408.

Weinstein, N. (1980). Unrealistic optimism about future life events. *Journal of Personality and Social Psychology, 39*(5), 806–820.

Weller, J., Ceschi, A., Hirsch, L., Sartori, R., & Costantini, A. (2018). Accounting for individual differences in decision-making competence: Personality and gender differences. *Frontiers in Psychology, 9*, Article 2258. https://www.frontiersin.org/articles/10.3389/fpsyg.2018.02258/full.

West, R. F., Meserve, R. J., & Stanovich, K. E. (2012). Cognitive sophistication does not attenuate the bias blind spot. *Journal of Personality and Social Psychology, 103*(3), 506–519.

West, T. V., & Kenny, D. A. (2011). The truth and bias model of judgment. *Psychological Review, 118*(2), 357–378.

Westen, D., Blagov, P., Kilts, C., & Hamann, S. (2006). Neural bases of motivated reasoning: An fMRI study of emotional constraints on partisan political judgment in the 2004 U.S. presidential election. *Journal of Cognitive Neuroscience, 18*(11), 1947–1958.

Westfall, J., Van Boven, L., Chambers, J. R., & Judd, C. M. (2015). Perceiving political polarization in the United States: Party identity strength and attitude extremity exacerbate the perceived partisan divide. *Perspectives on Psychological Science, 10*(2), 145–158.

Westwood, S. J., Iyengar, S., Walgrave, S., Leonisio, R., Miller, L., & Strijbis, O. (2018). The tie that divides: Cross-national evidence of the primacy of partyism. *European Journal of Political Research, 57*(2), 333–354.

Wetherell, G. A., Brandt, M. J., & Reyna, C. (2013). Discrimination across the ideological divide: The role of value violations and abstract values in discrimination by liberals and conservatives. *Social Psychological and Personality Science, 4*(6), 658–667.

Williams, W. M., & Ceci, S. J. (2015). National hiring experiments reveal 2:1 faculty preference for women on STEM tenure track. *Proceedings of the National Academy of Sciences, 112*(17), 5360–5365.

Wilson, D. S. (2002). *Darwin's cathedral.* University of Chicago Press.

Wolfe, C. R., & Britt, M. A. (2008). The locus of the myside bias in written argumentation. *Thinking & Reasoning, 14*(1), 1–27.

Wolff, R., Moore, B., & Marcuse, H. (1969). *A critique of pure tolerance.* Beacon Press.〔大沢真一郎(訳) (1968). 純粋寛容批判. せりか書房.〕

Wright, J. P., Motz, R. T., & Nixon, T. S. (2019). Political disparities in the academy: It's more than self-selection. *Academic Questions, 32*(3), 402–411.

Wynn, K. (2016). Origins of value conflict: Babies do not agree to disagree. *Trends in Cognitive Sciences, 20*(1), 3–5.

Yilmaz, O., & Alper, S. (2019). The link between intuitive thinking and social conservatism is stronger in WEIRD societies. *Judgment and Decision Making, 14*(2), 156–169.

Yilmaz, O., & Saribay, S. (2016). An attempt to clarify the link between cognitive style and political ideology: A non-western replication and extension. *Judgment and Decision Making, 11*(3), 287–300.

Yılmaz, O., & Sarıbay, S. (2017). The relationship between cognitive style and political orientation depends on the measures used. *Judgment and Decision Making, 12*(2), 140–147.

Yilmaz, O., Saribay, S., & Iyer, R. (2020). Are neo-liberals more intuitive? Undetected libertarians confound the relation between analytic cognitive style and economic conservatism. *Current Psychology, 39*(1), 25–32.

Yudkin, D., Hawkins, S., & Dixon, T. (2019). The perception gap: How false impressions are pulling Americans apart. *More in Common.* https://psyarxiv.com/r3h5q/.

Zigerell, L. J. (2018). Black and White discrimination in the United States: Evidence from an archive of survey experiment studies. *Research & Politics, 5*(1), 2053168017753862.

Zimmer, B. (2020). "Infodemic": When unreliable information spreads far and wide. *Wall Street Journal*, March 5. https://www.wsj.com/articles/infodemic-when-unreliable-information-spreads-far-and-wide-11583430244.

Zito, S., & Todd, B. (2018). *The great revolt: Inside the populist coalition reshaping American politics.* Crown Forum.

訳者あとがき

　この本は，Keith E. Stanovich 著の *The Bias That Divides Us: The Science and Politics of Myside Thinking*（The MIT Press, 2021 年）の翻訳である。

　スタノヴィッチ博士は，米国生まれのカナダの研究者で，合理性，推論，読みなどの認知科学，教育心理学分野で活躍してきた。邦訳書においてもこれまで合理性のテーマを扱ってきた。そのなかで氏は，批判的思考や分析的思考を重視してきた。本書はこれらの視点を社会の実情，社会のなかにある個人が物事をとりわけ党派的に捉えてしまう仕方に目を向けたものである。

　時代が進めば，世の中は社会運営スキルが熟達し，民主主義が浸透し，より平和で合理的な話し合いに基づく争いの少ない社会に移行，進展するものと，多くの人が 20 世紀終わりには考え，期待していたであろう。しかし，21 世紀となり，分断という言葉が登場するようになり，発達したインターネット上の世界にも近年「ポスト真実」という言葉が現れ，フェイクニュースや陰謀論に溢れるようになり，人々の知恵を補充し，支援になるだろうと期待されたインターネットが社会に対してさまざまな悪影響をも及ぼしうることがあからさまになってきた。

　特に社会が進展してよくなっていくことを期待していたリベラル派の人々は，そうした揺り戻しに，自分と異なる考えを持つ人たちが，事態をよく理解せず，真実や事実を取り違え，誤った結論を導き出しているからに違いないと批判するようになった。言ってみれば，考えの足りない者たちが，自分たちと同じ知識や情報を取り入れ，正確に思考すれば，同じ結論に至るはずだという見方である。

　しかし，社会や人々はそのようなものではなかった。

　本書は，これを説明する，社会的認知の立場からのこれまでの指摘や提案

とは一線を画したスタノヴィッチ独自の視点からスタートした鋭い分析と実証的知見の集積から，この世の「バイアス」というものの整理を試みた１つの意欲的な作品である。

　本書のなかで述べられているスタノヴィッチ個人の意見や見方について，同意できない部分もところどころにあるが，同じ情報に接しても，そしてそれをよく熟慮しても，異なる結論が得られることもあり，しかもそれによって，意見が分極化しさえもするという指摘は非常に重要なものである。

　考えが異なるのは相手が愚かだからではない。これまで多くのバイアスと相関を示してきた認知変数——認知欲求，認知的熟慮性，曖昧さへの耐性，完結欲求などがことごとく分極化の局面において無相関である事実。確証バイアスや後知恵バイアス，自己奉仕バイアスなどのこれまでのバイアスとは異なった特異な性質を持つバイアス，これをスタノヴィッチは，「マイサイドバイアス」と名づけた。

　マイサイドバイアスには直感信念が関わるが，必ずしも二重過程モデルで言うところのシステム１で結論が出されているわけではない。直感信念の形成過程において，システム１が多く関与しているかもしれないが，いったん形成された直感信念に基づいて，新たな事態（データ）に対して，エビデンスに基づいて熟慮的に思考しても，マイサイドバイアスが発生するのである。熟慮の末に示されるバイアスでもあるマイサイドバイアス。これをこれまで多くの研究によって示されてきたバイアス群と区別して慎重に取り扱わなければならないとスタノヴィッチは強調する。

　マイサイドバイアスに含まれる知見は，スタノヴィッチに始まるわけではない。過去の多くの研究がある。しかし，以前は，それを確証バイアスなどといっしょくたに区別がつけられずに，その点，無自覚のまま研究者たちによって扱われていたのだった。マイサイドバイアスに及ぼす事前信念の影響を明瞭に見て取れるように，第２章でスタノヴィッチはベイズモデルの推論を引き合いに出し，そこに含まれる落とし穴や欠点も明示することで，なぜこうしたバイアスが生み出されるのか，そして驚くべきことに，バイアスを愚かなエラーとして扱いがちであった（進化的利点は認めるにしても）従来の社会的認知研究者と異なり，このエラーが推論の規範に従う，間違いではないものと許容されうる条件を明らかに示し，「規範的なバイアス」という

一見，これまでの研究者にとっては語義矛盾に見えるような理解の仕方があることを示す。この一連の推論や議論に反論もなしうると思うが，スタノヴィッチの議論に従っていくと，確かにこうした整理もありうることに感心する。同時に，そもそも正しい推論とは何なのであろうかという問いにもそれぞれの読み手は向き合うことになるだろう。その手がかりとしてスタノヴィッチは道具的目的という概念を用いて整理を試みている。道具的目的も拡張していけば，手に負えない概念になりそうな気配もあるが，その峻別は意味のある視点であろう。

　なお，こうした重要な議論のなかに含まれるキーワードの訳語の決定にも苦労した点がこの書籍については難しい点であった。myside bias は，そのままマイサイドバイアスとした。自陣営に有利な見方としてバイアスをどうにか日本語にしえたかもしれないが，訳者の力不足で，正確なニュアンスはカタカナ表示が最も誤解なく伝わると考えた。

　一方で，distal belief については，適当な日本語を見つけることが非常に難しかった。この概念構成上，そもそも原語でなぜdistalであるかというニュアンスもいくぶん難しい点があり，根拠が地についていないで，空高く浮かび上がっているという様子も妄想できたが，それは本人にとっては，責任を感じない空々しい信念というのとは異なり，場合によっては自分に密着した「熱い信念」である。「自身の身を守るためには拳銃武装が必要である」という主観的には自分の命をかけた信念を何と呼べばよいのだろうか。「そう考えている人が多いはずだ」などという実証に基づかない信念を私たちは，distalという原語からは離れてしまうかもしれないが，「直感信念」と訳すことにした。対置される実証的に確証されうる検証可能な信念に対して，「検証できない信念」と訳す可能性も考えたが，そうすると，「検証できない信念は検証ができない」といった翻訳する上で意味が希薄で，疑問が持たれるような文章が多く生み出されてしまうことになる。この点，拙い訳であると感じられる方もおられるかもしれない直感信念と訳した意図をこのように，訳者あとがきで補足説明することによってご理解いただけたらと考える次第である。

　規範（norm）という語も文の流れによって，規範としたり，基準としたり，訳語が統一されていない部分があることもお断りしておく。思考心理学

の伝統分野のなかで，規範的な推論というテーマはそれとヒューリスティックを対置させる形で，思考分野の社会的認知研究の先駆的考究という点で，トゥバスキーとカーネマンの「ヒューリスティックとバイアス」研究を出発的に見据えることも可能である。その視点における正確さという点もこの書で議論の俎上に載せられている。

　訳者（北村）が若い頃にキーワードなどの書籍のなかで，ヒューリスティックの説明を執筆していた頃からすると，「思えば遠くに来たものだ」との感も抱く。

　出版社からの要請を受けた後，翻訳作業を行うにあたって旧知の小林知博先生と着手したが，自分の力不足で，時間的に手に追えず，手練れの英語遣いである鳥山理恵先生に加わってもらって，精度を上げ，作業の円滑化を図った。訳語に苦しみ，メールや対面で知恵を出し合い，幾度も相談を行った。「直感信念」などは，実のところ，初校の校正を行っている最中に最終決断したものである。

　その他の訳語や言い回しもご批判の諸点をもたられるかもしれないが，訳者や出版社にご意見をお寄せいただけたら幸いである。今後の戒めとして勉強させていただきたいと切に願っている。

　この書籍が新たなバイアスの認識，集団間関係の認知的問題や分断，分極化，党派的態度などの理解の進展にいくらかでも寄与できることを願い，また，日本の大学院生や初学者，また，心理学に関心や期待を抱く一般の方々にとっても，今日の社会状況を理解する一筋を見いだしていただけたら幸いである。

　最後にこの興味深い書籍の翻訳をお勧めいただいた誠信書房の小林弘昌さん，また編集部の方々に感謝申し上げる。こうしたバイアスを理解する知識基盤に大きな影響をいただいた社会的認知系の勉強会を主催された村田光二先生，外山みどり先生をはじめ多くの先生方，ご参加の方々にも改めて感謝の意を込めてこの書籍の翻訳を世に出したいと願った。社会心理学，認知心理学にまた1つ，知識の進展が見られたら幸いである。

2023 年 11 月 15 日

　　　　　　　　　　　　　訳者を代表して　　　北村　英哉

索　引

●著者紹介

キース・E・スタノヴィッチ（Keith E. Stanovich）

カナダ・トロント大学応用心理学・人間発達部門名誉教授

邦訳書に，『心は遺伝子の論理で決まるのか：二重過程モデルでみるヒトの合理性』（みすず書房，2008 年），『心理学をまじめに考える方法：真実を見抜く批判的思考』（誠信書房，2016 年），『現代社会における意思決定と合理性』（太田出版，2017 年）がある。2012 年にAPA からソーンダイク・キャリア・アチーブメント・アワードを受賞。読字についても数多の受賞を得ている。「合理性指数」を提案した書籍も大きな評判を呼んだ。

●訳者紹介

北村 英哉（きたむら ひでや）［第 1 章，第 2 章，第 6 章（pp. 143-169）］

東洋大学社会学部社会心理学科教授，博士（社会心理学）

〔主要著訳書〕

『システム正当化理論』（2022，ちとせプレス，編訳）

『カルドゥッチのパーソナリティ心理学』（2021，福村出版，編訳）

『あなたにもある無意識の偏見：アンコンシャスバイアス』（2021，河出書房新社）

『社会的認知：現状と展望』（2020，ナカニシヤ出版，分担執筆）

『心理学から見た社会：実証研究の可能性と課題』（2020，誠信書房，共編著）

小林 知博（こばやし ちひろ）［序文，謝辞，第 4 章，第 5 章］

神戸女学院大学人間科学部心理・行動科学科教授，博士（人間科学）

〔主要著訳書〕

『システム正当化理論』（2022，ちとせプレス，分担訳）

『社会心理学・再入門：ブレークスルーを生んだ 12 の研究』（2017，新曜社，分担訳）

『対人社会心理学の研究レシピ』（2016，北大路書房，分担執筆）

『心の中のブラインド・スポット：善良な人々に潜む非意識のバイアス』（2015，北大路書房，共訳）

『パーソナリティ心理学ハンドブック』（2013，福村出版，分担執筆）

鳥山 理恵（とりやま りえ）［第 3 章，第 6 章（pp. 169-191）］

東京大学医学部附属病院精神神経科届出研究員，近畿大学・立正大学・慶應義塾大学等非常勤講師

〔主要著訳書〕

『不平等の進化的起源：性差と差別の進化ゲーム』（2021，大月書店，分担訳）

キース・E・スタノヴィッチ著

私たちを分断するバイアス
――マイサイド思考の科学と政治

2024 年 2 月 15 日　第 1 刷発行

訳　者	北	村	英	哉
	小	林	知	博
	鳥	山	理	恵
発行者	柴	田	敏	樹
印刷者	田	中	雅	博

発行所　株式会社　誠 信 書 房

〒112-0012　東京都文京区大塚 3-20-6
電話　03 (3946) 5666
https://www.seishinshobo.co.jp/

印刷／製本　創栄図書印刷㈱
検印省略
©Seishin Shobo, 2024　Printed in Japan

心理学をまじめに考える方法
真実を見抜く批判的思考

キース・E・スタノヴィッチ 著
金坂弥起 監訳

人間について心の動きよりアプローチする
"まっとう"な学問である心理学を真正面か
ら論じた，批判的思考を身に付けるためのテ
キスト。

A5判並製　定価(本体2700円＋税)

心理学から見た社会
実証研究の可能性と課題

安藤清志・大島 尚 監修
北村英哉・桐生正幸・山田一成 編著

研究を始めようとする人や、研究を次の段階
に進めようとする人に向けて、「社会」とい
う切り口から、心理学研究の最先端を平易に
概観。

A5判並製　定価(本体2700円＋税)

影響力の武器［新版］
人を動かす七つの原理

ロバート・B・チャルディーニ 著
社会行動研究会 監訳

人を動かす6つの原理を導き出した、社会心理学の不朽の名著が満を持して登場！人を、社会を、世界を動かす影響力の原理とは。

四六判上製　定価(本体2900円+税)

オンライン・インフルエンス
ビジネスを加速させる行動科学

B・ボウタース / J・フルン 著
社会行動研究会 監訳
益田靖美 訳

『影響力の武器』のチャルディーニら行動科学者の理論を、実際のオンラインビジネスに応用し、改善が実証された方法を具体的に公開。

A5判並製　定価(本体2700円+税)

情報発信者の武器
〔メッセンジャー〕
なぜ、人は引き寄せられるのか

S・マーティン/J・マークス 著
安藤清志 監訳　曽根寛樹 訳

人に影響し動かす存在、情報発信者（メッセンジャー）。その力を分析した。情報発信に関する心理プロセスを包括的に学び応用できる書。

四六判上製　定価(本体2500円+税)

影響力の武器 実践編
［第二版］
「イエス！」を引き出す６０の秘訣

ノア・J・ゴールドスタイン /
スティーブ・J・マーティン /
ロバート・B・チャルディーニ 著
安藤清志 監訳　曽根寛樹 訳

豊富な実例が好評の「実践編」が新たなシーンを加えさらに実用的に。ビジネス等の交渉で有利になる術を明快な６０の秘訣で習得できる。

四六判上製　定価(本体2200円+税)